JN055045

ハムダなおこ

# アラブからこんにちは2

異国に幸福を探す

国書刊行会

# プロローグ

　二〇二一年十二月、新型コロナウィルスが人々を脅かす中で、ＵＡＥは静かに建国五十年を祝いました。たったの五十年と思うでしょうが、世界には百年ももたなかった国家や社会はたくさんあるので、大変な偉業です。千年が千五十年になるのとはわけが違います。ゼロから最初の五十年を数えることができたのは、本当に大きな大きな節目（マイルストーン）でした。

　私がＵＡＥに来たのはちょうど建国二十周年を祝っている頃でした。町はまだどこも砂だらけで、高い建物はなく、「一番有名なランドマークだ」と夫に紹介されたのが、ドバイの時計台ロータリーでした。バブル時代の東京から来た私は、一番有名なものがこれかと驚きました。周囲の空は大

地平線に沈んでいく太陽。向こう岸はジャジーラ島。

きく拓けていて、飛行場に飛行機が発着するのが遠くからでも見えました。それが三十年経って、今ではそのロータリーは地図にも載らず、高い建物の間に埋もれています。ドバイ空港は世界でも最も搭乗客の多い空港となり、三分に一本の飛行機が発着する巨大ハブとなりました。おまけに飛行機は排気ガスのためにろくに見えなくなりました。

その頃は、学校に通えなかった非識字の大人が社会にまだ大勢いました。彼ら彼女らの、ときに非科学的で理屈の通らない頑固さは、若かった私を大いに戸惑わせ苦しめました。いかに冷房付きコンクリート製の住居に住むようになっても、砂漠に住んでいた時代そのままの生活様式や知恵や対処法を、最も信頼のおける知識として彼らは最後まで手離しませんでした。私の義母は今でも夜になると冷蔵庫の電源を切って寝ます。冷蔵庫で二十四時間冷やしていると、すべてのものが悪くなると信じているからでした。掃除機はかえって埃をまき散らすからと嫌い、ブラシと塵取りで絨毯を掃くように指示します。全自動洗濯機も好まず、二層式のものを譲りません。それは洗濯、すすぎ、脱水など全部の仕事を一つのドラムが完結できると信じていないからでした。家電以外でも、怪我をした時の処置法や、物の保管方法など、(私にとっては)理屈が通らない自説を決して曲げない人々でした。そうした老人は寛容で懐が深く情の厚い人たちであるのを重々知りながらも、私は彼らの頑迷さに本当によく腹を立てていました。

しかしこの三十年で非識字率は激減し、教育施設も医療制度も格段に進歩し、女性も社会で重要なポストを担うようになりました。他の湾岸諸国と違い、UAEには能力のある者はそれなりに昇進していく制度があり、首長家の出身でなくても大臣にまで就任できるようになりました。現在三十四名いる閣僚のうち、首長家出身者はわずか八名で、その他二十六名が一般市民です。このうち七〇年代八〇年代に生まれた人が過半数を占め、九〇年代生まれの大臣も二名います。歴代ドバイ首長（UAE首相・兼副大統領で組閣を担当する）の考えは、出自国籍年齢に関わらず能力のある者を重用することで、経済や政治にもそうした考えは反映されているのでした。

一九七一年の建国時、UAEの人口は外国人も含め二十七万人だったそうです。それが私の来た一九九〇年には一九〇万人になっており、現在は一千万人に迫る勢いです。その九割が外国人で、UAEは世界で最も自国民の割合が少ない国家の一つとされています。二百ヶ国の国籍を持つ外国人が、人口の九割を占めるとはどういうことか。マルチ国家とか多様性（ダイバーシティ）とか聞こえはいいですが、さまざまな外国人を包括して社会をうまく機能させる制度を築くのは、並大抵の努力ではできません。国家警備も、国土保全も、法の強化も、宗教・教育・言語の寛容性も、何もかもがタイムリーで完璧で許容度のあることを求められます。住みにくい国なら、外国人はあっという間に出ていってしまいます。九割の労働人口がいなくなったら、国家は機能することはできません。それゆえ、半年ぐらいの頻度で法規制は変わり、罰則は変わり、入国制度は変わり、数年間で入れ替わる外国人に迅速に対処しています。

しかし、たった一〇%しかいない自国民は幸福なのでしょうか。自国の中で少数派（マイノリティ）になり、外国人を誘致するために次々と法律を変えられる住民は、果たしてどう感じているのでしょうか。自国民が住む地域は年々狭くなり、閉ざされていきます。外国人向けに販売する建売住宅（コンパウンド）には、公園や噴水、カフェやスーパー、最新式のスポーツ施設が敷地内に美しく整備されていて、警備（セキュリティ）も厳重です。それに比べて、自国民のエリアは何の施設も舗装道路もない簡素なコロニーのままです。一割の自国民が九割の外国人に合わせて生活を変え生きていかなければならない現実を、国家は自国民にどのように納得させているのでしょうか。果たして自国民も外国人も幸福なのでしょうか。

その答えは、まだ簡単には出せないでいます。けれどもコロナ禍が過ぎ去り、検査所もワクチン接種所も解体されて、すっかり以前の街並みを取り戻してきたＵＡＥに、今では多くの外国人が戻ってきています。ウクライナ戦争に影響された旧ソ連の国々から、スーダンやニジェールの危機を逃れてアフリカの国々から、ムスリムに対する締め付けが厳しいインドや中国北部から、無茶なＳＤＧｓ（持続可能な開発目標）で自分の首を絞め続け経済停滞している欧州から、大勢の人がやってきます。夏には気温が四〇度を超え、体感温度は五七度にもなるこんな暑い国に集まってくる理由は何でしょうか。世界に産油国は数多あり、その恩恵を得ようとして選ぶ場所なら、べつにＵＡＥでなくてもいいのではないでしょうか。

そのキーワードは「幸福」にあります。「それぞれの、それなりの幸福」です。幸福の形は一つではありません。世界二百ヶ国から集まる一千万人分の数だけ、幸福の形があります。完璧な幸福などあり得ませんから、その一部でも、その人が望むやり方で、その人が納得できる分量で、質で、方向で、幸福の材料を提供できればいいのです。百年に一度の新型ウィルスという厄災に大きく傷ついた世界で、幸福をさがしているのはアラブ人も日本人も、その他世界中の人も同じです。自分なりの幸福を見つけるために、それを提供してくれる可能性のある場所へ移動する――今後の世界はこのようになっていくはずです。その可能性を提供しているのが、現在のＵＡＥなのだと私は考えます。

異国に幸福をさがしに来る人々の姿を、自国にいながら少数派となった住民が幸福を見出そうとする姿を、エッセイを通して皆さんにお届けできたら作者として本望です。

目次

# アラブからこんにちは2——異国に幸福を探す

プロローグ　1

第1章　環境と闘わず……11
雨に慣れる　12
ネズミ騒動　29
砂嵐　48

第2章　私と家族と生徒……65
インチョン空港の思い出　66
卒業間近　85
オタク生徒の夢ひらく　121

第3章　異文化を生きる……143
ホテルでのつぶやき　144
UAE大学事情　176
砂漠の人々　197

第4章　アラブのジレンマ…………215
息子、兵役に就く　216
夢の街　244

第5章　コロナ時代を生きる…………263
思い出の詰まった八月　264
錦を飾る　284
幸福をさがす　309

第6章　建国五十周年…………331
建国五十周年　332
ドバイ万博日記　351
世界の捉え方　375

エピローグ　401

# 第1章

# 環境と闘わず

涸れ河（ワディ）をわたっていくラクダ。ワディは平らな固い砂地である。

# 雨に慣れる

## 元旦の大仕事

二〇二一年の大晦日は珍しく大雨が降りました。年間を通して空がどんより曇ることなど滅多にないUAEで、前日から太陽は隠れ、灰色の厚い雲が遠くの山まで続いていました。大晦日には全土で断続的に雨が降り続き、雷が轟きました。元旦にかけて雨は隣国にも降り、サウジでは鉄砲水で車がいくつも流され、オマーンでは洪水によってたくさんの車が水没してしまったそうです。

翌朝、つまり元旦の朝からは大掃除でした。アラブの国々では西暦の元旦には何も行事がありません。催事はすべてイスラムのヒジュラ暦に則っているからです。太陰暦をつかうヒジュラ暦は、西暦に比べて一年の日数が十一日程短く、季節と連動していません。ヒジュラ暦の元旦は冬にある

UAE北部は土漠の山岳地帯が広がる。雨が降ると鉄砲水になるため、各所にダムが築かれている。

とは限らず、時には灼熱の夏に、時には春にずれていきます。欧米にならって、二十年以上も前から暦を西暦に統一してきたＵＡＥでは、元旦のみ祝日となっています。

その元旦は土曜日でした。ＵＡＥの週末は昨年末までは金曜土曜でしたが、今年から土曜日曜に変わりました。元旦が三連休となったので、普段は仕事で疲れ果てている夫に頼んで、家の修繕に取りかかってもらいました。

まずはメイドが毎日嘆いていた洗濯機です。全自動だから中身を入れれば五〇分後に洗い上がっているはずが、二時間経っても終わらないと言います。理由は単純で、給水口が詰まっているのでした。砂漠の国では水中にたくさんの砂やごみが混じるので、フィルターはすぐに詰まってしまいます。それなら給水口のフィルターを掃除すればいいと思うでしょうが、接続部分は岩のように固まって動きません。海水を脱塩した水を使っていると、蛇口付近は常に灼熱で乾燥し、塩が浮き出てガチガチに固まってしまうのです。力を加減して塩をハンマーで叩き落とし、給水口をペンチで回してホースを外します。開いてしまえば掃除は簡単で、歯ブラシを使って詰まった砂やごみを出すだけです。ですから洗濯機はあっという間になおりました。

## 汚水処理

次は下水の詰まりです。昨年夏頃から西側にある洗面所ではなかなか水が引かず、困っていました。ＵＡＥの田舎町には下水の設備はありません。下水は各家の地下にある汚水貯蔵庫に流れて行

き、そこから自然に地面に吸収されるシステムになっています。これを知った時、私はのけぞるほど驚いて、

「下水がないって、じゃあ汚水はどこに流れて行くの。近くに河川はないし海に垂れ流すわけでもなく、汚水処理はどうなっているの」と訊きました。

　しかし夫は平気のへいざで、

「地面に吸収されるのさ。今までだって困ったことはなかった」と言いました。そして、

「だから僕は庭に井戸を掘ることに反対したんだ。汚水を再利用するなんて気持ち悪いじゃないか」と加えました(1)。

　それ以来、家の軒下で九人家族の汚水が処理されている現実に、私はいつも微かな違和感と気持ち悪さを感じていました。とは言うものの、すでに二十五年間もここに住み、汚水が溜まって問題が生じるどころか、乾燥してあっという間に風化し、微塵も残らないのだと理解しました。

　ただし皆がそうでもない。我が家ではまだ一度も汲み取り車(バッキュームカー)を呼んだことはないものの、近所は頻繁に呼んで下水処理をしています。それゆえ気を緩めず、我が家だって詰まり始めるのは時間の問題かもしれないと思いながら、二十五年間が過ぎました。

　家の敷地内には三つのマンホールがあります。西側のマンホールは、キッチン、洗濯場、二階西側の三部屋にあるバスルームにつながっています。南側のマンホールは、客間と二階南側の三部屋のバスルームにつながっています。その他、敷地内に建て増した義母の家と、次男夫婦の家のバス

ルームは、新たに庭に掘った汚水タンクにつながっています。縦横四メートル×深さ二メートルほどの汚水タンクを作るとき、

「このタンクが一杯になったらどうするの」と私はひどく心配しましたが、夫は

「請け負ってもいいが、これが満杯になることはない」と宣言しました。

それから七年経っても問題ないので、義母の生きているうちには満杯にはならないのだろうと考えるようになりました。そしてそれ以上先のことに備える習性は、この厳しい気候に住む人間にはないことも知りました。

マンホールを塞いでいる鉄製の蓋は、一メートル四方もあって大変重い。元旦早々、夫は私にせっつかれて西と南にあるその蓋を持ち上げ、中を掃除し始めました。汚いし臭いので夫と息子に任せ、私は早々と退散しました。

## 夢は雨漏りしない家

私の仕事は大雨でさんざん水漏れしたバルコニーです。雨が降らなければ雨漏りは見つからず修繕も必要ないけれど、数年に一度降るたびに雨漏りの箇所は見つかるので、修繕し続けなければなりません。なぜなら、雨漏りの箇所をシリコンやコンクリートで埋めても、その後の灼熱であっという間に縮み上がり、また隙間が空くからです。常に灼熱にさらされる屋上はシリコンでは間に合わず、夫が業者を呼んで、ひび割れたコンクリートの隙間にアスファルトを注いで塞ぎました。(2)

幸いにも、年末の大掃除でゴミ溜め倉庫だったバルコニーを片付けたばかりでした。庭に面したバルコニーは全面ガラス張りで、天井は木製、その上に屋根瓦が敷いてあります。瓦の最端部は鉄板で支えられ、壁との間にはしっかりシリコンが塗られています。雨がまっすぐに降れば水は下に落ちるけれど、この元旦の雨のように横殴りのシャマール風に吹き上げられたら、水は逆流して瓦の下にまで染み込んでしまうのでした。

昨年秋に増築したばかりの次男夫婦の家は、バルコニーを挟んで母屋の反対側にあります。建てて初めての雨だったので、元旦の晩に私は心配で何度も雨漏りを調べに行きました。すると天井から蛇口を開いたように水が落ちています。ギョッとして解決策を探したものの、夜中の大雨の最中に出来ることは少なく、その下にバケツを置くだけで眠ってしまいました。

朝になって調べると、せっかくきれいに張られた壁紙は、ぶよぶよに膨れ上がっていました。新しいカーペットも歩くと音が出るほど水を含んでいました。組み立てる時間がなく梱包したまま立てかけてあった家具は、雨が染み込んで濡れています。その重い家具をメイドと二人で台車に載せ、急いで天日に干しました。見上げると雲は切れることなく空を覆い、雨の予報はここ一週間続いています。しかたなく、雨漏りしない庭の倉庫に移動しました。カーペットを水洗浄する掃除機で床の水を吸い、濡れたカーテンを外しました。まだ誰も住んでいない新しい家だというのに、もうこんな状態です。

母屋の水漏れは大したことにはなりませんでした。いつもの箇所がいつも程度に濡れているだけです。「どんな方向から降り、どれほど強い風を伴うか」によって漏れる場所が違うので、雨のたびに状況に合わせて古着やバケツを移動するだけです。さすがの私も歳を経て、オオクニヌシのように布袋を抱えて家中を歩き回る生活に疲れ、「いったいこんなことがいつまで続くの」と雨のたびに夫に訴えます。

「お金と努力をこんなに注いでも、雨漏りしない家にはならない。雨の漏れない家に住みたい！」

しかし夫は満面の笑みを浮かべてこう言います。

「この家は雨漏りなんてまったくしない素晴らしい家じゃないか！　こんなのは漏れているうちに入らないよ」

私は横を向いてチェッと舌打ちします。バラスティと呼ばれるナツメヤシの木で作った掘立て小屋に住んでいる感覚を、夫は未だに持ち合わせている。そりゃあ、あの頃に比べたら水漏れなんてまったくしない家屋だろうけれど、バカバカしい。雨の多い東京から来た私にすれば、こんな水漏れ屋敷がなぜいつまでも改善されないのかと腹立たしい。しかし何を言っても平行線です。夫だってシリコンやコンクリートを上塗りし、熱したアスファルトを注ぐほど努力しているのだから、「要するに私たちは過酷な自然環境に住んでいる」と諦めるしかない。それにしても、雨漏りしない家に住むことがこんなに手の届かない夢になるとは、若い頃には思いもよりませんでした。人生にはいろいろあるものです。

## 雨のない国の洪水

二十一世紀になってから気候変動のせいか、アラビア半島にも大雨と洪水が起こるようになりました。最初にアラビア半島に住む住民に大衝撃を与えたのが、二〇〇七年六月にオマーン湾を襲ったグヌ台風でした。インド洋沖でできる台風(サイクロン)は、そのまま海上で消えるかアフリカに抜けていくのが通常コースですが、いきなり方向を変えて北上し、アラビア半島を直撃しました。

砂漠と岩山に囲まれたオマーンは、南端にわずかに雨が降る乾燥地帯です。居住地である北東部は、他のアラビア半島と同様にまったく雨は降りません(だから下水システムもない)。そこにわずか二日間に、風速七五メートルの風に乗って六一ミリもの雨が降ったんだから、たまりません。オマーン史上最悪の自然災害となり、犠牲者は七十八人、行方不明者三十七人、被害総額四十二億ドル(約四千五百億円)でした。犠牲者が多かった理由は、山岳地帯には電波が届かない場所が多く、人々はラジオもテレビも使わず、当時まだ携帯電話も普及していなかったので、災害警報の伝達が遅れたのです。岩山に雨が降ると水は恐ろしい勢いで岩肌を滑り、狭い谷間に流れ込んで鉄砲水となります。しかし通常の雨しか知らない人々は、台風のもたらす豪雨の規模を想像することはできなかったのでした。

その後、インド洋で発生した台風は、数年ごとにアラビア半島に上陸するようになります。代表的なのがフェット台風(二〇一〇年)で、六〇三ミリの雨を落とし犠牲者二十四名を出しました。二ロファー台風（二〇一四年）は、風速六〇メートルの風に乗ってワディ（涸れ河）に土砂を流し込みました。チャパラ台風（二〇一五年）は、アラビア半島の南に上陸し、カテゴリー三でありながら、ソコトラ島のインフラの九〇％を破壊しました。雨が降らないから、雨に対応できるインフラではなかったのです。二〇二一年十月にはシャヒーン台風が襲い、洪水を起こして首都マスカットのさまざまな機能を麻痺させました。

インド洋にわずかな海岸線しか持たないＵＡＥには、サイクロンが直撃することはまずありません。しかし隣国オマーンを直撃すると、北部首長国はその影響を大きく受けます。グヌ台風の前日、バス通学していた高校生の息子は、猛烈な風の勢いでバスが反対車線まで押し出されるのを経験しています。ＵＡＥでは雨や風がひどいとすぐに休みになります。どんな大事な仕事や試験があろうと、住民は職場や学校へは行きません。建物が雨用に造られていないから、電気のショートが起きたりドアが開かなくなったり、滑って怪我をするからです。

自分の町で降ったのは少量でも、遠い山岳地帯で降る雨が、わずか数十分後に涸れ河（ワディ）に流れ込んでくることもわかっています。長くこの地に住む住民は、雨が山のどの辺りで降るとどれ程のスピードでワディに流れてくるか、経験則で知っています。それゆえ山からの鉄砲水が海やダムに注ぎ込む道を決して塞がないように、穴を掘ったり橋を架けたりして、水を逃がす場所を確保してあります。しかしながら九割の外国人にそうした知識はなく、ワディに遠足へ行ったりテントを張ったりと警戒心がありません。一九九五年には、遠い山で降った雨が鉄砲水になり、ワディでサッカーをしていた少年十六名を流してしまいました。[3] 遺体もなかなか見つからず、二五キロ離れたオマーン湾まで流されていたものもあったそうです。雨は砂漠では恵みの潤いですが、自然のルールを守らなければ怖い目に遭うことを、住民はよく知っているのでした。

## 砂漠の潤い

雨のあと、砂漠はいっとき潤います。何もかも砂色にくすんでいた景色がはっきり本来の色を見せ、薄い膜がはがれたようになります。空気がしっとり澄み渡るのは、地表を舞う砂塵が鎮まるからです。こうした国の人間にとって雨が降るのは何にも優る一大事で、常にニュースのトップを飾ります。テレビではアナウンサーが「今日は雨が降りました」と言ったきり、五分以上も延々と雨の様子を流しています。それは雨が降る国から見たら呆れるような映像です。めいっぱい動いているワイパー、水溜まりを跳ねて走る何台もの車、パイプを伝って勢いよく地面に落ちていく雨水、ビルから出てきて雨に打たれる職員たち、外に飛び出して小躍りする子どもたち。映像の中で人々は皆同じように上ずった声で言います。

「アッラーのおかげで雨が降った！」

「ありがたいお恵みの雨だ」

中東諸国ではその年に十分な雨が降らないと、秋から冬に向けて「雨乞いの礼拝」が行われます。近年では雨の少なかった二〇一〇年、一一年、一四年、一七年、二〇年にありました。礼拝は必ず元首の発布で行われ、UAEでも昨年十一月にカリーファ大統領の号令で行われました。万有の神アッラーに我が地を雨と恵みで潤してくださいとお願いするのです。科学や技術に支配された現代社会では奇異に感じるかもしれませんが、実際には、雨乞いは古代から現代に至るまでどの文明でも行われてきました。二十一世紀の世でも何ら不思議はないのです。

そのおかげか、前述したように大晦日から元旦にかけての二日間に大雨が降りました。新年早々、私は水漏れした次男の家を大掃除しなければならず、夫は雨水を吸いこまない下水の詰まりを直さなければなりませんでした。その原因はなんと！　庭に生えた木が水脈を探して根を延ばし、下水のパイプまで入りこんで詰まらせていたのでした。おまけに庭に逃げたウサギを追いかけた私は、水溜まりに足をとられて転び、頭を打って瘤をつくり、さらに肋骨にひびが入りました。目の前に飛びまわる星を見ながら、明治生まれの祖父がよく言っていた言葉「一年の計は元旦にあり」が頭に響き渡るのを聞いていていました。

「すべては雨のせい。めったに降らないから雨の生活に慣れていなくて、正月早々こんな粗相をしたのだ」と私はうわ言のように言いました。

## 新技術クラウド・シーディング

その翌日、こんな見出しの報道がありました。

「二〇二一年には二九九回のクラウド・シーディングを遂行」。内容はこうです。

「UAE気象庁は、二〇二一年に二九九回のクラウド・シーディングを行ったと発表した。特に十二月三十、三十一日両日は全土に渡って十一回実施し、ドバイのある地域では最高降雨量九九・二ミリの成果を得た。実施に伴い、元旦未明の一時半頃からさまざまな地域で雷を伴う激しい雨が降り、ラッセルハイマのジース山頂（標高一九〇〇メートル）では、七・五度の最低気温を記録した。気象庁は住民に対して、視界が乏しくなるので運転は特に注意するよう、滑りやすい場所や傾斜を避けるよう警告した。アブダビ警察は繊細な気象の変化に留意し、スピード制限を守り、電子版の注意勧告に従うよう呼びかけている。この天候は数日間続くもよう」

クラウド・シーディングとは、二十世紀半ばから世界中で研究が始まった、人工的な気象制御の一つで、ここでは「人工降雨」のことです。雨を降らせるには雲の中に氷の粒を作る必要があります。雲の中の水蒸気は、昇華と低温の影響で氷となってくっつきあい、成長して雪片となります。それが地上に降るのが雨です。そこで人工的に雲の中に塩の微粒子を撒き、その塩を核として水滴が成長し、雨となって落ちるよう仕向けるのです。雲は自然界の中で正と負の電荷を持ちますが、この電荷バランスを変えることによって電気ショックを起こさせ、小さな水滴をより大きな雨滴に融合させて降らせることを可能にします。散布する物は塩基化合物、ヨウ化銀、ドライアイスなどで、状況に応じて配合率も量も変わります。

積雲に散布する方法は三つあります。

一、専用飛行機あるいは無人航空機（ドローン）から雲に散布

二、ロケットや対空砲による地上からの打ち上げ
三、ナノテクノロジー（実験途上）

二〇一七年に米国報道局CNNは、UAEのクラウド・シーディングの特集を組みました。専用航空機のパイロットはインタビューにこう答えています。

「通常の航空機は雨雲を避けて飛ぶけれど、この飛行機は雨雲の真ん中に突入するのが任務です。おまけに積雲の中でエンジンから炎を出して、雲の粒子を惹きつけなければなりません。塩を撒けばいきなり雷が発生するし、大変な任務です」

そのため、二〇一九年以降はドローンを使った実験が主流になりました。

## 数々の実験

国土の八割が砂漠地帯、年間降雨量が百ミリのUAEでは、飲料水の確保は国運を左右する重大事です。現在九百万人ほどいる住民は、生活水の三分の二を地下水に頼りながらも、海水を脱塩した水も供給されています。年々増え続ける人口と少ない降雨量、地球温暖化によって地表から気化する水量を見据えて、一九九〇年代からは国を挙げてクラウド・シーディングの研究が始まりました。二〇一〇年以降はアブダビとドバイの砂漠地帯で本格的に実験が始まり、その研究に千百万ドル（十二億円）以上をかけています。それだけでなく、国内に一三〇ものダムを建造し、一億二千万立方メートルの雨水を貯蔵する準備をしました。

人工降雨による雨量は正確に測れるとは言えません。それでも二〇〇三年の三〇ミリから、十年後（二〇一三年）には一三六ミリと増加し、反対に、二〇一八年は一八四回も実施しながら四七ミリでした。二〇一九年は二四七回の実施で一〇一ミリ。今年の十月にはわずか八回実施しただけでUAEとオマーンに大雨が降り、六七〇万立方メートルの水を貯蔵することができました。しかし同時にサウジとUAEで洪水が起こり、多くの市民が被害を受けています。

その結果を見てもわかるようにクラウド・シーディングはまだまだ研究途上で、必ずしも成功するとは限らないようです。気象庁の報道官も取材にこう答えています。

「ある程度発達した積雲があるなら可能だが、雲の無い所に雨雲を作って雨を降らせるのは不可能です。それに積雲は一つとして同じものがない。常に変化している積雲に対し、風、気温、湿気などさまざまな影響を予測し、機敏で繊細な技術を駆使しなければなりません。残念ながら、現段階の技術では降水量を自由に制御するまでには至らず、気流に左右されるため特定の場所に降らせることも不可能です」

世界経済フォーラムの年次報告書（二〇一九年）では、「世界人口の四〇％が深刻な水不足に直面しており、その数は二〇二五年までに六〇％まで増加すると推定される。事実、すでに世界人口の六六％にあたる四十億人が、年間少なくとも一ヶ月は深刻な水不足に見舞われている」と発表しています。ユニセフとWHOの報告（二〇一七年）では、世界の人口増加と水の使用が現状のまま続くと、二〇三〇年までに水不足が原因で七百万人が移住を余儀なくされ、二〇四〇年までに四人に一人の子どもが水不足の環境に置かれると予測しています。生活水の確保はどの国でも喫緊の課題に違いありません。

## 飲み水をケチれるか

研究費以上に問題なのはコストです。旧式と言われるUAEの淡水化プラントでは、一立方メートルの飲料水を作るのに二二〇ディラハム（約八千円）かかります。加えて、副産物として出る化学物質が海洋を汚染し生態系を変えると、環境への悪影響も問題視されています。それに比べて人工降雨は、ほんのわずかな影響しかなく、コスト面でもかなり安い。人工降雨による淡水は、一立方メートルにつき四ディラハム（約一四四円）しかかかりません。専用航空機を使った散布が一度につき約三千ドル（約三十六万円）かかるなら、ロケットやドローンはもっと安上がりです。これほど差があれば、人工降雨の研究に投資しない理由はありません。運が良ければ元旦のように大雨を降らせることもできるのですから。

クラウド・シーディングの研究がさまざまなメディアに載り始めると、雨が降るたびに人工降雨ではないかと住民は疑うようになりました。洪水の被害が出れば、疑う声はさらに増えます。そして雨に対する意識も少しずつ変化しているのを、最近の私は感じるようになりました。「雨は神からのお恵み」と純粋に受け止める心が、何やら陰っているのです。政府主導の雨乞いのお祈りも、「本当に必要？」と真剣味が減りました。元旦に怪我をした私自身、記事を読んだ後には何だか腑に落ちない。「雨を降らせるにしても、ちょっと酷(ひど)すぎやしない？　家も庭も水浸しで、おまけに怪我しちゃったよ」という気持ちに変わっているのです。私がこんな風に感じるなら、雷や洪水の被害を受けた市民は、感謝よりも怒りを感じたとしても不思議ではありません。

それにしても――。砂漠の民がいつか人工降雨に慣れて雨をありがたく感じない日が来るのかと私は考えます。人工降雨の研究は絶対に必要で、これにより生活用水が確保され、住民が死に直面する可能性は確かに減るというのに。

## 美しい思い出

そうそう、私にはとっておきの素晴らしい思い出があります。ずっと昔、次女がまだ小学生の頃、ちょうど雨の降り出しどきに娘の学校に居合わせたことがありました。クラウド・シーディングなんて言葉を聞いたこともない、二〇〇〇年代半ばです。その時の様子は生涯忘れることはできません。

空模様を見るために中庭の回廊でふと立ち止まったら、雨に気付いた子どもたちが、各教室からいっせいに怒濤(どとう)のように飛び出してきたのでした。わあぁぁ雨だぁぁと叫ぶ子どもたちの歓声は、地響きのように校舎に響き渡りました。それこそ全員が中庭に出払って、雨に打たれながら腕を天に伸ばし、口を大きく開けて飛び跳ね続けるのです。雨が降る限り興奮もおさまらず、歓声と跳躍は何十分間も続きました。もちろんそれで授業はお終いです。雨の喜びを抑えつけて授業に戻らせるなんて、どだい不可能です。教師だって同じように雨を浴びながら中庭を歩いているのでした。家に帰る道すがら、近くの幼稚園や高校からも大きな歓声が聞こえていました。それほど珍しい、嬉しい、手に入れ難い雨なのだとこちらが感動したものです。

これほどの喜びを手離すのは幸せなのか不幸なのか——。滅多に手に入らないものが世に存在するのは、本当はとても幸福なのかもしれないとちらりと私は考えます。

クラウド・シーディングの研究が極められ、雨が自在に降るご時世になったら、これまで私たちを潤わせ歓喜させてきた雨への憧憬は、あっという間に過去のものとなるに違いありません。過酷な自然に住む苦しさを滅多に降らない雨で潤していた私たちは、これからどんな潤いを探し求めればいいのでしょうか。

この地に住んで三十年、雨に慣れる日が来るなんて想像したこともありませんでした。だからその先に私たちを潤してくれるものが存在するかどうかも、今は想像することができません。そんな日が果たして来るのか、それは住民をどんな幸福へ導いていくのか——。水不足を解消しようと必死になっている世界の動きを、革新的な技術を、せいぜい期待して待っていようと思います。

（二〇二二年一月）

註

1. 私はかつて庭に井戸を掘り、井戸水を庭木に撒くべきだと進言した。

2. アスファルトは夏になるたびに少しずつ溶け、何度でも液状に戻るのでかえって隙間をしっかりと埋めてくれる。

3．通常は水で削られて平らな固い砂地になっている。

最高峰 1930メートルのジース山の写真。

# ネズミ騒動

## 知らんふり

砂ネズミというのをご存知でしょうか。砂漠にはどこにでも砂ネズミがいます。体長五～七センチ（尾を除く）くらいの灰色・茶色・鼠色をした小さなネズミです。ドブネズミとは違いどう猛さがなく、ハムスターのような外見をしています。といっても当然ながら綺麗な動物ではありません。

昨年秋から、我が家には砂ネズミが散見するようになりました。庭で飼っていた猫が段々と数を減らしていき、[1]とうとう一匹もいなくなった後から、それは始まりました。外敵がいないので自由に出入りできるのです。砂ネズミは驚くことに五ミリの隙間があればどこにでも入り込みます。アラブの家の造りはまったく精巧ではないため、たくさんの隙間があります。ドア、窓、冷房機、換

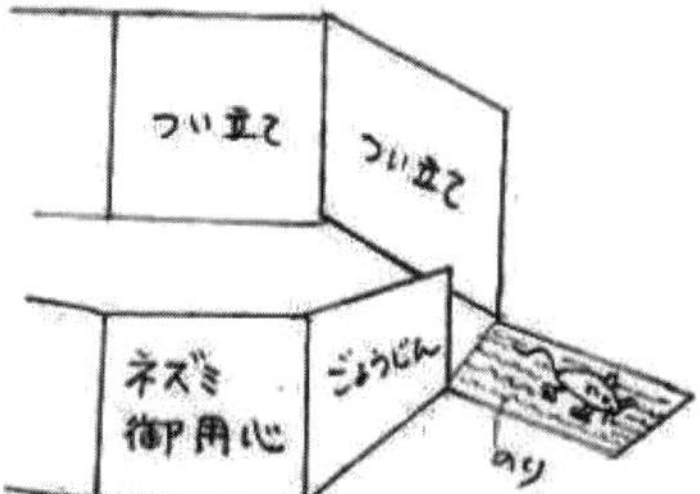

気扇といった付属物とコンクリートの間、ガスボンベ、洗濯機、食器洗浄機などのホース用に開けた壁穴など、我が家の床面積が二〇メートル×二五メートルとしたら、いくら指を折っても足りないほどの隙間が存在します。その一つひとつにシリコンや補強材を埋めていくのは大変な作業だし、築二十五年も経てば壁や床にも割れ目があり、蟻の大群がそれらをどんどん広げていく[2]ので、隙間を失くすには無限大の努力と献身が必要です。私は無限大の仕事は嫌いです。また最初から負けるとわかっている勝負に挑むのも嫌いです。だから隙間を埋める作業には長年知らんふりを決め込んでいました。それじゃあネズミも増えるわけです。

　夜中、静かにテレビを見ていると、居間の端をつつーっと走る影が見えます。「あ、ネズミだ」と思っても、私一人ではどうにもなりません。なにしろネズミの方が何倍もすばしこいのです。だから床から足をあげて、蝿叩きを手に持って、そのままテレビを見続けます。砂ネズミが自ら人間に近づいたり襲ったりすることはありません。しかし目の前を何度も通過するようになると、仕方なく夫と息子たちに電話をかけ、「ネズミがいる」と報告します。

　夫は決まって「じゃあ捕まえなさい」と言い、そのたびに私は腹が立ちます。簡単に捕まらないと知りながら、いつも私をからかうのです。

「きみはジャングルに行ってたんだろ。ネズミくらいなんでもない。追いかけたらすぐ捕まえられるよ」

　反対に息子たちに電話すると、

「捕まえなくてもいいよ。放っておきな。怪我するだけだ」と言います。私とネズミではまったく勝負にならないと知っているのです。

私にとってネズミを捕まえるのは非常に難しい。身体能力以上に「家にネズミが出る」というショックでまず気持ちが萎えてしまうからです。田舎で穀物倉庫のある家屋に育ったならいざ知らず、東京出身の普通の人間なら、ネズミが家に棲みつく経験なんてありません。害獣の代表であるネズミが自分の家を縦横無尽に走り回るなんて、想像上の疫病に侵された恐怖の館だけなのです。メイドがこんなに毎日綺麗に掃除する家に出るなんて「ウソでしょ」の世界です。とにかく気持ちが悪くて仕方がない。あちこち齧られ、部屋の隅々に糞を落とされ、夜中にガサゴソとどこかで音がする。すべての食べ物を冷蔵庫や戸棚にしまっているのに、それでも一度棲みつかれたら駆除するまでは大変です。気を抜けばあっという間にネズミ算で十倍にも二十倍にもなってしまいます。

## 砂漠の小動物

私たちがウンムアルクエインの砂漠地帯に建てられた住宅地に越してきたのは、一九九八年でした。その頃周りはすべて砂漠で、舗装された道路もなく、東の地平線から太陽が昇るのが見え、西の地平線に沈むのが拝めるほどでした。開拓地に自分たちが入り込んだ状態で、家には毎日のように放牧された山羊が集団で草を食べに来たり、五百キロはありそうな牛が庭に迷い込んでいたり、ラクダやロバがゴミ箱を漁りにきていました。

そんなある日、子どもたちと二階にいたら、小動物がすごい勢いで部屋を横切ったので、びっくりしました。めざとい息子が「ネズミだ！」と叫び、恐怖の館の想像で目の前が真っ暗になった私はキャーと叫んで、まず洗濯カゴの中に飛び込みました。

「みんな、ソファや机の上に上りなさい！　ネズミに食べられないように！」

当時は携帯電話もなかったので、夫に連絡のしようがありません。夫が帰ってくるまで洗濯カゴと共に移動しながら、子どもが齧られたどうしようとか、完全に駆除できるかとか、この家を出てどこに行けるだろうかと、ぐらぐらする頭で考え続けました。

ところが帰宅した夫は平気な顔で、

「砂漠なんだから砂ネズミはいるさ」と言うではありませんか。

「これは砂ネズミでドブネズミとは違うんだ。砂漠の小動物だよ」

そんなことを言われてもネズミはネズミです。自分の家にネズミがいる、私はネズミ館(やかた)でネズミと共存している、いずれは齧られペストに罹って一家全滅してしまう！　とまくし立て、もうこの家は腐ってしまった、疫病にやられてしまった、ネズミに乗っ取られてしまったと大いに嘆き悲しみました。それくらいに大ショックだったのです。しかし夫にしたら何のことはない、庭の小動物がちょっと家に入り込んだ程度の話で、気を失いかねないほどのショックで寝込んだ妻を尻目に、子どもたちと笑いながらネズミを捕まえたのでした。

それから二十年の間、三年に一度くらいこのような経験を繰り返すようになり、私のショックは以前ほどではなくなりました。それでも恐怖と嫌悪は止まず、正面切ってネズミを捕まえることはできません。こんな萎え萎えの精神状態では、賢いネズミに勝てるわけがないのでした。

そういえば、家の周りが砂漠の開拓地だった九〇年代は、よく政府指導で害虫駆除（ペストコントロール）が行われました。夕方、何の告知もないまま轟音と共にいつもそれは始まりました。ブォーという地面を揺るがす音がして、しばらくすると町中が真っ白に煙るのです。最初私はそれが何だかわからず、フィリピン人のメイドに教えられて、薬を撒いていると知りました。大きな装置を肩から掛けた男性が、この灼熱の中をまるで原子力発電所の危険区域に挑むような防御服を着て、ホースの先から白い煙を撒き散らしながら歩いていました。私はその音を聞くと猛突進して洗濯物をしまい、子どもたちを家の中に入れて、あらゆる窓とドアを閉めきり、換気扇を塞いで、息を潜めていたことを思い出します。住民に知らせず町中に煙が蔓延するほど駆除剤を撒くなんて、狂気の沙汰です。当時は家族を守ることに必死で、その是非を問う気などまったく起きませんでした。

二〇〇〇年以降は害虫駆除（ペストコントロール）は一度もありません。私企業が間違ったやり方で殺虫剤を撒き、住民が死亡する事件が相次いだので、衛生局の許可が大変厳しくなりました。そんなわけで、砂ネズミもドブネズミも野ざらしのままです。

## 闘う方法

昨年の暮れ、家族で居間に座っていたらネズミが出ました。普通は家人が大勢いる場所では絶対に姿を見せないのですが、それは子ネズミで、ソファの背中からちらりと顔を覗かせました。「あれ、トカゲかな」と息子が言うほど小さいネズミでした。それからは大変です。全員がソファから立ち上がり「捕り物帳」の準備を始めました。この準備も用意周到にやらないと取り逃がします。

まずはネズミが出たエリア全体を、板や段ボールなどを立てて囲います。五ミリの隙間で逃げられるから、ピッタリとくっつけて囲います。高さ30センチ以上の囲いがうまく出来たら、ネズミ捕りの糊を用意します。糊はどこにでも市販されているチューブ入りのもの。すごい粘着力なので、絞るだけでも力が要り、手や足についたらひどい目に遭います。それを五〇センチ四方の厚紙や板にまんべんなく塗り付けます。準備が整うと、囲いを一ヶ所だけ開けて、外側に糊板を置きます。これで外堀は完成しました。

次に、息子や夫が囲いの中に入り、ものを少しずつ囲いの外に出していきます。ネズミが身を隠す場所を減らしていくのです。ネズミは隠れ場所を暴かれると次々に移動し、最後に残った隠れ家をひっくり返されると、飛び出してきて囲いの突破口を探します。その動きは一瞬も止まらない。止まれば蠅叩きで打たれてしまうからです。ネズミは息子の股下をすり抜け、蠅叩きをかわして、さらなる隙間（重くて動かせない家具の裏など）に逃げ込みます。それを懐中電灯で照らし、蠅叩きで追いながら炙り出します。ネズミをうまく突破口へ追いつめると、ネズミは糊にからめとられて「御用」となるのです。

しかし実際にはそんなに簡単ではありません。なにしろネズミは賢い。まず戸棚の裏や家具の隙間の奥深くに隠れて出てきません。大きな家具は動かせるわけもなく、何時間も出て来なければなす術がありません。その我慢比べに勝つために、私たちは新聞紙を床に敷き詰めます。新聞紙はネズミの体重がかかるとカサコソ音を立てるので、隙間から出てきたとわかります。音をたどり、どのあたりにネズミが移動したかもわかります。

ネズミは大変嗅覚が鋭く、糊の匂いを嗅ぎ分けて、絶対にその方角には逃げません。どれだけ追い詰められても、糊の前で翻って私たちに突進してきます。直進してくる動物を叩くのは難しいとネズミは知っています。突進されると大人も一瞬怯み、そのスキにまた逃げられるのです。

ネズミは囲い（外堀）と家具の距離もちゃんと測ります。動かせない大きな家具の近くに囲いを作ってしまったら、ネズミは家具の上に駆け上り、跳躍をつけて頂上からジャンプして、囲いを軽々と飛び越えて逃げていきます。囲いが遠く、どうしても逃げ場がなくなって糊板に向かっていく場合は、それを飛び越えようとネズミはものすごい跳躍をします。二〇センチくらいはお手の物で、板が短くて飛び越えられてしまったことは何度もありました。それほどネズミは賢いのです。

私は数多くの闘い（バトル）を経験し、ネズミの知恵を知ることになり、その賢さに驚くとともに、対策もゆめゆめ怠りなくする訓練を積みました。囲いを家具の近くには立てなくなったし、新聞紙をくしゃくしゃに丸めてから広げて敷く(3)のも習ったし、板に糊を隙間なく塗る工夫もできるようになりました。板の端から糊が漏れるのを心配して五ミリ以上の糊しろを作ってしまうと、ネズミはその上を走って逃げてしまいます。結果、ネズミの跳躍にも負けない長さの板に、糊をケチらずベタベタになるまで全体に塗り、わずかな隙間も作らないことを学習しました。糊が垂れて床につくと後始末がとても面倒なのですが、それでもネズミを取り逃がすより最終的には被害が少ないことも知りました。

## 必勝バトル

二年前くらいでしたか、ネズミが大量に家に棲みついたことがありました。夜に寝ているとカサカサキチキチと音が聞こえ、朝には糞が隅々に残されていました。放っていたらあれよという間に増えたので、一家を挙げて闘うことになりました。

まずは糊のチューブをたくさん買いました。それを見た店主が、

「ネズミは糊の匂いがわかるんだから、これにしな」と勧めるので、大きな洗濯バサミのついた罠も買いました。

それは中央にぶら下げた餌のわずかな動きでバッチーンとハサミが閉まる仕掛けでした。当然ながらハサミはものすごい握力を加えないと開かない。店主の説明に従いハサミをやっと開き、おたおたとストッパーを掛ける私を見て、どうもろくにネズミを捕まえられないと踏んだ店主は、さらに気を良くしました。裏から別の商品を出してきて、

「これはテクニックが要る。あんたが挟まれるんじゃないぜ」と鳥かご型の檻も勧めました。

檻の中には餌をぶら下げる棒があり、棒がちょっとでも揺れると抑えている器具が外れてガチャ

ンと蓋が閉まる、昔ながらのネズミ捕りでした。

決意の固い私はそれも買い込んで、ネズミ駆除に全身全霊をかけると心に誓ったのでした。それらを取り付ける作業中、檻を置くのはどこが最適かと夫に訊きました。すると夫は、「しっ、静かに」と口に指をあてます。周りを見れば誰もいない。私はおかしくなって、「なぁに。ネズミが聞いているとでも言うの」と笑いました。

夫は真剣な顔で、「ネズミは人間の会話をちゃんと聞いているよ。檻の話をしたら絶対に捕まらない」と言うではありませんか。

私はその顔をまじまじと覗き込み、これは私が結婚した教養ある中年男性に間違いないかを確かめました。夫はそんな私を横目で見て、「信じられないんだろ。でも本当なんだ。ネズミは何でもちゃんとわかっているんだ」と繰り返すのでした。

結局、私が仕掛けた罠には一匹もかからず、何週間もかけて蠅叩きと糊を使った肉体労働の末に捕まえたネズミは、わずか三匹でした。夜中にあちこちで物音がする気持ち悪さと腹立たしさといったら！　家のあらゆる隙間を呪い、建築仕様の杜撰(ずさん)さを呪い、全然役立たないネズミ捕りを売りつけた店主を呪い、自分の身体機能の鈍さを呪っても、いっこうに全滅できないので再び猫を飼うことになりました。

に言われました。

「猫がネズミを捕まえるって、今の世じゃすでに幻想なんじゃない」と言うと、

「それは豊かで怠惰になった日本の猫だろ。世界の猫はちゃんとネズミを捕まえるよ」と家族全員

「そうか、それじゃアラブの猫のお手並み拝見」と観察することになりました。実際、娘がもらい受けた猫は次々と仔を生んで、最盛期の合計八匹にもなったら、自然にネズミはいなくなりました。

## 仕返し

昨年秋にとうとう猫が一匹もいなくなったため、再びネズミが出るようになりました。娘の結婚でいただいた贈呈品と、娘がアパートから引き揚げた荷物と、息子と夫が展示会から持ち帰った大量の見本品のおかげで、私が全身全霊をかけて片付けた家はまたゴミ屋敷になってしまいました。片付けても片付けてもキリがない。そこにネズミが出たのだから大変です。ネズミは物の溢れる家を我が物顔で走り回り、私はまったくなす術がない状態になってしまいました。

実はネズミが出るのは我が家だけではありません。近所の家にも出るとメイドが言いました。とすれば我が家だけ駆除してもたかが知れていて、気を許せばすぐに隣の家から移ってくる状態でした。これにはまた心を挫かれました。私一人が頑張っても、我が家だけが頑張っても、ネズミは町中にいるのです。猫がいる家庭でさえ出るらしい。裏の家はドブネズミまで出るらしい。あぁどうすればいいでしょうか。

先日、結婚した娘夫婦が家にきて、心の挫けている私を励ましてくれました。励まされてもネズミが減るわけじゃないから仕方ないんだけれど。

その時夫が、「仕掛けた檻にママがデイツをぶら下げたけれど、デイツだけ食べられて、ネズミは最後まで捕まらなかった」という話をしました。すると婿は、

「仕掛ける前に、声に出して話しちゃったんでしょ」と、まるで当たり前のように話すのです。

「そうなんだよね。ママはネズミが聞いているなんて信じないから」と、夫はまた非科学的なことを言い出しました。私は婿の顔をまじまじと見て、「婿殿よ、お前もか」と言いそうになりました。石油大学を首席で卒業し、技術者（エンジニア）として国幹産業の最前線で働く九〇年代生まれの婿でさえ、そんなことを言うのです。しかし、それに続く話がもっとおかしい。

婿はうんと声を絞って、「この前うちでは……」と話し始めました。

婿の兄の家では、檻で捕まえたネズミをメイドがひと晩水につけて始末したので、怒ったネズミが兄一家に報復したというのです。婿の実家は大家族で、駐車場にはたくさんの車があります。その中で兄の車を発進させようとしたら、新車なのにまったく動かない。ボンネットを開けて調べると、なんとケーブルが全部ネズミに齧られていました。

「それじゃ仕返しされたんだね」と全員（婿の家族も我が家も）が迷いもなく納得するのには驚きました。東京でそんな話をしたら頭が少しおかしいと思われかねません。ところが、ここでは教養ある若い世代でさえ、ネズミは人間の言葉を理解し、虐待されたらひどい報復をすると信じているの

でした。「自分の常識が世界の常識と思ったら大間違い」という、若者を世界に飛び立たせる力強いフレーズを、私は思い出しました。世界は広い。まだまだ不思議なことはたくさんある。知れば知るほど面白いと考えなければ、たかがネズミに負けてしまいます。

## 大バトル、大勝利！

先週、私はネズミと大バトルを繰り広げました。これは経験上、最も真剣にネズミと闘った記録で、結論を言えば私は勝ちました！

夫の母は我が家の敷地内に別棟を建てて、四年前から一緒に暮らしています。母は大変猜疑心が強く、簡単には人を寄せ付けません。寝室の大きなスーツケース三個に自分のものをすべて詰め、頑丈な鍵をかけてチェーンを巻き、他人には触らせないで暮らしています。食事は家族とは別に調理された物でないと食べず、コップに注いだ飲料には手もつけず、未開封のボトルからしか飲みません。洗濯物は自分専用の洗濯機で洗い、家族とは別の水道管からホースを引いています。

ある日、母の家で寝起きするメイドがネズミが出ると言い出しました。夜中にガサゴソ聞こえると。メイドは母の寝室の一部しか掃除することはできません。スーツケースのある場所には近づけないのです。その報告から数日して私は母の家に行きました。母は言葉の通じない異国人の私を、なぜか家族の誰よりも信用しています。言葉がわからないから干渉しないし、不用心に近づかないからかもしれません。

目の不自由な母に自分の位置を知らせるために、私は常に小さな音を出しながら移動しました。「お母さん、ちょっと部屋に入りますよ。ネズミがいないか調べますからね」と部屋の奥まで行き、「いまスーツケースの裏を覗きますからね」とケースを手でポンポンと叩き、「ちょっとカーテンを開けてみますよ」とカーテンの紐を引くという具合です。

埃を山と被ったスーツケースを動かすと、大量の糞が残されていました。ギョッとして、「これはちゃんと掃除しなきゃいけませんね。私が部屋にいるから、スーツケースを動かしてメイドに掃除させましょう」と言いました。

私がいるので安心した母は、メイドを部屋に入れました。メイドは、ひとつ三〇キロはありそうなスーツケースを一つずつ拭いては違う場所に移し、ようやく掃除機をかけることが出来ました。ベッドの下に掃除機をかけていると、突然ネズミが飛び出してきました。キャーと私は悲鳴を上げ、「ネズミぃぃい」と叫びました。母は私の声にびっくりして飛び上がりましたが、ネズミと聞くと「なんだ、驚かせて」とネズミのいるベッドの上に座り直しました。そして、「この間からずっとカサコソ音を立てている。あたしの様子を伺っているんだよ。金の腕輪を狙っているのかもしれない」と、私が咄嗟には返事のできないことを言い出しました。

自分の拙い語学力を絞り出し、「ネズミが母の金の腕輪を盗もうとしている」と間をおいて理解するのですが、私は自分の理解に半信半疑で、どう返事していいのかわかりませんでした。そうですね、お母さんは腕輪に気を付けてくださいよと言うべきなのか。ネズミは金の腕輪なんか要りませんよと切り返すべきなのか。いつものようにわからないフリをしてやり過ごそうか。どうしようか迷って常識的な返事をしました。

「お母さん、ネズミを捕まえましょう」

## ネズミを魅惑するもの

私は夫に電話し、「お母さんの家にネズミがいるのよ」と伝えました。

夫はいつもの返事で、「それじゃ捕まえなきゃ」と言いました。

「冗談でしょ」と電話を切ったものの、私は再び母の家に戻ってどうしようかと考えました。本当なら、メイドと私の二人で捕まえられるわけがありません。ネズミは賢いし、私たち三人（母、私、メイド）が相手なら、その百倍もすばしこいはずです。しかし今ここで私が駆除しなければ、母はまた誰も部屋に入れないかもしれない。ネズミは増え続け、母はネズミの糞に埋もれて病気になってしまいます。考えが行き詰まり、ベッドに寝転がる母のそばに座り、

「ネズミってどうやって捕まえるの」と訊きました。古くからの住民である母にいい知恵があるなら教わりたくなったのです。母はそこで大演説を始めました。

「まずネズミに効くのは」と言ってから、急に声を潜め、見えない目で辺りを見回すと、眉をひくひくさせて「口笛である」と言い出しました。

「ヒュっていうのと、ヒャっていうのと、シュっていうのを使い分けないといけない」と。

私はこれにもどう答えていいかわかりませんでした。もう少しマシな伝授を期待していたものの、真剣な母をみて諦めました。私の常識では計り知れない世界が目の前に広がっているのです。

ネズミ駆除をしようか、もうしばらく放っておこうか、ネズミが消えるのを待つか、思案しながら母の荒唐無稽な捕り物帳を聞くあいだに、ぼんやりシーツの端を見たら、飛び上がるほど驚きました。なんとネズミは母のベッドの上にも大量の糞を落としているのです。枕と背もたれの隙間に直線にずーっと糞が落ちていました。ということは、寝ている母の枕元でもネズミは四六時中動き回っているのです。「これはダメだ」と思いました。私は覚悟を決め、メイドを呼びつけ、枕の下にある大量の糞を見せました。メイドも糞を見て悲鳴をあげました。

私はベッドから立ち上がり、腰に手を当てて宣言しました。

「私たち二人で、今日はどんなことがあってもネズミを捕まえなきゃいけない。もうすぐお祖母ちゃんが喰われちゃうよ」

メイドはネズミ退治用の段ボールや板や糊や蠅叩きなどを母屋から持ってきました。私は母の手を引いてベッドから連れ出し、部屋の隅に椅子を置いて座らせました。母は昔の人なので、部屋に家具はありません。戸棚が一つあるだけ。そこでベッド周辺にできるだけ狭い囲いを立てました[4]。次に糊を板にべったりと塗り付けて、一ヶ所だけ作った突破口に置きました。それからメイドと私は囲いの中に入り、ベッドから糞だらけのシーツと枕カバーをはがしました。母はいつも枕カバーやシーツやティッシュ箱の中に大事なものをしまうので、勝手に手を付けてはいけません。

「お母さん、枕カバーを替えますよ、中身を調べてください」

「ティッシュの箱はそっちに置きますよ」と先に言ってからでないとパニックになります。

こうして母の許可をとりながら一つ一つ進みました。それにしても、これほど糞を残す前になぜ母の部屋を強制的にでも掃除しなかったか悔やまれました。母がいま一番信頼しているのは私かもしれないのです。私がどんなに母を怒らせるにせよ、母がどんなに辛辣な批判を私に向けようと、私も母ももはやこの家から出て行く人間ではなく、これからも家を采配していくのは私です。私は母を最後まで面倒みるだろうし、母もそれを薄々承知しています。それなら母が何と文句をつけようが、もっと早くネズミ退治をするべきだったと後悔しました。

## 一件落着

ネズミは母のベッドの下から、どうしても出てきませんでした。懐中電灯で照らしても、棒で叩いても出てこない。仕方なくベッドを垂直に立てることにしました。しかしベッドはキングサイズで特注マットレスのため、女相撲取りのようなメイドの力でも持ち上がりません。二人でようやくマットレスを引っ張ってフレームから降ろし、壁に立てかけました。これだけでも重労働です。おまけに背もたれとフレームはネジで結合していて、ものすごく重い。ネジを外そうとしましたが、電動ドライバーできつく留められたネジは、女の力ではどう頑張っても外れませんでした。

その間にも私とメイドは大量に水を飲み、ゼイゼイと苦しい呼吸をしながら働きました。母は大演説の舌を緩めず、延々と非科学的な、魔術的で妄想的なことを言い続けました。こんな苦しい作業の最中にナンセンスを言われ続ければ、怒鳴りたくもなります。しかし言葉が解れば腹も立つが、解らなければバックグラウンド音楽と同じ。自分の口笛が効いてネズミが出てきたかと尋ね続ける母を無視して、私とメイドは全力を振り絞ってベッドをひっくり返しました。

最後の砦を奪われたネズミは飛び出してきて、マットレスの裏に隠れました。そこへ蠅叩きを持った私とメイドが両側から向かいました。一瞬ののちネズミの姿は消えていました。目を丸くするメイドに、

「カーテンだ。カーテンを振ってごらん」と言うと、振り回されたカーテンからネズミが降り落ちてきました。着地すると一目散に突破口へと走り大跳躍したのですが、糊の後半部分に落下しました。私はすかさず厚紙を折り畳んでネズミを包みこみました。そこへ重労働の仕返しのつもりか、メイドが大きな足でどぉんと踏みつけたのには、私も一瞬だけネズミに同情しました。

母は捕まえたと知ると、胸の前でパチパチと少女のように拍手しました。そして、

「あたしの口笛はよく効いた。ウンム・セイフ（私の呼び名）は素晴らしい。よく捕まえた」とのたまいました。

その後、柵や糊を片付けベッドの下をくまなく掃除し、二人でまた力を絞って元に戻しました。新しいシーツを敷き、スーツケースを戻し、母の手を引いて再びベッドに座らせます。母はネズミのいない綺麗な部屋でご満悦です。私とメイドは重労働で疲れ果て、ご飯も作らずに残り物で済ま

せたのでした。

こうして、私たちは見事にネズミを駆除しました。東京で生活しているだけなら、私は砂ネズミの存在を知らず、退治方法もわからず、その賢さも知らずにいたでしょう。常識ある私の夫がネズミに悟られないよう小声で話すことも、婿の兄の新車が台無しにされたことも、ネズミが金の腕輪を盗もうとすることも、口笛に惑わされるのも、不思議噺（はなし）の域を出ないままでした。

反対に夫にとって砂ネズミは元々身近な動物で、その賢さも報復も何ら不思議なことではありません。それを非科学的だと頭から決めつける東京人の妻（ワイフ）（すでに人生の半分をアラブで過ごしているのだが）を納得させることも、無理だと了解済みだったのでした。

世の中には面白いことがたくさんあります。面白いことを面白いまま味わえる感性をいつまでも持ち続けたいものです。駆除の証拠となったのは、これまた不思議にも、冬にだけ出るコオロギの音色を聴いたからでした。この国では羽虫は灼熱の夏には生き残れず、冬場だけ水のある場所に出現します。一晩中トイレでギィギィと鳴くコオロギを、あぁうるさいと寝床で聴きながら、ふと、コオロギを食べるネズミが家にいなくなったのだと気付き、ようやく私は安堵したのでした。

（二〇一九年三月）

註

1．交通事故に遭ったり、野良猫同士の喧嘩で死んだり、もっと境遇のいい家へと移住して自然にいなくなる。

2．蟻は春先になると巣作りを始めて物凄い行列を作る。地面から屋上まで壁穴の隙間から家屋に休みなく入ってくる。

3．しわのない紙だとネズミの足音は小さい。

4．囲いの中を縦横に走り廻るので、狭い方が勝算がある。

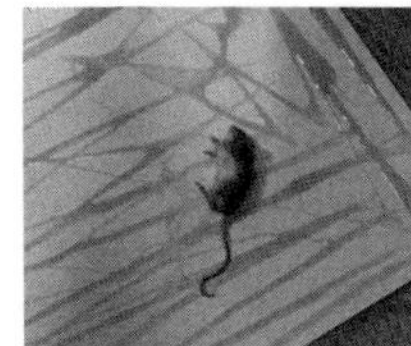

# 砂嵐

## 緊急事態

ＵＡＥでは二〇二〇年の三月二十六日から夜間外出禁止令が敷かれました。外出禁止（Curfew）という言葉は知っていたけれど、不安定な国家や政府が出す秘策のようなもので、己の人生に関わるとは思っていなかったので、夫に言われた時は本当に驚きました。実際のところ驚いている暇はなく、毎晩サイレンが鳴って帰宅の合図が町に響き渡るようになりました。当初は二週間の予定が一週間延長され、終わる直前の四月四日から、今度は都市封鎖（lock down）が始まりました。それが三週間続き、その後に断食月（ラマダーン）が始まったので、結局、自粛期間は二ヶ月間ずっと続いたことになります。

砂嵐が来ると昼間でも暗くなる。外には出られない。

それ以前は対岸のイラン、中国、イタリアなどがすでに都市封鎖に入っており、ＵＡＥでも三月からは目まぐるしく行動規制が発布されました。保育園や幼稚園の休園、登校停止、入国規制、ビザ発給停止、空港封鎖と、どれをとっても発令から施行まで一日あるいは二日しか余裕がなく、目の前にあるドアがどんどん閉められていくような感じでした。

夜間外出禁止中は、毎夕七時四十五分に全国民の携帯電話からサイレンが鳴り出し、「封鎖時間まであと十五分。帰宅せよ」と文字が点滅するのでした。八時となり町が息をひそめる中、パトカーのスピーカーから「そこの人、家に帰りなさい！」と怒る声が流れることもありました。違反を犯した人や店はすぐに懲罰の対象となり、罰金は三万円から一五〇万円という高額でした。

その頃の日本でも、遅まきながら自主規制が始まりましたが、ＵＡＥの都市封鎖とはまったく意味合いが違いました。自由と人権を優先する日本はどこからみても緩々(ゆるゆる)で、あれでは拡大を防げないと予想できたものです。ただあの頃にはまだ「集団免疫」という夢の解決策があったし、人々は超法規的な政府指導に敏感だったし、「いかにしても人の自由は妨げられない」という大義名分がまかり通っていました。大勢の命のかかった国家的な危機と自由を天秤にかけて、日本はどうするのだろうと危ぶんだものです。

外出禁止令が出る直前、アブダビに住んでいる長女から電話をもらいました。切羽詰まった声で、「私たち、これからラッセルハイマ（婿の実家）へ行くの。国境が閉まるから、すぐにも家を出るつもりよ。ママたちはどうするの」と訊かれました。

その時私は首都でインターン勤めをする次女とともに、アブダビのアパートに住んでいました。大学の建築科に在籍する次女は、最終学年に進級するためには[1]建築関連の企業でインターンシップをとらなければならず、ＵＡＥ大統領府の建造物を管轄する部署で働き始めたばかりでした。

職場の次女に電話すると、外出禁止とは関係ないことを言い出しました。

「今、大学から連絡が来て、インターン生はもう通勤してなくていいって言われたの。すぐに迎えに来て」

次女の勤務地は元王宮で、警備（セキュリティ）は非常に厳しく、交信はすべて記録されています。外出禁止、国境封鎖など政治に関わる言葉を使うことはできません。おまけに「すぐに」と言われたら、すぐ以外の選択肢はありません。私は急いで娘を迎えに行きました。

王宮の前には車を停められないため、門外まで歩いてきた娘を拾って走り出しました。厳しい顔で前を向いていた娘は、しばらく走ると話し始めました。

「大学事務所が閉鎖されたから担当者に連絡がつかなくて、私たちは勝手に辞められなかったの。休んだら単位はもらえないから。今日やっと通達が来て、もう行かなくて済む」

そして心配そうな顔で言いました。

「これから国境が封鎖されるって噂よ。いつまでかは誰もわからない」

「空港はもう封鎖したでしょ。それとも首長国間の国境のこと？」

「わからないけどもうすぐ発布されるって。あと何時間あるかしら」

アパートに戻り急いで荷物をまとめていると、夫から連絡がきました。

「これから外出禁止令が出る。夕方六時に始まるらしい。外に出てはいけないよ」

私は驚いて言いました。

「じゃあ私たち、ここにいるの？」

「今は動かない方がいい。スーパーに行って、数日は外出しなくてもいい買い物をするんだ。しばらく待てば先のことがわかるだろう」

自分たちも今すぐ家に帰ると主張すると、慎重な夫は言いました。

「それは止めた方がいい。今は動いてはいけない」

こうして、私と次女はアブダビのアパートに二人きりで残されたのでした。

## おびえ

その二日後、私たちはＵＡＥで最も交通量の多いシェイク・ザーイド高速道路を、一二九キロのスピードで走っていました。夜間外出禁止令の翌日、「今後二週間、夜八時から翌朝六時まで全国で夜間外出禁止となる。夜間に街で消毒プログラムを遂行する」と政府発表がありました。これで日中は外出しても問題ないとわかりました。わかった瞬間に帰宅しないと、また新たな発令で帰れなくなるかもしれません。家を片付け冷蔵庫を空にして、午前中のうちに車に飛び乗りました。

一九九八年に開通したシェイク・ザーイド道路は、ドバイ・アブダビ間五五キロを結ぶ近代的なハイウェイです。道幅は広い所で片道十車線もあり、制限速度は時速一三〇キロ。市内はいつも大渋滞で、せいぜい時速八〇キロを出せるかどうかです。事故などあろうものなら何キロも詰まって動かなくなります。しかしその午前中、市内では車を一台も見ませんでした。それだけでなく、実家まで二五〇キロの行程で、走っている車は数台しかありませんでした。ドバイの人口はすでに三百万人を超え、不夜城そのもので、多様な人種が集まる活気ある大都会です。しかしその週末は誰もが隠れ、息を潜めて様子を伺っているようでした。

車を走らせながら、これは何かに似ていると私は感じました。こんな状態をよく知っている。何度も経験している。大きな災いが迫ってきて一瞬の余裕もないもの。世界を覆う破壊力におびえ、誰もが屋内で息を潜める時間。災いが襲う瞬間。災いの隙をぬって迅速に行動しなければならない自分たち。――あぁそうだ、砂嵐に似ているのだと思い至りました。

## 災い

毎年春になると中東諸国には砂嵐が起こります。広大な砂漠地帯から突風が吹き、街が砂の壁に覆われます。砂は私たちの世界を全部呑み込んで、太陽を届かなくし、攪拌し、多くのものを死滅させます。雨や台風と違うのは、その後に空気を浄化したり土に滋養をもたらすものではないこと。あらゆる隙間から入り込み、私たちの呼吸器官を締め付け、目や耳や口を塞ぎ、予想もしなかった破壊をもたらします。見知らぬものを遠くから運び込み、砂を深くえぐって家屋敷を埋もれさせ、あるいは遠くまで吹き飛ばします。過ぎ去った後に明るく晴れ渡ることもない。空気は淀み、町中が砂臭く、災いのみ残していきます。

砂嵐で思い出すのは、子どもたちが小さかった頃のことです。家の周辺はまだ砂漠で、幹線道路もアスファルトもなく、家々の外塀が砂の上に境界線を引いているだけでした。

その日の天気は問題がなく、普段どおりに庭で遊んでいた次男は、ブランコを止めて座ったまま「気分が悪い」と言い出しました。その顔をのぞいた私は驚愕しました。先ほどまで何もなかったのに、殴られたような大きなコブがいくつもあるのです。見つめている間にも、次男の顔にはジャガイモ大のコブがボコボコと音が聞こえるように浮かび出てくるのでした。それはまったく何かが息子に乗り移ったかと疑うほど急激で、見る間に顔は変形していきました。

大勢の子どもを育てるうち、「母親のうろたえ」が子どもに一番の恐怖をもたらすと私は知っています。そこで努めて平静に言いました。

「具合が悪そうだから病院に行きましょう。すぐに治るから大丈夫よ」

そして震える足を抑えて急いで外出の準備を整えました。次男を誰にも見せないまま、しっかり者の長女に病院に行くと伝え、メイドにはいつ戻れるかわからないので普段通りに夕食の準備をするよう言いおいて、家を出ました。

## 砂嵐の始まり

最寄りのクリニックは家から五百メートルほど先で、ものの五分もあれば着きます。そんな短い間なのに、運転中に強い風が吹き始めて空がどんどん暗くなっていきました。

「あぁこれは何か起こる」と私は思いました。

案の定、救急病棟に駆け込んだ頃には砂嵐が始まりました。息子の顔を見た医師は、すぐにアナフィラキシー[2]と理解し処置してくれました。何を食べた？ 何か触った？ 虫に刺された？ と訊く医師に、記憶をたどって正確に答えるのも困難なほど私は動転していました。それから危機的な状況を超えるまでの数十分、私は外部にまったく注意を向けませんでした。

息子が落ち着き、やっとひと息ついたときに、砂嵐が始まっていることを知りました。息子は砂嵐の前触れで、風に乗って異様なものが空中に舞っていたのに反応し、アナフィラキシーを起こしたのでした。（それが何だったたか、いまだに私たちはわからない。）

クリニックのガラス張りの玄関に風に乗ってきた砂が当たり、バチバチと音を立てています。ドアも窓も閉まっているのにカーテンは風でぼうぼうと舞い上がり、ドアの下から入り込んだ砂が廊下にザザーと流れていきます。戸口にあるわけでもない待合室のソファが、砂をかぶって灰色に変わっていきます。ガタガタと震える窓の向こうには暗い景色が広がり、ゴミ箱や看板がふき飛ばされています。木がのたうつように揺れて、枝は千切れて飛び、丸裸にされています。横なぐりに飛んでいく大量の砂が駐車場の車さえ隠して、何もかも覆ってしまいます。ゴーゴーとうなりを立てて荒ぶる外の世界を無視して、私はただ寝台に寝かされた息子の手を握っていました。

「大丈夫、すぐに治まるからね」

砂嵐も息子のアレルギーも収まるのを待つしかありません。

しばらくして病院の電話から夫に連絡すると、どこかに避難したまま家に戻ってはいませんでした。子どもたちだけが家にいるのを心配する私に、夫は言いました。

「近いからって無理して帰ろうとしてはいけない。今は帰ることはできないよ。ただ待つしかないんだ」

## 砂嵐の運ぶ不幸

ＵＡＥに三十年住んで、最もひどい砂嵐を経験したのは二〇〇四年だったでしょうか。ふだん砂嵐は日中だけに起こり、夜には収まることが多いのに、昼から始まった砂嵐は夕刻になって降り出した大雨と重なって、恐ろしい威力の嵐となりました。風に含まれる大量の砂が水を含んで塊になり、すごい破壊力で様々なものに打ち当たるのです。その日ドバイの公園では二六〇本の木がなぎ倒され、高層ビルの看板が走行中の車に直撃し、玉突き事故を起こしました。砂漠地帯にある夫の工場は、屋根板が三三枚も飛んでいってしまい、ビニールシートで覆った機械類も被害を受けました。それでも命があったから良かったと皆で話していました。

別の年は、家の庭にあったテントが飛んで行ってしまいました。キャンプ用の簡易テントでなく、四隅と屋根が鉄筋でしっかりと組まれ、支柱には重石がついたテントでした。椅子やテーブルを置いて、ちょっとしたテラスなみの空間だったのです。

砂嵐が来たとき私たちは家の中に避難していましたが、ごうごうと唸る風の音に交じって金属が引きずられる音がすると思ったら、テントが空中を舞い、高さ二メートルもある外塀を越えて行くのが見えました。車や人に当たりませんようにと願っても、とてもとても自分たちが外に出て抑えることはできません。

翌日息子たちが探しに行くと、向かいの家の庭にわずかな鉄筋だけが残っていました。それも回転して曲がり、ひしゃげていました。生地はちぎれて結び目だけが残っている始末。他の部分は息子たちが町の端まで探しに行きましたが見つかりませんでした。それまできれいな白い花を咲かせていた庭木は二本とも枯れてしまいました。前庭にあったナツメヤシの木も、直径五〇センチもある幹が折れていました。

二〇〇六年の砂嵐は私たち家族に大きな不幸をもたらしました。夫が経営するプラスチック工場で火災が起きたのです。工場には原料を高熱で溶かしてシートをつくる機械、型取りのプレス機、カッター、成形機、粉砕機などが多数配置されています。天井は高く十メートル以上もあり、屋根の下に並んだ換気窓にはたくさんの大型換気扇が回っています。巨大なドアは熱を逃がすために開け放してあり、フロアには冷却機や扇風機が置かれています。労働省で安全基準の監査をしていた夫は、常に万全に整えていました。

しかしその砂嵐は特別でした。風が一方向に流れるのではなく、南北からも東西からも突風が吹き、砂漠では竜巻がたくさん発生しました。工場内でも空気が旋回し、無数の砂が衝突し合って静電気が起こりました。従業員は高い空中に何度も火花が散るのを見ています。それが製品に燃え移り、あっという間に発火してしまいました。体育館ほどの広い工場がわずか一、二時間で全焼してしまうのを、消し止められる人はいませんでした。

世の中、災害保険に入っていれば安泰ということはありません。保険会社は「砂嵐による静電気の発生を証明できない」、「人災の可能性がある」、「年季の入った機械は価値を測れない」などとあらゆる難癖をつけ、現場を何ヶ月も放置したままでした。かといって無断で片付けたら保険はおりなくなります。その間にも従業員を養わねばならず、結局は示談に持ち込まれて、本来の保障額の半分ももらえませんでした。夫は大きな借金と苦悩を抱え込み、経営が立ち直るまで何年もかかりました。食事も喉を通らない月日を送りましたが、誰を責められるものでもありません。自然は常に予想不可能で、私たちは手痛い被害を被ってからしか学ぶことはできないのでした。

## 国が発展する前の砂嵐

夫が経験した最もひどい砂嵐は、幼少時の一九六〇年代だそうです。その頃ＵＡＥという国は存在せず、海岸線に百数戸の集落がある小さな村落でした。電気も水道もなく、住民はナツメヤシの枝と葉でできた粗末な小屋に住んでいました。定住の意識はなく、それゆえ住所もなく、夏と冬に移動する半遊牧的な生活を送っていました。冬は学校や仕事（漁や運搬）のある海岸線に住み、夏は湧水の出る内部オアシスに移住していたそうです。

清水が出ない地域では、人々は飲み水を買って生活していました。その頃の水売りは、地下から吸い上げた清水を大型ボトル（二五リットル）に入れ、ロバに載せて売りに来ていました。水売りの出現で女性は井戸汲みに行く労働が省けて、うんと助かったのだそうです。しかし自分の家に来る前に売り切れてしまえば、もう飲み水はありません。そのため灼熱の夏には（漁へ出る男性を除き）女性と子どもはほぼ全員、内陸のオアシス地帯へ移住していました。

ウンムアルクエインの内陸には、ファラジムアラという湧水の出るオアシスがあります。ファラジには古代の誰が作ったのか、あるいは自然にできたのか、硬い岩盤の地下水道があり、遠い山で降った雨や湧水が流れています。その水を粘土で固めた溜池に誘い、人々はそこから飲食用、水浴び用、家畜用などに分けて使っていました。

ファラジは市内から約四五キロ、今なら車で三〇分の距離です。しかし当時はラクダに荷物を載せ、親族で一昼夜かけて歩いていきました。暑い昼は木陰で休み、涼しい夜に移動しました。原油が発見される前のＵＡＥでは、仕事といえば海の恵みしかなく、健康な男性は一人残らず海に出ていました。女性と共にファラジに来る男性は、海に出られるほど健康でない人か老人だけでした。夏用の小屋はそうした人が中心となって建てるために、さほど頑丈でも堅牢でもありませんでした。

二ヶ月間だけの住居と割り切っていたので、誰もが多くの労力と時間を注ぎませんでした。ある時そこにひどい砂嵐がきて、夫たちの住む小屋が吹き飛ばされてしまいました。

「それでどうしたの？」と訊く私に、夫はしれっと、

「隣の家にすぐ入れてもらったさ」と言いました。

「だって小屋がなくなったら、服も食べ物も所持品も全部飛んでいっちゃったでしょう」

夫は笑います。

「大事なものなんて命以外はなかったさ」

「そりゃあ、五歳かそこらのあなたは何も持ってなかったでしょうけど」

「今の生活からは想像できないだろうね。もともと僕らには大した所持品なんてなかった。オアシスに移住する時は、海岸の家を畳んで全員連れて行くから、持っていくものには限度がある。老人や幼児や妊婦をラクダに載せ、鍋窯に服を載せたらおしまいだ。歩く人は自分たちが持てるものしか持たなかったし」

幼少時代の夫の話はいつも想像力を駆使しないと理解できません。

「小屋を失って、次の小屋ができるまで人の厄介になっていたのね」

夫はアハハと笑いました。

「昔の僕らの生活に、これはあんたの家、これは私の家なんて境界線はなかったのさ。移動したら最初に建てる家に全員が住み、建て増すたびに移り住んでいく。親族そろって移住するから他人の

厄介になるなんて考えたこともない。小屋は壊れたらまた皆で建て直す。何も肩身が狭いことなんかなかったさ」

私は子どもの頃に読んだ三匹の子豚の話を思い出しました。三兄弟ブー、フー、ウーはそれぞれ藁と木枝とレンガの家を建て、そこにオオカミがやってきます。脆弱に作られた兄豚二匹の家はすぐオオカミに吹き飛ばされてしまい、兄豚たちは命からがら弟豚のレンガの家に逃げ込みます。享楽的で怠惰な種族と、危機管理を整える手堅い種族の結末の違いを教える典型的な教訓話だけれど、私に言わせれば、兄豚たちは別にバカでも怠惰でもない。適度な労働で得られる結果（家の状態）と、その他の時間で味わえる享楽を天秤にかけて、人生を決めたに過ぎない種族です。

しかし私には、この教訓話はどこか世界のコロナ対策に通じている気がしてならない。享楽を味わった人間は、どんな場合でもそれを手離すことはできません。自分が手にした最高の価値（選択の自由や機会）を奪われるからです。誰かがほんのわずかな量や期間でも規制するなら、許しがたい人権侵害になるのです。それがマスク拒否の米国やブラジルだったし、観光収入を手離せなかったギリシャやイタリアや南洋諸島だったし、無理やり選挙を敢行したインドだったのではないでしょうか。そうした国々はその後、膨大な犠牲（人命）を払いました。

## 対策はない

砂嵐には対処法はありません。たった一つの生き残る方法は、待ったなしで安全地帯に隠れることです。その時間をやり過ごせばどうにかなる。砂嵐は必ず終わります。しかし、その時間を逃したら結末はわかりません。個々人の都合や希望は全く関係なく、あと少しで仕事が終わるとか、ちょっと無理しても待つとか、もうひと踏ん張りとか、そんな余裕はないのです。一瞬の躊躇もせずに隠れないと、そしてその間はどんな事情があっても安全地帯に留まらないと命がない。砂嵐を相手に人間が「勝つ」ことは絶対にないし、死ぬ以外には「負ける」こともありません。

厳しい自然に生きるアラブ人は、瞬間的に襲う突発的な自然の脅威に対し、危機管理の必要性を身に染みて理解しています。多くの場合、砂漠の厳しい自然は原因もわからなければ責任の所在もありません。突き詰めて考えたら迷い、揺らぎ、逃げ遅れるだけです。だからこそ、コロナに関する政府発表にあれだけ柔軟に対応できたのでしょう。命（いのち）を経済や都合や自由と天秤にかけて決断を遅らせませんでした。発布の翌朝から保育園が閉鎖したり、国境が数時間後に閉まったり、国際空港が前倒しで封鎖されたり、すでに発給された査証まで無効となったり、苦情を言い出したらキリがないような状況でも「とりあえず」みんな従いました。躊躇する癖はないのです。

ＵＡＥ政府が発布したコロナ感染対策のいくつかは、実は矛盾がなかったわけでも、必ずしも効果的だったわけでもありません。いきなりの都市封鎖でとてつもない経済的被害を被った人は、世界の他地域と変わらずＵＡＥにも大勢いました。しかし瞬間的に出された政令の是非を問う人はいませんでした。あの時には封鎖と厳罰が人を動かさない最も効果的な方法だったからです。その結果、感染拡大が防がれて多くの命が救われたのか、反対に経済の一部が壊滅し死者を増やしてしまったのか、まだ渦中の私たちにはわかりません。後世の人がいずれ判断してくれるでしょう。

コロナを最初から人災と捉え、特定の研究所から漏れた病原菌とか、国家戦略として開発された細菌兵器とか、裏企業が資金援助した経済戦略とか詮索している限り、疑念は尽きません。疑念があれば責任の所在を探さずにはいられないし、探す間は享楽を手離す決心はつきません。

一方、コロナを最初から自然現象のひとつ――砂嵐や大雨、鉄砲水と同じで人類の歴史にときどき現れる災い――と理解するなら、私たちは何を置いても安全地帯に逃げ込むはずです。すべてを放り投げてとりあえず命をつないだら、あとはまた考える。仕事の納期が守れなくても、学業が遅れても、ビジネスチャンスを逃しても、あとは何とでもなるのです。命が無くなってしまえば考察も反省も挽回もできません。

## 試される人々

そういえば、「砂嵐なんて恐いもののうちには入らない」と夫はよく言います。砂嵐はわりに経過と結果が予測しやすく、被害は少ないのだそうです。家や財産を失っても人命さえ失われなければ、結果は惨いことにはならない。コミュニティという安全保障(セイフティ・ネット)があるからです。貧富を問わず老若男女を問わず襲ってくる自然現象は、誰もが被害者になり得ます。たまたま被害を免れた人間が、被害を受けて困っている人間を援ければいいだけです。援けてもらえる希望さえあれば、人々は落ち着いて安全地帯に隠れていられます。

日本は地震に津波、台風や大雨、河川の氾濫による洪水、雷など多くの自然災害にみまわれてきました。戦争も被爆も経験しました。大きな不幸が襲うたびに社会格差が開き、怨嗟が広がり暴動につながったのは、歴史をみればわかります。それらは決して自己責任ではありません。自己責任論は誰かを不幸にするだけで決して幸福にはしないことを、私たちはもう気付かなければなりません。援け合うコミュニティさえあれば誰も絶望することはないと、実は私たちは心の底で知っているのです。

昔、理科の時間に習った「物質不滅の法則」が真実なら、地球上の物質は形を変えていつもどこかに存在しています。その価値も不滅で、どこかで減ったり増えたり、時代によって形を変えて社会に表出します。ダイヤモンドも貴石も、悠久の歴史の中で古代からずっと同じ場所にありました。価値を置く人々にとってはとてつもない財産でも、いらない人にはただの石ころです。石炭も原油も用途を知らぬまま何世紀も地下にありました。現在は価値がなくても未来に人類を救うほどの価値を持つ物質も、まだどこかに眠っているはずです。使途や価値を見出し値段をつけてきたのは人間に他なりません。人の命を左右するほど値を吊り上げるのも人間だし（今のワクチン製造会社のように）、価値を出来るだけフラットにして多くの人命を救えるのも人間です。

ムスリムにとって自然現象を含め運命をもたらすものは、全能の神以外にはありません。神は責める相手でも責任を問う対象でもありません。神はいろいろな場面で人間に試練を与えると、クルアーンに明言されています。被害を受けた者が耐え忍ぶ試練だけではなく、今回は被害を免れた幸運な人、無関係に過ごせた人、財産を持ち続けられた人が、どのように他者を救えるかも神は試しています。

「我らは恐れや、飢え、そして財産や生命や収穫に損害を与えたりして、必ずやあなたたちを試すだろう。しかし、辛抱強く耐えている者は励ましてやりなさい。（クルアーン雌牛章１５５節）」

身近にいる人の命を繋ぐために援け合えば、もっとずっと簡単にすばやくこの危機を乗り切ることができる——。五月半ばにあった断食（ラマダーン）と、同じ時期にくる喜捨（ザカート）の義務は、私たちムスリムにいつも援け合いの重要性を思い出させてくれるのでした。

（二〇二一年五月）

註

1. ＵＡＥの全大学はインターンシップをとらないと卒業単位を取得できない仕組みになっている。
2. 急激なアレルギー反応により命の危険につながる様々な症状。

# 第2章

# 私と家族と生徒

異国で幸福をさがすのは難しいことではない。

# インチョン空港の思い出

## 苦労自慢

　子育ての思い出をあまり人に語ったことがないのは、他人の苦労話が果たしておもしろいのかわからないからです。しかしこの度、ある文学賞をいただき(1)、「ハムダさんの子育て話はきっとおもしろいはずだ」と選考委員が話していたと聞いて、書いてみようかと思いました。確かに他人の苦労話は呆れるものも多いけれど、時には活力になります。私だって江戸や明治時代の女性の暮らしを書いた本を読むと、「今の苦労はあの時代の百分の一だ」と感じたり、「自分も努力しなければ」と慰められます。もしこの話で元気付けられる人がいれば嬉しいし、純粋にエンターテイメントとして楽しいなら、それはそれで書く意味があるというものです。

自分の子どもはなぜこうもゆっくり成長するのかと思っていた。

この夏、日本からＵＡＥへ戻る途中に韓国の仁川（インチョン）国際空港に寄りました。立派な空港で、お店もたくさんあって整然としていました。前回インチョン空港に寄ったのは二〇〇一年、開港したばかりの夏でした。案内表示はなく、店舗も少なく、まだ電気カート(2)も用意されていませんでした。就航便が少ないせいか閑散としていて、質問しようにも誰も歩いていないし、会った人は英語を話しませんでした。実はあの時、私は大変困っていました。長い子育ての間でもあんなに苦しい状況に陥ったことは少ないので、今でも強く心に焼きついています。

二〇〇一年夏と言えば、長男は九歳、長女は八歳、次男は五歳、三男は四歳、末っ子の次女は二歳でした。私が独りで日本まで連れて行ったと聞けば驚くでしょうが、こんなことは何も珍しくない、夫と一緒に旅行したことなどほとんどないのです。夫には商売の紆余曲折から莫大な借金があり、長い間、稼いでも稼いでも利息を払うだけの生活でした。だから本当は海外旅行など夢の話でしたが、結婚以来、二度しか日本へ帰国したことがなく、三年間も行ってなかったので、どうしても日本に行きたいと夫に伝えてありました。

夫は長いこと思案したあと、

「僕は仕事で行けないけど」と言い、チケットを買う約束をしてくれました。本当ならこんな小さな子どもをたくさん連れて、直行便もなく丸一日かかる旅程を独りで行くなんて、どれほど大変か知っていました。二回目の帰国時に六ヶ月の妊婦でありながら、その時よりもっと小さな子ども四人を独りで連れて帰った壮絶な記憶があったので、一緒に来て欲しかったのですが、経済的に無理と言われれば仕方ありません。ここで迷いを見せたら「やっぱり旅行は止めなさい」と言われそうで、黙っていました。三年ぶりの日本にどうしても行きたくて夫を説き伏せたものだから、「一緒についてきて」とまでは言えなかったのでした。

行くと決まったら夫は先手を打って、大きな手で私の両手を包み、「大丈夫、きみならきっと出来るよ」と優しく言いました。こういうところが本当にうまい。私はすぐそうした甘い言葉に乗せられて、「そうだよね」と答えてしまうのです。「出来る」確信はなかったけれど、「出来るかもしれない」くらいの気持ちになって、結局、その時も私は独りで五人を連れて行くことになりました。

## 乗り継ぎ便

ＵＡＥと日本の直行便は、二〇〇二年のエミレーツ航空ドバイ―大阪間が最初です。それまではどこかで乗り継ぎしていました。初めて日本へ帰国した時はタイのバンコック経由、二回目は台湾でした。乗り継ぎ場所を上手に選ばないと、人口の六割を占める西アジア方面からの労働者と一緒になるので大変です。何が大変かと言うと、無料だから浴びるほど酒を飲んだり、体臭が強烈だったり、他の労働者と情報交換するため大声でしゃべり続けたり、物珍しさで飛行機の備品を弄(いじ)って壊したりして騒動になり、こちらは子どもの世話どころではなくなるのです。そのため夫は極力労働者と一緒にならないルートを探していたのでした。

その年は就航したばかりの大韓航空で行くことになりました。韓国からの低賃金労働者はいないし、わざわざ物価の高い韓国経由で帰国する人もないので、安心して家族を乗せることができたのです。

夫が買ったチケットは韓国まで片道十時間、二時間半の乗り継ぎで、さらに成田空港まで二時間四十分。そこから都内の実家に着くには一時間半かかります。午後四時にドバイを出発し、仁川（インチョン）には午前二時（ドバイ時間）に到着予定でした。ここで嫌〜な予感がしました。午後四時に出発したら、真夜中まで子どもたちは眠らないでしょう。狭い飛行機の中で大人しく座っているわけがない。食事が二回も出てきて、こぼして、立ち上がって遊んで、退屈して歩き回って、おぉ大変だと思ったのでした。救いはとにかく日本に近いということ。韓国まで行けば日本まではあと一歩という気持ちでした。

旅行当日はどんなに急いでも家を出るまで時間がかかり、私たちはチェックイン・カウンターが閉まる直前に着きました。あの時代はまだオンラインで座席を決められず、着いた時にはすでに空いている席はバラバラでした。母一人子ども五人だからと一緒の席を頼んでも無理な話で、仕方なく、なるべく近い席を選んでもらいました。

しかし私は諦めません。搭乗合図が出るが早いが、「小さなお子様連れのお客様優先」を利用して、われ先に機内に入って座りました。私を中心に子どもたちを同列に並べ、上の二人は見えるところに座らせました。私たちが占領した席に客が来るたびに、「すみませんが席を替わって下さい」と頭を下げてお願いしました。子どもの年齢と私の様子を見て、断る人は一人もいませんでした。なにしろ飛行時間は十時間です。我慢して小さな子どもを他人の間に座らせようものなら、あとからぐずって文句を言い出し、かえって困難は増えるばかりだと他の客も分かっています。

案の定、飛行機に乗った子どもたちは、興奮して目の前のスクリーンをいじり続け、まったく眠りませんでした。長男はどの乗り物に乗ってもくまなく調査しなければ気が済まない性格で、シートベルト着用のサインが消えた途端に、どこかへ行ってしまいました。きっとファーストクラスやビジネス席にそ知らぬ顔で座り、新聞でも読んでいるのでしょう。あの好奇心のおかげで私はどれだけ危ない橋を渡らされ、大恥をかかされてきたか、説明できるものではありません。しかし止めようにもすでに彼はおらず、他の子を置いて探せるわけもないので諦めました。

しばらくすると昼食が出てきて、順番に子どもたちに食べさせ、トイレに連れて行き、次に自分が食事をとり、お茶をもらい、高度が上がるとジャケットを着せ、と落ち着いて座っているヒマはありませんでした。夜の八時を過ぎても十時を過ぎても、子どもたちは眠りません。スクリーンのゲームに興じて兄弟であれこれ試しています。やっと十一時頃にうとうとし始め、「あぁこのまま眠って。神様お願い」と思っていたら、すぐに機内が明るくなって朝食が出てきました。子どもの食事は大人より早く出るので、ちょうど午前十二時くらいでした。そのときには子どもたちの目はすでに半分閉じています。ハンドルを全部上げて座席を傾け、毛布を敷いて五人を横にすると、着陸するまでの僅かな時間に眠らせておきました。

## そんなバカな

大きな計算違いだったのは、開港直後の空港では十分な数の到着ロビーが開いておらず、マイナーな路線(3)は、到着ゲートにドッキングしなかったことです。飛行機はゲートの建物が見えないくらい遠くのランウェイに着陸しました。そこからバスに乗りましたが、これが並みの苦労ではありませんでした。

まず上の棚にある手荷物を全部取り出し、眠っている子どもたちを一人ずつ起こしてその背にリュックを背負わせます。子どもたちは荷物と一緒にどぉんと倒れて、再び眠り続けます。

下船を待つ客が降りきったところで、もう一度子どもたちを起こして出口へと向かいました。出口で別れの挨拶をするスチュワーデスに、子どもを数人置いていくことを伝え、まずはしっかり者の長女を背後に歩かせ、片手に荷物、片手に次男を引いて、慎重にタラップを降りていきました。ご存じの人も多いでしょうが、タラップは急傾斜で幅も狭く、大人でも手すりにつかまらなければ危険です。長女と次男を下まで連れてくると、二人の両手を手摺に握らせて、

「絶対にどんなことがあってもここから動いてはいけない」と言い聞かせました。かつて中南米に住んでいたとき、世界で最も子どもが誘拐される場所は空港だと教わったので、私は真剣に子どもたちを諭しました。

次に「すみませんすみませんすみません」と言いながら、降りてくる人たちに逆行してタラップを上がりました。長距離飛行に疲れ、早く到着して人に会いたい客、ホテルに行きたい客にとって、逆行する人間は大迷惑です。しかし上にまだ子どもを残しているので、そんなことは気にしていられません。パスポートの入ったバッグを任せた長男と、三男と次女の待っている飛行機へ戻ると、スチュワーデスから手荷物棚に入れてもらった乳母車を受け取り、それを片手にもう一方の手で次女を抱いて、また急なタラップを降りていきました。長女と次男がいることを確かめて、乳母車を開いて次女を乗せ、「ちゃんと見張っていてね」と長女に言いました。

そしてまた「すみませんすみませんすみません」と言いながらタラップを逆行して飛行機へ戻り、長男に持たせていた荷物を肩に担いで、三男を抱き、長男を背後に歩かせて三度目の正直でタラップを降りました。息を整える間もなく、待っていた最後のバスに乗り込みました。最後の乗客を乗せたバスはスカスカで、私たちが降りてくるまでずーっと待っていたのでした。

子どもたちをバスに乗せ、荷物を載せ、最後に力を振り絞って乳母車を乗せ、やっとバスは出発しました。肉体労働この上ない。しかし疲れた苦しいと文句を言っては引率者は務まりません。子どもを率いる民族大移動は、統率者が怒ったらお終いなのです。

「みんなしっかり」、「はい元気を出して」と声を掛けながらバスに十五分以上も揺られると、やっと一番端の到着ロビーに着きました。

韓国の朝七時はＵＡＥの午前二時、ちょうどすべてが動き出す時間です。空港には朝のきびきびした空気が漂い、人は忙しなく動いていました。しかし私たちはふらふらで、子どもは目を閉じて眠りながら歩いていました。「みんな頑張って、もう少し」、「しっかり歩いて」と励ましながら進みます。エレベーターでロビーの上階に着いた時には、すでに誰も残っていませんでした。

一番困ったのは、当時の大韓航空がまだ準備不足で、出発地ドバイでは乗り継ぎ便のチケットを発券されなかったことです。乗り継ぎのあいだに空港内のカウンターに行き、次の便の搭乗手続きをして下さいと言われました。これは大きな計算違いでしたが、ドバイ空港で初めて知ったのですから仕方ありません。夫はいつも自分が一緒に来ない代わりに、用意周到に準備してくれます。今回だってUAEから日本へ一番無理なく行ける便を選んだつもりで、十時間飛行、二時間半乗り継ぎ、二時間半飛行と、負担が少ないように考慮したつもりでした。しかし蓋を開けてみたら、思うようにはいかないものです。まさか乗り継ぎ地で新たに搭乗手続きをするとは思わず、チケットを発行された後にキャンセルするわけにもいかなかったのでした。

## 置きざり

ガラス張りの到着ロビーに入った途端、子どもたちは最初のベンチを見つけて倒れ込んだなり、眠ってしまいました。びっくりしたのは私です。三ヶ所のベンチにアザラシのように寝転ぶ三人を揺さぶって、「こんなところで寝てはダメよ」、「起きてちょうだい」と次々に話しかけるのですが、すでに夢の中で返事をしません。見れば四人目も五人目も、乳母車の中で仔アザラシのように重なり合って眠っています。

「眠っている場合じゃないのよ。乗り継ぎカウンターまで歩いてチケットをもらわないと！」と説得しますが、母親の声なんかまったく聞こえていないのでした。

時計を見れば二時間半あったはずの乗り継ぎ時間は、魔法のようにあと一時間となっています。「まさか！」と信じられず、このままでは次の飛行機に乗れないと苦汁の選択を迫られました。三ヶ所のベンチを歩き回って「起きて起きて」と揺さぶり擦り引っ張り上げても、しっかり者の長女でさえ口をあけて、左右の目がバラバラに動いていました。もう諦めるしかありません。しかしどっちを諦めるか、乗り継ぎ便か誘拐のリスクか。乗り継ぎ便だったら、その後にもまだたくさんの混乱（チケット再発行、荷物取り出し、待機、飛行など）が待ち受けています。見渡せばとにかくロビーには誰もいない。誘拐のリスクは少なくはないか？

そこで、それぞれのベンチに行って「絶対に誘拐されないでね」、「誰が来てもここを動いちゃダメだからね」、「すぐ飛んで帰ってくるからね」と全然聞いていないのに必死で訴えて、二児の眠る乳母車を押して私は走り出しました。チケットカウンターがどこかわからないけれど、ロビーの最先端にいるのだから、とにかく中央に向かうしかありません。搭乗客が去った後のロビーには誰もおらず、電気自動車さえなく、訊ねる人も見つかりません。でも躊躇していたら最終手続きの五十分前さえ切ってしまいます。途中で係員を見つけて訊くと、タコ足のように延びるロビーの胴体中央部分に、チケットカウンターがあるとのこと。子どもの足ならゆうに十五分はかかる距離です。

私は乳母車で眠る二人に無理矢理シートベルトをかけると、猛然と走り始めました。肩にはパスポート十一冊と諸々の貴重品が入った重たいカバンと、カメラやビデオが入ったさらに重たいカバン(4)を襷がけにして、合計二〇キロはあるだろう乳母車を押し、大変な肉体労働です。

おまけに今となっては笑い話ですが、私はお洒落な夏のハイヒールを履いていたのでした。アラブ男性は公の場で妻を着飾らせるもので、夫は私が実家に行っても恥ずかしくないように、素敵な服と靴を買ってくれました。三年ぶりに会うならばちゃんとした格好をしていて欲しい、貧乏生活をさせていないという男のプライドがあるのでしょうね。それを着て美しく歩けるならまだしも、現実はまったくそうはいきません。硬いタイルの床を走る私のハイヒールの音は遠くまでカンカンと鳴り響き、とにかく滑ってしょうがない。そのうちスピードが上がって、身体をくの字に曲げて髪がたなびくほどの勢いで乳母車を押し続けました。とにかくベンチに残してきた三人の子がさらわれないように、早くチケットを取って戻らなければなりません。搭乗手続きに間に合わなければ飛行機に乗れない！　と焦る気持ちでいっぱいでした。

走るうちにままよと思い、靴を脱いで裸足になりました。裸足が何だ、誰に見られたって今の私を笑えるかという気持ちでした。乳母車を押してびゅんびゅん走る着飾った母親を、通行人は仰天して見ています。願わくば知り合いの誰にも会いませんようにと祈るばかりでした。

乗り継ぎカウンターに着くと、あろうことか二列縦隊で何十人も並んでいました。万事休す！　これでは絶対に間に合わないと腹をくくり、猛ダッシュのまま最前列に割り込みました。そして客

の方を向いて、

「すみませんすみませんすみません。私の次のフライトは五十分後で、小さい子どもがあと三人、ロビーで私を待っています。これに乗れないととても困るのです。いけないとわかっているのですが、お願い！　お願いだから先にチケットを取らせて下さい」と言い、客の返事を待たずにカウンターの女性に、

「お願い。もうすぐ飛行機が出ちゃうの」と懇願しました。

乳母車を押してぜいぜい息を切らし、猛烈に汗をかいている裸足の母親に文句を言う人もおらず、私はチケットをもらいました。もらうと後ろを振り向いて、

「みなさん、ありがとうございました！」と叫び、また走り出しました。

帰りはもっと気が急いて、「誘拐されているんじゃないか」、「ここで子どもを見失ったら一生後悔してもしきれない」、「夫に申し訳が立たない」と恐怖に引きつりながら足を動かしました。

戻ると、子どもは三人とも先ほどと同じように誰もいないロビーのベンチで爆睡していました。遠くからそれを見たら涙が出るほど安堵しました。十分くらいで帰ってきたつもりが、時計を見たら二十分もかかっていました。

## うどんをすする

今度ばかりは心を鬼にして、次の飛行機に乗りますよと全員をたたき起こし、五歳の次男も乳母

車の屋根に乗せて出発しました。その乳母車の重いこと。自分の肩にも一〇キロくらい荷物を背負い、まっすぐに歩けない長女や長男を励まし励まし、次の搭乗ゲートへと進みました。

心の中は煮えたぎるような恨み節です。もちろん恨む相手は一人しかいない。夫です。なんでこんなに不便な空港なのか、なんで最悪の時間帯の便を選んだのか。乗り継ぎが発券できない航空会社と知っていたか。だいたい妻をこんな目に遭わせて平気な夫が許せない。「きみなら大丈夫」と手を握った能天気な性格や、今頃家で暢気に羽を伸ばしているだろう夫への腹立たしさ、日本につくまでまだ気を許せない緊張感が心の中を怒涛のように荒れ狂い、恨んでも憎んでも尽きません。実家についたらまず国際電話して、どれだけ苦しい目に遭ったか直訴してやると心に誓いました。この時代は携帯電話が普及していなかったから、文句を言おうと思っても実家に着いてからです。それはまだまだ先の話。とにかくたどり着かなければ文句も言えないと奮起して、「頑張って」と「しっかり」を連発しながら二人を歩かせ、三人の乗る岩のように重い乳母車を押し続けました。

ところが！　こんな苦しい状況で息も絶え絶えに次のゲートを目指している母を尻目に、後ろを歩いていた長女と長男がす〜っとうどん屋さんに入ってしまったのです！

「あっ待って！」と言っても三〇キロの乳母車は急に方向転換できるはずもない。搭乗時間まであと三十分というのに、二人はすでに奥の席にうつぶして、ウェイトレスが注文待ちで横に立っています。確かにおいしそうなダシの匂いが店中に漂って、私たちの鼻腔から入り込み、折れんばかりの背骨を軟骨のように溶かしていきます。

仕方なく、「一番早くできるうどんを二つ」と言って私も座りました。何しろ乳母車を押すだけで息を切らし、荷物が背に食い込んで深呼吸もできませんでしたから。

湯にくぐらしただけの素うどんはすぐに出てきて、小皿にすばやく三人分を盛ると、じゅるじゅると半目を開けて子どもたちはすすり始めました。しかし、このうどんが私たちを救ってくれました。暖かいものが腹に収まると、子どもたちは元気を少し取り戻して、しっかり歩けるようになったのでした。

時間を見れば出発まであと十分。いったい次の搭乗ゲートがどれだけ遠いのかわからないまま、なんで国際空港なのに電気カートがないのかわからないまま、アラブ世界と違って韓国はどうして子連れの女性に親切でないのかをいぶかりながら、私は必死に乳母車を押し、子どもたちを叱咤激励して、やっと搭乗ゲートに着いたのでした。

もちろん私たちが最後の乗客です。飛行時間五分前。シートはすでに客で埋まっており、全員一緒に座ることができないまま、それでも二、三人が席を替わってくれて、私は下の子どもたちと一緒に座りました。飛行機にさえ乗ってしまえば、行き着く先は日本です。その後にどんなに時間がかかっても、どんな困難が待ち受けていても、実家にたどり着くことができるでしょう。あぁ神様ありがとうと涙が出そうでした。

## 実家で気を失う

韓国から東京へ行く飛行機の中では、子どもたちはもう誰もしゃべらず、スクリーンを開きもせず、シートベルトを締めるとすぐに重なりあって眠ってしまいました。私は座席の先端に尻を半分だけ乗せて、前席の背もたれにうつぶせて二時間半を過ごしました。成田空港では到着ロビーにドッキングだったので、タラップを降りる作業をせずに済んだのがどれほど嬉しかったかわかりません。

入国審査を通り、荷物カウンターでものすごい量の荷物をカートに載せました。しかしカートを押そうにも、乳母車を押しているので手がありません。子どもたちはぼーっと荷物の上に座っています。日本にはまだポーターシステムがなくて、カートを押してくれる人を探すのに随分と時間がかかりました。やっと親切な荷物係りを見つけてカートを押してもらい、到着ロビーの外で迎えに来てくれた父と会い、電車に乗って実家についたのは午後も遅くなってからでした。

実家に着くと子どもたちは俄然元気になって、やたらとはしゃいでいました。荷物を玄関に置いたまま、お茶を淹れる母に、

「ほんのちょっとだけ横になるからね」と言ったが早いが、私はソファに倒れこんで気絶したように眠りました。力尽きるとはああいう状態で、気力と体力を最後までふり絞った私は、とうとう気を失ってしまったのでした。

目覚めた時にはすでに夕暮れが迫っていました。

「よく来たねぇ」、「大移動で大変だったね」、「疲れたでしょう」という労いの言葉にぼやけた頭を

めぐらせ、深く頷いて「そうなのよ」と答えようとしたら、「いやぁ全然」と子どもたちに先を越されました。

「なに言ってんのよっ、大変だったじゃない！」と反論しても、誰も賛成してくれず、

「飛行機は新機種でよかった」とか「ファーストクラスは豪勢だった」と長男の大演説があり、

「全席にスクリーンがあって退屈しなかった」だの、「ゲームの種類が結構あった」だの、兄弟たちの感想が続きました。

これじゃまるで全然問題なかったみたいじゃないと腹が立ちましたが、多数決ではすぐに負けてしまいます。両親も久しぶりに会う孫たちに目を細めて、私の苦労話など聞く価値もないと思っているようでした。しかしあんな大困難をくぐり抜けて来たのだから、私は誰かに聞いてもらいたい。

「いやいや実は大変だったの。死ぬほど大変だったのよ」とテーブルに手をついて説明しようとしたら、三男がすっくと立ち上がり、

「日が暮れる前に近くを探検してこないと！」と外に飛び出していきました。

それに釣られて「そうだ！」と他の子どもたちも続き、

「迷子になるなよ」と後を追う父と、あっという間に家には誰もいなくなってしまったのでした。

残った母に「大変だったのよ〜」と言えば、

「そりゃ五人もいれば当たり前だよね」と涼しい顔で夕食の用意を始めます。

あぁこうなると聞いてくれる人は夫しかいない。その時までは私を地獄の苦難に陥れた憎き敵の

頭目と恨んでいた夫が、実は世界で唯一の自分の味方なのだと気付きました。到着の連絡をするからと断り、国際電話をかけると、待っていた夫は一回のコールで返答しました。

あのね、あなたは知らないけれど、それはそれは大変だったのよと高まる感情をいっきに爆発させようとしたら、

「よかった。無事に着いたんだね。着いたんだからもういいじゃないか。何も疲れた身体で長々と説明する必要はないさ。電話代だってかかるし。いいからお茶でも飲んで、ゆっくり休んで。じゃあまたね」と溢れる愛情の表現で遮られてしまい、爆弾は不発に終わったのでした。

## 不発弾処理

こうなると、アハハと笑ってページをめくるしかありません。つまり、こんな苦労話は他人（というか夫と両親と実体験した子どもたち本人なのだが）にしたら、大した事でも驚く事でもないらしい。五人いるから当たり前、海外旅行なのだから当たり前、みんな小さいんだから当たり前というわけです。私は受話器を握ったまま、「本当かしら。実は取るに足らない出来事だったのかしら」と疑い始めました。

結婚した相手が日本人でないから、いったい日本の男性が戦時中でもない、モーレツな経済成長でもない時代に、こんな大仕事を平気でワイフに頼むのかどうかがわかりません。そもそも母親が「自分ひとりで大丈夫よ」と言うべきレベルの旅行であったのかも、今となっては判断しかねます。

人生はもともと大きな混乱と困難と理不尽にまみれているから、結果よければ何事もよしと考えるのがアラブ流なのかしら。あれは実は大仕事ではなかったのかしら。もしかして誰にでも出来るような簡単な旅行だったのかしら？

そのうち考えるのが面倒くさくなり、「まぁいいか。無事に着いたんだし」と結局は夫の言う通りに結論付けることにしました。子どもたちはすでに元気に遊びに出ているし、母は何ごともなかったかのようにキッチンに立ち、薄暗くなりかけた窓の外からは、帰宅をうながす夕焼け小焼けのメロディが流れてきました。ふうむ、子育てとはまぁこういうものなんだろうと思うしかありません。背骨が軋むほどの苦労も困難も、一瞬にして喜びや安堵の波に洗われて消えてしまう。

このとき私が知りえた唯一で最高の教訓は、どんなみじめな格好で、ひどい形相で、切羽詰まった母親でも、周りが温かい心で援けてあげなければならないということです。決してバカにしたり嗤う対象にしてはいけない。空港を裸足で駆けている母親も、タラップを逆行してくる母親も、涙ながらに最前列に割り込む母親も、ティシューを鼻に差し込んだまま歩く母親も(5)、どうにもならない苦しい緊張と責任を全身に抱えていることを周りが理解してあげないといけないのだと、強く心に刻んでいます。

この話はアラブと日本の比較も考察もない、ただの笑い話です。きれいな服を着て人前で挨拶なんか出来るようになった今日の私があるのは、このような前身を越えたずっとずっとあとのことでした。

かのＪ・Ｋ・ローリング女史が[6]、ハーバード大学の卒業式の演説で、人間が他の動物と一番違うのは、「他者を想像する力があることだ」と話していました。他者の苦しみを想像し理解する力があるからこそ、すべての人間が違う経験をし、違う人生を送っていても、他者を救おうとすることができるのだと。文章でどれほど伝わったかはわかりませんが、私の大困難は命を懸けて海や大陸を越えていく難民の人と比べたら、天国の電車に乗ったように楽な旅路に違いなく、目的地に着けば泡のように消えてしまう苦労でした。私の話を聞いてワハハと笑い、大変だったねぇと想像できるなら、命を賭けて豊かな国に移住していく難民にも思いを馳せることは出来るはずです。なけなしの金をはたいて、せっかく生み育てた子どもの命を危険に晒してまでも、戻る場所のない一方通行の旅路を選ぶ人々が現代にいることを、私はいつでも覚えていようと心に決めています。

（二〇一五年十月）

註

1．二〇一五年に第三回潮アジア太平洋ノンフィクション賞を受賞した。
2．客を載せて移動する電気自動車。
3．大韓航空にとって当時はまだ中東路線は顧客が少なかった。
4．あの頃のビデオカメラは大きく重く、それだけでひとつの荷物だった。
5．翌年に日本に行ったとき、同じように独りで子どもを連れていき、大困難に遭い、鼻血を流しながら私は飛行機に乗った。

6. 児童文学『ハリーポッター』の作者で英国人女性。

# 卒業間近

首席総代として王宮に呼ばれた。

## 雨と雷と

明日から高校の最終学期が始まる土曜日、三男はどうしたら学校へ行かなくて済むかを真剣に考えていました。

「今年は雨がたくさん降るじゃない。他の日はどうでもいいけど、明日こそっていう大事な日に降ってくれないかなぁ。それも雷つきでさ」

窓から外を見て、カンカン照りの陽気を眺めながらつぶやきます。

確かに今年の冬は三年ぶりくらいによく雨が降りました。何となく肌寒い日が多く、長袖を久しぶりに出しました。二、三週間おきに雨が降ると、地中に隠れていた植物が芽を出して、枯れる前にまた雨で潤うを繰り返し、砂漠の表面は常に緑色です。

「雷が学校に落ちれば焼けるよね。学校だって休みになるはずだ」

息子は力をこめて言います。

「ちょっと無理じゃないの。雷が落ちても簡単に火は出ないと思うよ。今は避雷針ってものがあるんだから」

「なんだ、ヒライシンって」

「雷を吸い込んで地面に送るものよ。だから建物は無事なの。あれは大発明だね」

「ちぇっ、人間ってなんてつまんないもんを発明するんだろ。あ〜あ、雪が降る可能性もないし、地震もこないし、山がないんじゃ山火事も無理だし、日本みたいに電車が止まることもないし。ウンムアルクエインって平和な町だなぁ」

「ありがたいじゃないの」

「ありがたいって、僕にとっては明日の試験が大問題なんだよ。せめて大雨が降ったら何とかなるんだけどなぁ」

私は笑いながら、

「雨くらいじゃ、新しい学校はビクともしないと思うよ」と答えました。

「でも一度に四つくらい雷が落ちたら、学校は燃えるはずだ」

雨や雷というものをほとんど経験したことがない息子は、それが大事件でものすごい被害をもたらすと勘違いしています。

「四つの雷が近い四地点に落ちるなんて聞いたことがないよ。あんたの学校は校舎がたくさんあるから、一つくらい壊れても他の教室を使うでしょ」

不愉快そうに枕をガンガンなぐって次の案を真剣に考えますが、なかなか思いつきません。三男は生まれたときから学校が大嫌いで、彼を学校へ行かせるために、それはそれは苦労したものでした。

## 卒業まで

「あと二ヶ月の話じゃないの。いま四月で、あと少し頑張ったら高校を卒業するんだよ。素晴らしいね。たったの二ヶ月、六十回寝たらもう卒業だ！」

私は手を叩いて喜びました。これは息子より私自身に対する声援です。泥の風呂にはまったように揺すっても引っ張っても起きない息子を、あと六十回起こしたら解放されるのです。まだ末娘がいるけれど、一度声をかけたらパッと起きる人だから苦労はありません。

今年度から息子の高校も三学期制に変わり、三月末に期末試験がありました。その最中に息子は面白いことを言いました。

「明日は学校に行かないよ。だってさ、病欠した場合は前学期の試験結果と同じ成績を今学期にもつけるって新しい規則になったんだ。僕はこの前物理で満点取ったから、明日は家で寝ているだけない」

で、もう一回満点が取れるんだ。こんなウマイ話はない。もう決めた！　明日は絶対に学校に行か

「だって、あんた病気じゃないでしょ」

「そんなこと問題じゃない。下痢でも便秘でも風邪でも真似できるさ」

「そんな甘い話が現実にあるとは思えないけれど」

「本当なんだぜ。だって前の試験のとき、同じバスの人が学校に行く途中で突然バスを止めて降りたんだよ。前回にいい点だったことを思い出して、砂漠の真ん中でいきなり降りたの。お兄ちゃんに迎えに来てもらって、そのまま病院に行って医者の診断書をもらうんだって」

「その人は本当に前と同じ成績を取ったの」

「そうさ。だから僕だって家で寝てりゃ百点なんだ！」

しかし父親が帰ってきたら息子の夢はあっさり破れて、徹夜で勉強することになったのでした。

卒業間近のこの時期は、高校三年生の子を持つアラブ人の親は、何一つ余計な予定を入れない緊張の期間です。日本でも受験の最中はそうでしょうが、本人はもとより家族も必要以上のことは一切しません。友人と話していて、簡単な何かを頼もうとしたり、ドバイまで遠出をしようと誘っても、「子どもが高三だから」と断られることはしょっちゅうあります。公共の交通機関がないUAEでは、送り迎えは親がしなければなりません。学校や家庭教師、子どものための買い物、週末の特別授業などがあれば、夜も週末も関係なく常に近くで支える必要があります。親兄弟の協力は欠

かせず、家族中が緊張の日々を送るのでした。

## おことわり

この話は、なかなか知ることの出来ない高校卒業前後のアラブ人の生活の様子です。最初に言い置きますが、私は旅行者でも観光業界の人間でもないので、世界一の贅沢や大金持ちの道楽、首長家にまつわる珍しい話といった、人目を惹く、嘘か真(まこと)かわからない大風呂敷を広げるのは好きではありません。アラブの日常を地に足をつけて生きる人々の生活や心情を書いています。しかし今回は、たまたま我が家が味わうことの出来た珍しい出来事について書きます。特別な結果ゆえにこうした珍しい事情を知り得たので、自慢話をする目的ではありません。

## 長男のケース、二〇〇八年

長男が高校三年生だった頃、何が私を悩ませていたかといえば、その愚行と奇行です。日常生活で普通の高校生が出来ることが、なかなか出来ないのです。彼には独自のペースがあって、それが月と引力と地殻変動で進化してきた地球の人類とは、どうも合わないらしい。わかりやすい例を挙げれば、朝どうしても起きない。通学バスが家に迎えに来てからやっと起きる、バスが外にいるのにシャワーを浴び始める、異常なほどのきれい好きで、石鹸も歯磨きもすぐ底を尽き、シャワーは貯水タンクの水がなくなるまで浴びる。そのために私たちは購入できうる最も小さなタンクを息子のバスルームにとりつけ、シャンプー液を水で薄め、常に小さな使い切りの石鹸を用意していました。

バスの運転手は毎朝遠くからホーンを鳴らしながら我が家に三回もやってきて、最初の二回は諦めて他家の生徒を迎えに行き、最後の最後に、カバンと靴と靴下を腕に抱えた裸足の息子を乗せていくのでした。

学校から戻ると、息子は食事をしながら三つの新聞を同時に読んで、食べ物をめちゃくちゃに食べ散らかし、居間のテレビでニュース番組を数秒ごとに切り変えながら同時に全チャンネルを観て[1]、そのうち新聞に埋もれて眠ってしまいます。

着替えの途中、食事の途中、会話の途中であろうと、眠気が襲ってきたらその場で気絶したように眠る癖があり、二階の自室に上がったり制服を着替える余裕もなく、目をつぶったかと思うとその場でぐーと眠り始めます。

反対に、勉強に集中しているときは額から汗をたらたら流し、頭脳が猛スピードで回転する音が聞こえるほど超人的な雰囲気になります。

私はそんな長男をみると、いつもサイボーグ001[2]のことを思い出していました。古い漫画の中にでてくるサイボーグ001は、生まれたばかりの赤ん坊なのに頭脳明晰で予知能力があります。しかし赤ん坊だから日常の世話は全部やってもらわねばならず、おまけに眠くなったら、仲間たちが絶体絶命の危機にいようとも、世界の終わりが来ようとも、一ヶ月は目が覚めません。001には独自の生活サイクルがあって、それが地球の普通の人類とは合わないようでした。

その長男がもうすぐ高校を卒業するという頃、私は待ち遠しくてたまりませんでした。あぁこれで私は解放される。偏屈で奇怪な生活は終わり、これから私は地球の普通の人類のサイクルで生きていけるとまで感じていました。それゆえ、長男が学校で一番の成績を取っている事なんか、この苦労に無料でついてくるお菓子のオマケくらいにしか感じていなかったのでした。

## 卒業成績

毎年六月に行われる十二年生（高校三年）の学年末試験は、教育庁や連邦教育省の厳しい採点があって、慎重に慎重を期した上で公表されます。最終学期の試験結果だけでなく、高校三年間の総合点が発表されるのです。

長男の試験が終わった三日後、夕方のとある時刻から突然、家の電話がじゃんじゃん鳴り始めました。携帯電話も地上電話も鳴り続け、私が受けた受話器からは興奮した理解不可能なアラビア語が聞こえてきました。

夫が不在なので長男をたたき起こし、

「世の中でいったい何が起きているの」と問うと、どうやら新聞社やテレビ局から祝電とインタビューがきているようでした。受話器を手で押さえ、

「僕は国で一番を取ったんだって」と嬉しそうに言う長男に、

「へ～～～～～」と私は驚きました。

さっそく夫に電話すると、急いで帰宅して「この事態に備える」と言いました。その意味がわからず、私ひとりが騒音の中でぼんやりしていました。

翌日のアラビア語新聞には、全国の成績優秀者の名前が載りました。UAEだけでなく、アラブ世界では毎年、高校卒業試験に合格（パス）した全学生の名前を公表します。それは高校卒業が人生の一つの節目、ひと通りの教育を受け成人の仲間入りをした証であるからです。

四十年前、七つの首長国が連合して「アラブ首長国連邦」を建国したとき、成人国民のほとんどは非識字でした。長男の祖父母の世代（一九五〇年以前生まれ）にはわずかな寺子屋しかありませんでした。親の世代（一九六〇年以降生まれ）では、ようやく各地に小学校が造られ、男子は入学することができました。生徒が成長するとともに中学校も高校も設立されていきました、しかし不便な田舎の住民や女生徒[3]は、道路や移動手段がないために、まだもっと待たなければなりませんでした。その世代は中学卒業程度が普通で、高校の卒業証書を手にした人は多くありません。過酷な自然や不便な生活と闘いながら、よほど意思が強く、親の理解が深く、環境が整っている人だけが大学まで進学できた時代でした。

それゆえUAE人（やアラブ社会）にとって高校卒業は人生の大きな節目であり、〝教養ある人間educated〟と定義される、第一の基準となります。九〇万人ほどいる国民のうち、成人学級も含めて、高校卒業試験に合格した全員の名前が全国紙に載るのはそのためです。中でも成績上位者は大きな記事になり、首席卒業者ともなれば大変な名誉なのでした。長男は大統領府が全国に創設したばかりの工学系高校（ＳＴＥＭ教育中心の英語で教育する特別校）の、第一期卒業生の首席でした。

その日から祝電が後を絶たずに届きました。親戚縁者、近所の人、夫の学友や仕事仲間が絶えず我が家を訪ねてきました。一日中電話が鳴り続け、夫や息子は嬉しそうに応対していました。

長男は小さい頃から記憶力が目覚ましく高く、本の虫で、家や学校のあらゆる本を読んでしまう少年でした。小学校教師から「博士（はかせ）」と渾名をもらい、どの学校の教師からも「彼を教えたことは人生の誇り」とまで言われていました。それこそ幼稚園時代の先生からも、ドバイが試験的に創った天才児（ギフテッド）学級の教授からも祝電が届きました。私は、家での奇妙な姿とまったく違う顔を息子が外に持っていることに初めて気付き、彼がどれほど周りの人間を魅了し、かつ尊敬され愛されているかを知ったのでした。

## 卒業式

高校の卒業式は六月中旬でした。息子の高校は教育省ではなく大統領府の直轄で、全国に六校、大統領の肝入りで創設されました。一人一台の端末を与えられ、文武両道に秀でた人間に育てるために、運動施設も充実していました。勉強は難しく、校則も厳しく、サンダル履き(4)、長髪や髭を伸ばすのも禁止、教師に反抗したり煙草を吸ったらその場で退学です。その代わり学生には毎月給与が払われました(5)。ＵＡＥでは全く新しいシステムの高校で、三年前の創立以来、全国でもずっと注目されてきました。その第一期生であるために、卒業式には報道陣がたくさん来ました。息子は壇上で紹介され、首席の祝辞とトロフィーをもらい、多くの人と記念撮影し、インタビューを受けました。

まわりには高校を卒業する息子に感激して涙を浮かべる父親たちもいて、かつてはいろいろな事情[6]で高校卒業できなかった人は、夫の世代にまだたくさんいたのだと感じました。それだけでなく、長男の通った三年間は、アフガニスタン侵攻（二〇〇一年）からイラク占領（二〇〇三年）と続き、同世代のアラブ少年があっという間に難民に変わる様子をつぶさに見てきた時代です。どのスピーチにも「恵まれた時代に恵まれた国に生まれたことを感謝しなさい」と訓示がありました。たくさんの家族や教師が学生たちの努力を褒め称え、ＵＡＥの無償教育や安定した社会に感謝していました。

## ドバイ祝賀会

六月末に首相官邸から連絡が来ました。全国成績優秀者にドバイ首長（ＵＡＥ首相で副大統領）が祝賀会を催すので、七月初旬にはＵＡＥにいるようにというメッセージでした[7]。

息子が卒業する前年に始まったドバイ首長の「祝賀会」は、まったく新しいイベントとして華々しく登場しました。今思えば、ドバイ競馬の登場と似ています。世界で最も賞金の高いレースを、世界中の報道陣を招待して開催したとき、世間はあっと驚きましたがあれと同じでした。

全国から五十名ほどの首席卒業者に、高性能のラップトップとお祝い金が下賜されました。高校生なら目が飛び出るくらいの金額[8]で、新聞でもずいぶんと話題になりました。初年度はドバイ首長が自ら臨席したので、さらに祝賀会の価値はあがりました。それまでも毎年首席卒業者はいたわけですが、これほどの大掛かりな祝賀会と下賜金はなかったので、お伽噺にある夢のイベントのようでした。

祝賀会はできたばかりの五つ星ホテルの大宴会場で行われました。午後八時開始なのに、学生は四時までに会場に入ってリハーサルを行いました。学生一名につき招待客を二名まで呼ぶことができ、服はもちろん正装。男子学生はアサーマ[9]ではなく、アガール着用[10]と指示が出ました。まるで結婚式に行くように念入りな準備が必要でした。

成績優秀者はすべてUAE国民のみで、たとえ外国籍の子弟がもっと高い成績をとっても対象にはなりません。国を支える人材を称える儀式ですから、国籍は限定されています。その年招待されたのは、ドバイにある二十九の公立校の首席生徒、全国の成人学級、聾唖学校、障害者学級の首席生徒、理系・文系・工学系高校の首席生徒、各首長国で最も高い成績をとった生徒たちでした。

官邸からはドバイ皇太子代理（首長の三男）がきて、各首長国の教育大臣が揃い、スピーチは連邦教育大臣が行いました。警備（セキュリティ）は厳しく記念撮影も発言も禁止であっという間に終わりましたが、食事は最高級でテーブルの装飾品も皿もカトラリーも素晴らしく、驚くほどに贅を凝らした祝賀会でした。

閉会後には横の小部屋でラップトップと小切手が配られました。その部屋に入れるのは本人だけでした。「あの部屋では今、一億五千万円のお金が配られているのだ」と思うと、私はアラブの魔法を見ているようにドキドキしました。

## ラッセルハイマ祝賀会

その数日後、ラッセルハイマ首長から招待状が来ました。息子の高校はラッセルハイマ首長国にあり、その皇太子が首長国内の成績優秀者を招いて、祝賀会を開いたのです。

当時の首長は九十歳と高齢で、生きてきた時代背景が違うために、成績優秀者に祝賀をする習慣はありませんでした。しかし急に皇太子が代わり、ドバイに倣って自国でも初めて祝賀会をすることにしました。そのため珍しく会場は宮殿でした。その時は夫が海外出張中で、私が五人の子どもを連れて宮殿まで運転しなければなりませんでした。

どの国でもそうですが、宮殿を示す道路標識はありません。地元では誰もが知っている場所にあり、かつ警備上、道案内を出す必要もないものです。おまけに外壁は高く、大きな敷地のいったいどこが入り口なのか、どこまで行ってもわからないようになっています。町を歩く労働者に訊いても知るはずがないし、地元の人間は外を歩いていません。ラッセルハイマは岩山だらけで、道路が迂回して造られているため直進する道は少なく、迷いに迷ってほとほと困りました。

電話番号は書かれているものの、外国人の私では宮殿に電話をかけたにせよ怪しまれるだけです。何しろこうした祝賀会は自国民対象で、首長家に必ず喰い込んでいる英国人すら一人もいません。

これから国を支える自国民とその家族への賞賛の会なのです。首席生徒が遅刻しては祝賀会も始まりません。堂々巡りをして迷うだけなので、結局、国際電話をかけて夫に道順を訊き、ようやく宮殿につきました。

宮殿は天井の高さが十メートルもある荘厳な造りで、絨毯も身体が沈むほど軟らかく、調度品は素晴らしいものでした。私が最も驚き面白いと感じたのは、こうした席では学生が最賓客として歓迎されることでした。日本ではいかに成績優秀者でも、教育を与える側と受ける側が逆転することはありません。どれほどの成績を修めようとも、学生側が常に教師側に感謝を伝えるだけです。しかし宮殿では、入り口に教育関係者がずらりと並んで、満面の笑顔と拍手で学生を迎えました。学生は受付で教育省の職員から肩に美しいガウンをかけられ、歩くたびにあちこちから祝いの言葉をもらいました。

ドバイに勝るとも劣らぬ荘厳な祝賀会で、皇太子本人が壇上で賞状と金一封（十五万円くらい）を手渡しました。その金額を少ないと文句をつける学生などいませんでした。記念撮影で皇太子の隣に座った息子は、日頃とは違って実に立派に見えました。

国家元首や勢揃いした大臣から、一介の高校生とその家族がこれほどの歓待を受けるとは、まったく常識から外れた身に余る光栄でした。学生たちにとっては生涯記憶に残る祝宴となるでしょう。そして、これこそが意図のはずです。

ＵＡＥのような建国したばかりの国、レンティア国家(11)と揶揄される経済形態の国は、どうにかして工業立国になっていきたい。それにはわずかしかいない国民の優秀な力に期待するしかありません。学生たちが今後学問を深めたとしても、国を捨てて流出しては意味がなく、その力を国家建設に注ぐのを期待しています。いうなれば、こうした祝宴は先払いの感謝の意味も含んでいるのです。もちろん世界中のどの国でも、若い優秀な力に期待しているでしょう。しかし、目に見える形で国家元首から表彰されれば、学生としても深く恩義を感じるはずです。この祝宴の意味を、華々しい表面だけをみて「金持ち国家の豪勢なイベント」、「金ばらまき」と捉えるのは大きな勘違いです。

## 二〇一〇年、長女のケース

長女が高校を卒業したのは二〇一〇年の夏。卒業までの一年間は家族が一丸となって協力していたので、学年末試験が終わったときは、身体の芯から疲労困憊していました。一番苦労したのはもちろん長女で、丸一日こんこんと眠り続けていました。高校卒業成績は慎重に計算され、何度も見直されるために、発表までに三日はかかります。このときも私たち家族には三日間の休暇があるはずでした。

ところが発表予定日の前夜、教育庁に勤める知り合いから電話が入り、インターネット上で発表されたと言われました。急いで調べると、長女の名前は公立高校理系コースの全国三番(12)でした。「よかったねぇ!」と祝福すると、心配していた長女はすぐ父親に電話をかけて、喜びを伝えました。

その時は夜中の十一時半ですから、電話がじゃんじゃん鳴ることはありませんでした。その代わりにもっと大変なことが起こりました。教育大臣の秘書から連絡がきて、今から十分後に大臣が我が家を訪問するというのです。

これにはびっくりしました。私たちはすっかりおやすみモードで、下の子三人はベッドに入っており、メイドも就寝して、階下は真っ暗でした。夫はまだ外で働いているし、私は風呂上がりの格好でした。おまけに家の玄関先には、工場の従業員が取りに来ると約束したままの二段ベッドのフレームとマットレスが、解体してごっそり立てかけてあったのです。

私は飛び上がって十四歳と十二歳の息子をたたき起こしました。「死ぬ気で力を出して！」と、荷を玄関先から家の裏に移動させ、同時にメイドも起こして、応接間の片付けとお茶の用意をさせました。長女と次女には正装するよう言いつけ、私自身も髪を乾かし着替えて化粧をしました。これでギリギリ十分です。はぁはぁ息を切らせて玄関の電気をつけたときには、大臣の車は家の前についていました(13)。

大臣は身体の半分もある花束を抱えていました。娘の名前を呼びながら家の中に入り、彼女を抱きしめるとクルアーンの魔除けの言葉を十分に唱えながら、祝いの言葉を伝えてくれました。アラブ人にとって身分の高い人が家を訪問するのは大変な名誉です。ですから私は、「なぜ教育大臣が真夜中に他人の家を突然訪問するのか」という疑念を頭から追い出して、満面の笑顔で歓待しました。大臣はきっと、花束や贈り物を前から用意して教育庁の発表を待っていたに違いありません。

人口の少ないウンムアルクエインから全国上位者が出ることは稀なので、このたびは肝煎りで大臣の御成（おな）りとなったのでした。

## 願いを叶える

翌朝には高校の校長が訪ねてきました。二年前に夫が「この事態に備える」と言ったことを思い出し、私は菓子やケーキを買い、家で一番いい食器類を磨いて訪問客を迎えました。

十分ほど座った校長は帰り際に、

「何か希望があれば聞くわよ」と娘に言いました。これはアラブによくある習慣で、上に立つ者が成果をあげた者の特別な要望を聞き入れるのです。そうした場合、かなり無理なお願いでも叶えてあげるのが義務でした。

そこで長女は「卒業式をやってほしい」と頼みました。不思議に聞こえるでしょうが、ウンムアルクエインではまだ一度も卒業式をやったことがありません。敬虔なイスラーム生活にパーティは無用だという意識が強く、反対者が多くて、最初から式の予定はありませんでした。

しかし娘は試験前後の三週間、ずっと緊張続きでクラスメートと話す時間がなかったので、このまま別れてしまうのが残念で仕方なかったのです。試験最終日もバスが直後に出るために、すぐに帰らなければなりませんでした。

高校を卒業したら進路はバラバラです。遠くの大学で寮生活を始める人もいれば、すぐに結婚する人、働き始める人、近隣諸国に帰国する人もいます。それだけでなく、あまり知られていないUAEの現実ですが、社会的な立場が違うクラスメートたち（移民で国籍を持っていない人など）は、昨日まで一緒に席を並べていたのに、今後は自由に行き来する友人ではなくなります。仲間として一緒に集うのは最後かもしれないから、どうしても式をやってほしいと校長にお願いしたのでした。

「もう年間行事は全部終わっているんだけど」と言いながらも、校長はしばし考えていました。

「これは特例だからね。特別に、あなたの希望だから叶えてあげる。本当なら絶対に無理なんだけれど、明後日にやることにする」

帰り際、門まで送った私は校長にもうひとつ頼みました。

「私からの是非のお願いですが、卒業証書を出してください」

校長は驚いて立ち止まり、「ちゃんと出しているわよ」と言いました。

しかし校長の言うのは「成績表」で、卒業証書ではありません。十二年生の成績表に「合格（パス）」とあれば、高校を卒業した証明になるのだと校長は主張します。返事を予測していたので、私は説明しました。

「成績表と卒業証書は違います。どの国でも高校は卒業証書を出します。それには『この学生は十二年間の教育を修了した』と書かれています。学生の名前と学校の印があるもので、外国の大学に入学する場合などは必ず必要になります」

校長は黙って私の顔を見ました。なんでこんな余計なことを言うのだろうと考えているのがわかります。そもそも卒業証書は公立校には存在せず、小学校でも中学校でも、五人の子どもは一度だってもらったことはありませんでした。だから校長だってそんなものを見たことがないのです。

しかし、この程度なら叶えてあげられる希望だと考えたのでしょう。

「わかりました。そう書いてあるだけの、ただの紙なのね」

そう確認して校長は帰っていきました。

## 三割出席の卒業式

約束どおり二日後に卒業式は行われました。

娘は前日にクラスメートを招いて、我が家でヘンナ(14)をしました。当日は朝六時から美容室で髪をセットし化粧をしてもらい、結婚式用のドレスとアバーヤを着て学校に行きました。卒業式は日本とはちがって、華やかできらびやかな祝宴なのです。

予測していたことですが、当日来たのは卒業生の三割くらいでした。あとは親が許さない、本人が反対などの理由で来ませんでした。学校の年間予算を使い果たした後だったので、壇上には花さえありませんでした。しかし卒業式は卒業式です。娘は総代としてスピーチし、教師たちに感謝を述べて、友人と写真を撮りました。校長は私が特別に頼んだ卒業証書を用意していてくれました。それはただのコピー用紙にプリントされた薄っぺらなものでしたが、証書は証書です。

長女が身を削るような努力をした結果、最後に叶えられた夢が「卒業式」と「卒業証書」だったことは、田舎の現実をよく表しています。経済的に豊かなアブダビなら、あるいは先進的で教育熱心なドバイやシャルジャなら、目に見える賞品が当然のように与えられていたでしょう。祝宴も派手に、報道陣（メディア）を揃えて大々的に宣伝したはずです。そうしたことに消極的な地域だとこんな素朴な願いだけが叶うというのは、今となっては笑い話です(15)。

しかしその年、ほとんどの首長国が大々的に卒業式を行った記事が特集されたために、翌年からはウンムアルクエイン首長国も、全卒業生を集めて文化会館で式を開くことになりました。人々の意識がたったの一年でこれほど変わるとは、まったく驚きました。

## 首相官邸の祝賀会

娘にドバイ首長から招待状が来たのは、その数日後でした。

会場は最高級ホテルで、連邦教育大臣と各首長国の教育大臣と、約五十名の成績優秀者が出席しました。このたびはドバイの公立校を除き、各首長国の公立校の首席（文系と理系）が揃っていました。ドバイ首長としてではなくUAE副大統領として、全国の学生を対象にしたのでしょう。また国籍を問わず公立校の十位までに入った学生も並んでいました。成人学級・聾唖学校・視覚障害者学級、身体的な障害者学級の成績優秀者もいました。壇上で授与したのは、ドバイ首長の若い五男でした。五男自身も高校生くらいで、何やら拍子抜けしました。

インタビューでは多くの学生が、

「これは自分だけの努力の成果ではありません。家族と教師と多くの友人に支えられて、この壇上に立つことができました。皆さんに感謝しています」と述べるのを聞いて、

「どの家庭も同じだったんだ」と一年間の苦労を思い出しました。

学生の全員が「これから国のために役立つ人間になりたい」と表現しているのには感激しました。またパレスチナの女生徒が賞金の使い道を尋ねられて、

「このうち二割をパレスチナの貧しい子供たちに寄付します」と言ったのが印象的でした。

二年前にはなかったのに、このたびの祝賀会ではパンフレットが配られました。招待客（成績優秀者）の名前と学校名が書かれた一覧表と、ＵＡＥ教育の現状が載っていました。それを見るとおもしろいことがわかりました。その年は珍しいことに、全国十番に入った学生は合計一七二名（何人もが同点を取得）もいました。もちろんその全員を祝賀会に呼ぶことはできません。招待されたのは、九九・九点で同点首席をとった理系卒業生の十名と、各首長国で一番をとった五名だけ。この十五名を国籍別に分けると、ＵＡＥ二名、ヨルダン四名、エジプト五名、シリア一名、パレスチナ二名、イラク一名でした。文系卒業生は、九九・八点で一番を取ったイラク人と、各首長国で一番を取った九名（うちＵＡＥ七名、ヨルダン二名）が招待されていました。難しい理系コースでＵＡＥ人が一割しかいないのは、教育の歴史が長いアラブ諸国にまだ遅れをとっているからです。しかし比較的易しい文系で七割とは随分健闘しました。

国籍に関わらず結果だけを評価したら、お祝い金の一億五千万円のほとんどが外国人生徒に渡る

ことになります。祝賀の目的の一つは国家建設への期待ですから、なるたけＵＡＥ人を多く含むことが肝心です。そこで次ページからの招待客リストは、「ＵＡＥ人に限る」と注意がついていました。飛び地を含めてアブダビ、アルアイン、アブダビ西部地域、ドバイ、シャルジャ、シャルジャ東部地域、アジマン、ウンムアルクエイン、フジャイラ、ラッセルハイマで最高点をとったＵＡＥ学生の合計が（同点取得を含め）十四名です。それに成人学級二名、自宅学習（ホームスタディー）[16]一名、視覚・聴覚・肝臓疾患などの障害者七名（うちヨルダン二名、無国籍一名）、長男が卒業した工学系高校から各専攻の首席三名、私立高校の文系・理系の首席一名ずつ。結局、表彰された五六名のうち、三六名がＵＡＥ人でした。

リストの最後には教育庁の統計が載っていました。本年度の卒業資格取得者は、約三万二千人。全国の公立高校三年生の三二％が理系、六八％が文系を卒業しました。在籍は公立校が一万九千人、私立校が六千人、成人学級二千七百人、自宅学習四千三百人です。

専攻別にみると、卒業資格を得た確率が最も高いのが、公立校理系コースの九一％でした（残り九％は落第したことになる）。次いで私立校理系七九％、公立校文系七七％、私立校文系六九％。学力の高い学生は理系コースのまま高二高三と進学し、学力が下がると文系に落とされてしまうので、必然的に文系の卒業率は低くなります。

性別では、女子学生が男子学生よりはるかに成績がよく、理系では男女とも公立も私立も関係なく九〇％の卒業率ですが、文系だと男性の成績はガクンと落ちます。（英国式・米国式・バカロレアなどの違いがあるだけで）理系・文系の違いがない私立校は、女子八九％に比べ男子七一％。成人学級は女子は五三％もあるのに男子の数字が存在せず、自宅学習では女子一四％に対し、男子三％と極端に低い結果になっています。男子の卒業率や進学率が低いのは、教育程度の高さが高給を保証するとは限らないことを如実に物語っています。

## 二〇一二年、次男のケース

次男が高校三年だった春、本当のことを言えば私は心配していました。兄と姉がそんな成績を取ったあとは、さぞかしプレッシャーが重いだろう。周囲に期待され針の山に座る気持ちにちがいない。だから次男が毎夜十二時には寝てしまうのを見て、「これは早々にレースを降りているに違いない。そりゃそうだ、こんなプレッシャーを真面目に受けとめたら堪らない」と考えていました。

次男はもともと身体が弱く、肉体を痛める努力などはできない体質です。深夜を過ぎれば、試験があろうと宿題があろうと疲れてベッドに入ります。それは自分が弱いとよく知って本能的に身体を守っているに違いなく、周囲がどう思おうとも努力の加減は本人に任せるしかないのでした。

さらに次男は歳の近い五人兄弟の真ん中に育ったせいか、幼少から飄々と生きてきました。余計なことは何一つ言わず、必要なことさえ言わず、語彙は「まぁね」、「うん」、「ただ（なぜ？の質問に対する彼特有の答え）」しかありません。兄のように強烈な印象を刻みながら周囲を魅了するパワーはなく、姉のように命を削りながら努力して結果を勝ち取る気力もなく、「あら、そこにいたの」

と思うほど印象が薄い。私は次男の友だちの名前をひとつも知らず（固有名詞を言わず、山の友だち海の友だちとだけ表現するから）、卒業後の進路に何を希望したかも知らず、卒業制作に何を作ったのかも、それが校内で一番を取ったことも、全部あとになって知りました。

「元気で、ちゃんとご飯を食べていればいいじゃないか」という、親が不肖の息子に期待する最も基本的な希望だけを持って、高三の盛りを迎えた次男を扱っていました。それほど次男は私に何も知らせず、周囲に何も期待せず、彼の築いた社会や取り巻く友人の輪を片鱗も見せずに、淡々と生きる処世術を身に着けていたのでした。

高校卒業試験が終わった翌日、次男と私は二人で旅行に出ました。格安チケットがちょうど二人分あったので、近場のトルコまで三泊四日の旅行でした。これは私が特に希望したもので、一緒にいながらも月にたった独りで住んでいるような寡黙な息子と、親密な母子旅行をしたいと思ったのです。さらにＵＡＥに戻る頃には成績発表は終わっているはずで、結果がどう出ようと、オスマン帝国の壮大な歴史を目にした後は、なんでも軽く受け流せるだろうと予測していました（つまり私は次男に期待していなかった）。

## 祝賀の連絡

旅行の三日目、偉大な建築家シナーンの墓を訪ねているとき、息子の親友から電話が来ました。息子にしては珍しく長く話し込んでいるので、私はかえって心配しました。墓陵の前を行ったり来たり、階段を上ったり下りたり、電話はなかなか終わりません。話し終えた息子は興奮して、親友が国で一番、自分が四番を取ったと言いました。親友にはラッセルハイマ教育庁の人が連絡してきて（こういう話が正式発表前にどこから漏れるのか不思議である）、お祝いを伝えてくれたそうです。

その後は興奮したままスレイマニエ・モスクからボスポラス海峡まで歩き、夕食にでっかいステーキを奮発しました。土産物屋へ寄って、オスマン時代の書道（カリグラフィー）で何人もの友人の名前を書いてもらい（ここで私は初めて息子の友だちの名前を知った）、たくさんお土産を買いました。

「それにしてもびっくりした。夜十二時前に寝ていながら上位を取ったのは、きみが初めてかもね。大したもんだ。いやぁ驚いた。一番驚いているのはママだったりして」

すると息子は鼻を鳴らして、

「ママはいつだって何にも知らないんだよ」とつぶやきます。

「すぐパパに報告して、準備するように言ってね。今はここでのんびりしているけれど、明日からは大変だ。新聞社がいっぱい来るよ」

嬉しそうににやにやしている息子に、私は釘を刺しました。

「インタビューを受けたら、必要なことはちゃんと話すのよ。ウンとかスンばっかりじゃ駄目だからね。明日からきみの携帯電話もたくさん鳴るでしょう。自分は今トルコにいるなんて絶対言わずに、午後に家に来てくださいって言うのよ。明日の昼にはＵＡＥに着いているから。新聞に載せる顔写真は、メールアドレスを教えてくれれば今すぐメールで送りますって言うのよ」

三人目だと慣れて私もコツをつかんでいます。
翌日からは、やっぱり「この事態」なるものが待っていました。そしてラマダーンが近づいているために、多くの祝賀会が二週間に凝縮されており、怒涛の如く押し寄せてきたのでした。

## アブダビの祝賀会

ラッセルハイマ首長の祝賀会は、宮殿ではなく文化会館に変わっていました。出席したのは皇太子です。金一封は長男の時代に比べて二・五倍に増えていました。四年経って、物価も二・五倍になったというわけです。

次男はドバイ首長の祝賀会には招待されませんでした。工業系高校は全国に八校あり、各専門コースの首席だけが選ばれたので、招待客リストには入らなかったのです。しかし親友の話をきくと、初回から六年経った祝賀会には、首長家から一人も来なかったそうです。出席したのが教育大臣（一般市民）だけとなると会の価値（ステータス）はがっくり下がってしまいました。

この年、ドバイ首長の祝賀会を超えるほど贅沢な祝賀を催したのは、アブダビ教育庁でした。アブダビ教育庁は連邦教育省とは区別されて、独自の教育システムを取っています[17]。それまでは祝賀の対象をアブダビ出身者に限っていたのに、枠を広げて、卒業成績九八％以上の全国の学生を招待しました。対象となった人数は、なんと一八〇名もいました。

石油で潤うアブダビだけあって、内容は驚くほど豪奢でした。遠方の学生のために、家族の分までホテルに部屋が予約されていました。ホテルは貸切で食事も支給、祝賀会当日の晩は遅くなるので、二泊分の予約が入っていました。

私たちがホテルに着くと、次男はすぐに別室に連れていかれました。仕立て屋（テイラー）が身体の寸法を測って、翌日の祝賀会に間に合うようにビシトを作るのだそうです。ビシトとは、白いカンドゥーラの上に羽織る黒いガウンで、男性の最上級の正装です。首長たちはいつも着ていますが、一般市民は結婚式で花婿が着るか、賓客待遇となった時だけです。賓客となっても同席する首長家の指示がなければ着ることはできません。[18] 本来のビシトはラクダの毛から作られており、ものすごく貴重で（おまけに臭い）高価なものです。現在は良質の糸で軽やかに風になびくように縫われています。それを八十人分、明日の祝賀会までに作ってくれるというのです。同時に百人分の女生徒にアバーヤとシェーラを作らせました。これだけでも贅沢な話でした。

チェックインと同時にパスポートを提示して、祝賀に招待されているかを確認されました。どのような事情があろうとも、たとえ全国首席でも、シェイクの催す祝賀会に出席せずに下賜品だけもらうことはできない原則です。そこで毎年、好成績の学生はこうした祝賀の連鎖が終わるまでは絶対に国を離れず、夏の計画を入れないのでした。

祝賀会はエミレーツパレスという、王侯貴族・首相などが宿泊する超豪華ホテルで行われました。連邦教育大臣と高等教育大臣、各首長国の教育大臣らが来賓となり、主催者はシェイク・マンスール（UAE大統領の弟）でした。マンスールは皇位継承権の上位にいるので、会の価値（ステータス）は高くなりました。

ずらりと並んだ学生たちは、明晰そうで喜びと自信に溢れていました。テイラーが徹夜で作った一八〇人分のビシトとアバーヤを着て壇上に勢揃いした姿は、壮観です。正装の次男は普段の甘ったるい雰囲気が消えて、まるで別人でした。

壇上では一人ひとりが名前を呼ばれ、シェイクに金の筒を手渡されました。筒の中には、これまた金色に印字された立派な賞状と金一封（二万ディラハム＝約七〇万円の小切手）が入っていました。一八〇人以上いるということは、ここでも一億円以上が配られたわけです。加えてホテルの宿泊費、食事代、ガウン代、高級ホテルの舞台装飾費、会場費（千三百席）、その後全員のために用意された豪華な夕食も入れれば、二億円は下らなかったでしょう。

学生たちを称え国の繁栄を支える期待を示す祝宴は、まったくお伽噺そのものでした。皿やカップは金模様で飾られ、カトラリーも全部シルバーでした。食事の種類は多く、びっくりするほど美味でした。なんにせよ日本で成績優秀な高校生にこんな待遇をしてくれるなんて話は聞いたことがありません。ありがたい時代だと感じ入りました。

ビシトを着てアブダビの祝賀会に出る。

## ひと昔前のお祝い品

一九七〇年代に就学していた人たちは、進級や卒業をどう祝っていたでしょうか。

毎年五月頃[19]に子どもが進級試験に合格(パス)することは、どの家庭にも大きな期待と名誉をもたらしました。なにしろ学校に通う人数は少なかったし、学年が高くなればなるほどその数は減りました。当時の一般家庭に贅沢品はなく、贈答品は町には売っていませんでした。その頃はまだ珍しかったコーラなどの炭酸飲料を買って、（冷蔵庫もないので）温(ぬる)いまま近所に配ったりしたそうです。余裕のある家族は山羊を屠って暖かい肉を近所に配りました。

八〇年代の教育省は、高校三年の冬休みに全国の首席生徒を集めて、研修旅行に連れて行きました。一ヶ月分の旅費やホテル代はもちろん、小遣いまでもらって、夫は全国から集まった約三十名の学生と共に、パリからモロッコまで旅行しました[20]。

夫の時代に始まったこのような視察旅行や、現代の祝賀会の話を聞いていると、誰だって贅沢三昧な社会を想像するでしょうね。金をばらまいて人の歓心を買う、選ばれた人間だけが得をする特権階級的な社会、産油国の有り余る金を使った派手な祝賀会――最初の感想はそんな感じかもしれません。しかし私たちはこうしたお伽噺の裏にどんな意図があるのか、手がかりをつかむ努力をしてもいいと思います。

夫が育った一九六〇年代のＵＡＥは電気も水道もなく、コンクリートの建物もなければ車や道路もない、貨幣経済よりも物々交換に近い生活でした。教育機関は数えるほどで[21]、病院やインフラ施設も英国が許可する基準を超えることはありませんでした。夫が高校生になる頃はＵＡＥにも学校制度が定着し、コンクリートの家が建ち、電気も水道も引かれました。道路や港湾ができ、どの家庭にも車や冷房機があり、現代的な生活を送れるようになりました。そうした激変をわずか数年間のうちに経験しなければならなかった国民の大多数は、近代化のメカニズムをわからないまま、ただ受け入れてきました。それをいいことに、物品の供給元は粗悪な製品や時代遅れの家電などを、しこたまＵＡＥに高額で売ってきました。しかしそうした中でも、メカニズムを理解し自分のものにしてきた少数の青年たちもいました。

優秀な人間は実はどこにでも、隔絶した孤島にも、砂漠の果てにも存在します。超大国がどれほど愚民政策を徹底しようとも、埋もれずに才能を伸ばしてきた人間は少なからずいて、建国したばかりのＵＡＥはそうした人間を大切に扱いました。

夫の参加した視察旅行は、ちょうど聖徳太子の時代の遣唐使や、明治の文明開化の欧米使節団と同じような意味合いがあったわけです。急成長する産油国として世界の水準に追いつくために、どれほどの資金を費

80年代初頭、高校理系コースの最終学年までついた生徒はたった４名。冷房機がないので窓を開けて勉強している。

やしても、これから国を築いていく優秀な若者に広い世界を見せる必要があったのでしょう。

## 分配という行為

また産油国において「物をもらう」行為は、日本人が考えるものとは認識が違います。日本人はもらう物、時期、中身、理由について、非常に敏感で明確な理由を必要とします。もらう相手やその方向、平等性についても神経をとがらせます。それは国民一人ひとりが、国家の生産の枠組みの中にしっかりと組み込まれ、自分は生産者である意識が根付いているからかもしれません。また納税者として、税金が無駄な方向や未知の使途に流れていくのを阻止する権利があるのも知っています。

では自分の国が無税の産油国で、国家収入のほとんどを原油歳入に依存していたらどうでしょうか。掘るだけという人的な投資のかからない莫大な石油収入は、その全容が国民には知らされぬまま、まず首長家に一点集中します。それから分配されていくのです。こうした国ではモノ(収入、給与、希望、機会など)が流れていく方向はひとつで、首長から国民に、上座にいる者から下座に、富んだ者から貧者に与えられます。

分配の責任を負うのは首長で、(アラブ人にとって)より正しい公正な分配方法を示すことが首長の格を決定します。どんな形で国民に還元するのか、特定の人間だけに配られていないか、全体に広く行き渡っているか、国のインフラや教育に注がれているか、ハード面だけでなくソフト面にも達しているか、未来を見据えて計画されているか。首長は莫大な収入の行方を目に見える形で国民に示さなければなりません。

アラブで他者を最も貶める評価は「ケチ」です。ケチな人間はどれほど自分を豪奢に飾っても、悪評をぬぐうことはできません。ケチと評されないために分配の量は増え、富はさらに首長家に集中していくことになります。反対に、庶民と同じ格好や生活状態をして、十分な富を末端まで分配できない首長であれば、それはそれでまったく尊敬されず、かえって国の恥さらしと思われかねません。上手に分配し、人々を幸福に導くことが首長の仕事なのです。

分配の割合を左右するのは、アラブ社会ではまず血統です。あとは縁戚・部族であること、友人関係、幼馴染の関係など近しい場所にいること。首長家の人間にコンタクトできるかどうかで、人生がどれほど（経済的にも機会でも）楽になるかの予測もつきます。市民の関心事は自分が社会的あるいは個人的に、部族集団のどこに存在しているかで、その位置によって分配される量が変わってきます。そのため卑屈な態度になったり（嫌な仕事でも首長家のそばにいるために引き受ける）、無理をしたり（首長家の子が通う高額な学校に自分の子も通わせる）、人生の節目ごとに友人関係を修正する人もいます。

分配の構図に学歴が大きく関わることはありません。それほどアラブは血統がモノをいう社会で、教育程度や仕事の能力も「血統」に上乗せされて初めて到達しえる場合がほとんどなのです。血統とは、砂漠で遊牧をしていた頃にどの部族集団に属していたかが大きな決め手です。

それでは血統を持たず、命を削るように努力した人間が得るものは何でしょうか。毎日毎日掘り続け、日によって生産量がわずかに違うだけで億単位の収入が増えたり減ったりする産油国で、湯水のように湧き出るその莫大な収入は、いったい誰に分配されるべきだと人々は考えるでしょう。

そこに彗星のように存在するのが高校卒業成績です。卒業試験は慎重にも慎重を期して、厳しい採点で進められると書きました。どんな血統も関係ないし、金持ちだからと機会を創り出せるものでもない。つまりアラブでは世にも稀な、「本人の努力だけで勝ち取る」栄誉といえます。その栄誉ある学生たちに、国家収入の一部を分配することは当然で、その権利があると人々は納得しています。羨望や策略や恨み妬みをすべて超越して、純粋に誰もが尊敬する結果であり、そこには当然、分配されるべき栄誉（金銭）があると考えています。

思い出せば、長男の卒業年度の祝賀会に招待されていたのは、公立校文系の首席をとった無国籍(22)の少女でした。彼女はインタビューで願いを聞かれて、「大学に行かせて欲しい」と答えています。(23)長女や次男の祝賀会にも無国籍の学生は数人含まれ、自力で栄誉と祝い金を手にしていました。(24)血統、国籍、貧富の差による区別がなく、無国籍という永遠に不利な立場の人間も含めて招待し、同じだけの祝い金（国家収入からの分配）を与える――首長はやはり懐が深いと人々が評価する毎年の機会ともなるわけです。

## トンデモ三男

さて、高三の卒業試験を一ヶ月以内に控えた三男は、今アメリカにいます。高校生の科学技術（サイエンス）発明展（フェア）が米国のロスアンジェルスで開かれていて、学生オブザーバーとして参加したからです。

もともと三男の趣味は機械いじりで、小さい頃から実験や改造を繰り返し、それが高じて二年続けてサイエンスフェアに作品を出展してきました。そんなことにのめり込むせいで、成績は下がりぎみです。二学期の成績をいつまでも持ち帰らないので、何かあるなと予想していたら、成績はちっとも誇れるものではありませんでした。得意の物理は十点くらい減点され（やっぱり病欠にすればよかったと本人は怒っていた）、高をくくっていた英語でも減点です。ひとつの試験で十点も下がれば、平均点もごっそり下がるので、成績表など見たくはなかったのでしょう。

それを机の上に放り出してフテ寝していたところに、教育省から米国のサイエンスフェア世界大会へ招待される話が転がり込み、ベッドから躍り出てきました。

「やったー！　ロスアンジェルスだー！」

出発前日の父兄会では、先生方にこぞって止められました。

「卒業試験まであと四週間なのに、一週間もアメリカに行くなんてバカな真似は止めた方がいい。そんなことをしたらレースから外れるぞ」

「サイエンスフェアに行って何の得があるんだ。自分のためになんかならないぞ。高得点をとるのは努力しかないんだから」

けれど息子は聞く耳を持ちません。

「世界中の高校生の発明を見られるのに、得しないわけがないじゃないか。ロスにはディズニーランドもあるし、マジックマウンテンだってあるんだぜ。学校にいて得をするのはたかが一点か二点だ」

こんな成績では全国で上位に入れるとは思っていないのでしょう。次男の時代に九八点以上が一八〇人もいたなら当然です。それならロスに行って好きなことをした方が、自分にとっては栄誉の分配が多いと考えたに違いありません。なにしろ三男は、努力と報酬を計りにかけることでは天才的な勘があるのです。

「卒業試験なんか糞くらえだっ！」

兄姉から大きなプレッシャーを背負わされた三男の減らず口に、それでも私は思わず笑いが込み上げてきました。

人生はそれぞれ違います。三男には三男の人生を神様が用意しているはずで、それはきっとこのレースで栄誉を取ることとは違うのかもしれません。米国から戻ってきたら最終試験は目の前です。あと一ヶ月のレースをどうやって駆けるのか——。しかし、あの利かん気があれば人生はどこかで開けるはずだから、心配する必要はないでしょう。

空っぽの三男の部屋をのぞいて、「そうそう、その意気。人生はそうでなきゃ」と私は考えていました。

（二〇一四年五月）

註

1. 速読ならぬ速聴で、断片的に聞いて全体を繋ぎ合わせる能力があった。
2. 世界的に有名な石ノ森章太郎の漫画『サイボーグ009』に出てくる異能の赤ん坊。
3. 女子の小中学校はあったが、高校は七〇年代初頭では主要首長国のみ存在。
4. 他の公立男子校はカンドゥーラにサンダルが制服である。
5. 当時のレートで高校生の月給は約一万五千円くらい。
6. 家に男手がなければすぐに大黒柱として働き始めたし、そもそも健康体でないと通学は困難だった。
7. 伝えないと多くが海外へ避暑に出てしまう。
8. 百万ディラハム。現在の換金レートなら約三百八十万円。
9. 白い三角形の布を頭に巻く男性の軽装。
10. 二重にした黒い紐を三角形の布の上から頭にはめる成人男性の正装。
11. 天然資源収入などの非稼得性(つまり原油をただ売ること)から国家に直接的に利益が入り、それに依存する国の総称。
12. 公立高校は私立校よりもずっと成績が高く、理系コースは最も難しい。
13. 大臣は女性なので、夜に私たちを訪ねることができた。夫は大臣が出て行くまで家には戻らなかった。
14. ヘンナ草の抽出液で手足に模様を描く。二週間ほどで消える。結婚式や祝いの席には欠かせない女性の身だしなみ。
15. 校長も一市民だから叶えてあげられることは限られている。本来なら財源を持つ首長家が主導するもの。
16. 学校に通わず家で勉強し卒業試験だけ受けた人。
17. 国土の八五%を占め、ほぼすべての原油を採掘しているアブダビは、他首長国とは比較にならないほど財源がある。その財源を元に教育も独自路線を進める。

18. 宴席の主役は誰かでビシトを着る人間や人数が決まる。
19. 以前は冷房施設も通学バスもないので就学期間が短く、五月に学校が終わっていた。
20. 当時は男性のみ。女子高生はまだ親の同伴なしに海外旅行など有り得なかった。
21. 百五十年間UAEを保護国下に置いていた英国は、統治民に教育を一切与えず新聞や書物を持ち込まない、愚民政策を執っていた。知識を与えないことで人権や抗議という概念を育てず、愚民のまま楽に統治していくのが英国のやり方である。
22. 貧しい近隣諸国から船で違法に流入してくる移民の子孫。かつては学校に就学できなかったが、放っておくと無法地帯になるので就学だけは認めている。
23. 無国籍の入学枠は狭いうえに自費で通わなければならない。
24. 祝賀会と下賜金は九年間続いた。現在はやっていない。

# オタク生徒の夢ひらく

## 研修旅行

二〇一七年六月、二五名の日本語学習者を引率して「日本研修旅行」に行きました。私の主宰する日本UAE文化センターの二回目の研修旅行です。期間は十日間で、関西から関東の諸都市をめぐりました。

研修の目的は、日本が大好きで日本文化に触れたいと心の底から思っている生徒たちに、実際に日本を見聞してもらうことです。資金も有給休暇もあり情報網が発達しているから自分たちで勝手に旅行したらいいと思うかもしれませんが、実際はそう簡単にはいきません。特に湾岸中東女性が個人旅行できる機会は限られています。安全が保障された目的地に加え、行くための正しい手段を

日本研修旅行で裏千家にて茶道体験。(2015年)

整えなければなりません。正しいというのは、信頼できる団体が主催し、無理のないスケジュールで、ムスリムの生活習慣から外れない計画をたてること、これに尽きます。具体的に説明すると、ハラール食を出すレストランで食事をとり、男女が離れてバスに乗り、監督者（私たち日本語教師）の下に無難な旅程をこなすことです。監督者はＵＡＥの習慣を理解している人間でなければなりません。旅行会社が企画したお得な、あるいは豪勢な旅行計画ではそうした点がカバーされないので、慎重な人は参加しません。文化センターはその点を周到に準備しました。

旅行計画は年明けに始まりました。第一回目の旅行（二〇一五年）は十ヶ月も前から計画したことを考えると、大進歩です。アラブ人は近未来の予定しか立てないので、あまり先に計画するのは無意味です。二月末にあった説明会に来たのは約四十名でした。旅行する本人が成人にも関わらず、親御さんまで四名来ました。二月に旅行案内を出して六月に行くのですから、あっという間でした。

## 立案

企画するとき最も悩んだのは日程です。日本語学習者は半数以上が勤労者で、祭日と合わせて休暇を上手にとる必要があります。いかに有給休暇が年間三十五日前後あろうと、アラブ人は家族旅行を優先し、個人旅行に割ける休暇は二の次ですから、日程は大事な要素でした。三つの候補は、イード・アルフィトルの祭日(1)で六月末から七月、イード・アルアドハーの祭日(2)で八月末から九月、そして建国記念日の週で十一月末から十二月です。

次に考慮すべきは気候です。ＵＡＥ人は暑さには慣れていると思うでしょうが、湿気は別。七月に行った研修旅行はさんざんでした。五〇度の灼熱の国から来たくせに、三九度の気温と湿気で参ってしまったのです。よって真夏は避けようと考えました。

反対に寒さ。ＵＡＥ人は寒さに対する備えや生活習慣がまったくありません。手を洗ってもハンカチで拭かないし、トイレで紙を使う習慣はないし、シャワーを浴びても髪を乾かしません。あっという間に乾くからです。そんな人たちが極寒の日本へ行ったら一発で風邪をひきます。旅先の病気は大変だから、夏に行く方がいいに決まっています。

六月末から七月初めは梅雨の最中です。スタッフ会議では、「雨に憧れるといっても、毎日じゃ嫌になるでしょう」と言う人あり、「雨が降れば大喜びするだけでしょう」と言う人ありで、結局は、雨や台風の到来は天にお任せということになりました。

三つの候補のうち一番休みが取りやすいのは、六月末だと生徒たちは言いました。九月初頭は外国人が大勢戻ってくる時期で飛行機の切符が取れないし、十二月は遠過ぎる。夏の予定もわからないうちに冬の予定は立てられないと言われました。また外国人生徒はクリスマス休暇で自国に戻るので、その直前に自分のために大金は使えないという意見でした。(3)

アラブ人にとって四ヶ月先は「見通しができる時間」の範疇に入るので、六月にしました。働いて溜まる給与が概算できるし、断食月は喜捨以外に大きなお金が動きません。断食で一新した自分にご褒美の旅行と思うこともできます。好条件が揃っているではないですか。一年くらいのスパンで先々まで計画する日本人からしたら、数ヶ月しか先が見えないアラブ人の心理はわからないでしょうが、そんなものです。

イスラームの年間行事はヒジュラ暦に沿っています。ヒジュラ暦とは、イスラーム諸国が採用する太陰暦で、月の満ち欠けの周期を基にしています。新しい月の始まりは、夜空に新月を観測できたかどうかで判断します。観測できれば始まり、観測できなければ一日遅らせます。私がいくら旅程をイード祭に合わせたくても、正確な日付は月を観測するまでは世界中の誰にもわかりません。結局、さまざまな資料を調べて、UAEのイード祭は六月二十五日か二十六日に始まる可能性が高いと判断しました。

イード祭はムスリムの大切な行事です。朝から親戚一同に挨拶をし、苦しい断食(ラマダーン)を通して人生を修正したことを祝います。子どもたちは新調した服を着て、断食の経過を祖父母に報告し、ご褒美(お年玉)をもらいます。だから出発日はイード祭の二日目以降に決めました。帰国日が週末になるように合わせ、逆算して、ようやく出発日が決まったのでした。

## 日本に到着

六月、関西空港に降り立った生徒たちは、長い飛行の疲れも見せずに興奮していました。ついに憧れの日本に来たのに疲れてはいられないとばかりに、寝不足で血走った眼をきらきらと輝かせていました。空港で全員が携帯電話のシムカードを買い、相互に連絡がとれるようにしました。

そのときパキスタン人の親子（生徒である息子が母親を連れてきた）が買ったものは、傘でした。それも折り畳みではなく長く大きい傘で、自慢するように手に持って空港を歩き出しました。

「先生、見てください。私は傘を買いました」

「まぁ、まだ雨も降っていないのに？」

「先生はきっと雨が降ると言いました」

一年くらい私のセンターで勉強した人は、この程度の日本語を話します。文章（センテンス）は単純で、主語を毎回繰り返します。私の返事はこんな感じです。

「はい、言いました。なぜなら梅雨の季節だからです。でも本当に雨が降るかは、私にはわかりません」

「先生」と青年は眉をひそめて言いました。「私は雨を待っています。とても待っています。明日はきっと雨が降りますね」

予報はなんだったかなと考えながら、私は大真面目に頷きました。

「そうかもしれません。そう願いましょう。インシャッラーですね」

雨の降らない国の住民にとって、最も見たいもの、体験したいものの最初に来るのが雨です。

実はその頃九州では豪雨が続き、私たちが広島へ向かう予定日には、広島にも大雨警報が出ていました。おかしなことに、私たち教師や旅行会社は雨が降ることを心配していたのに、生徒たちは雨が降らないことを心配していたのでした。

## ケーホーの広島へ

滞在三日目は広島原爆記念館と宮島を訪れる予定でした。

その朝のニュースでは、九州地方の豪雨で三二万人が避難したと言っていました。台風の勢いは収まらず、広島も暴風域にかぶっていて、宮島へ行くフェリーが出るかは怪しいものでした。そこで朝ロビーに集合したとき生徒に伝えました。

「広島へは行けても、宮島へ行けるかどうかはわかりません。お天気次第です」

雨という言葉を聞いたとたん、生徒は興奮して「おぉ～」という声を挙げました。部屋まで戻って傘を取ってきたり、ホテルから借りたりしています。

しかし新幹線に乗って二時間後に着いてみたら、広島はカンカン照りでした。生徒はすっかり拍子抜けです。バスで原爆記念館へ行き、神妙な気持ちで見学してからフェリー乗り場へと向かいました。その途中、山の向こうの空は灰色を超えて真っ黒で、厚い雲が幾重にも覆っていました。バスの窓から見るハイウェイの電光掲示板には、四文字の漢字が激しく点滅しています。「大雨警報」「厳戒注意」

広島原爆記念館にて。(2017年)

それを見ておもむろにバスのマイクを握り、私は言いました。

「皆さん、これから広島に大雨が来るそうです。大雨警報が出ています。九州という隣の島では、すでに猛烈な雨が降っています。三二万人がシェルターに避難しているのです。亡くなった人もいます。雨はとても怖いものです。フェリー乗り場に着いたとき、雨が降って船が出ないかもしれません。その場合は理解してくださいね」

「おぉおおおぉぉ〜〜」という歓声が上がりました。大雨だって、台風だって、すごいねぇ、船が出ないだって、僕は傘持ってきた、私は昨日折り畳み傘を買った、でも開き方がわからない、日本の傘は小さいよね、日本人サイズに作られているよね、傘って頭が濡れないだけで足元は濡れるよね、足はどうやって濡れないようにするんだろう、早く傘を使ってみたいねぇ、云々。

ツアーガイドさんは私に耳打ちして、

「残念なことになりましたね。船が出ない可能性が高いです。だってあの黒雲じゃあ、あちらはひどく降っているでしょう。どうなさいますか」

同様に運転手さんも「これはわからんですね。あっちは酷そうだな」

テレビで九州の映像を見たなら、危険を冒さない方がいいと感じるのは当たり前です。桟橋から見る海はさぞ荒波だろうと心配するのは、しかし日本人だけなのでした。オタク生徒を乗せたバスの中は、「雷雨に向かって走る」という危機的状況が、まるで苦境に挑むスーパーヒーローになったような異様な興奮を巻き起こしていたのでした。

結局、雨雲は私たちの移動する空には近づかず、桟橋についたら船は無事に出航しました。その時の生徒たちの反応はこうです。

「先生は字を読み間違えました。オーアメケーホーではありませんでした」

うむむ、こちらは返す言葉がありません。実際は広島の一部地域で嵐が吹き荒れ、土砂崩れさえ起きていたのですが、生徒が目にしなかったのだから仕方ない。生徒にしてみれば、先生が間違ったかと疑うほど残念だったのでしょう。

## 私のシンガー

翌日、大阪の夜道を歩きながらホテルに戻っていたときのことです。私のセンターに何年も通っているOさんが声をかけてきました。Oさんは五十歳すぎの退役軍人です。こつこつ日本語を独学し、私のセンターに来たときはすぐに中級クラスに入りました。ドラえもんが大好きで、各キャラクターに洞察が深く、二年前に研修旅行に参加したときも、いかにドラえもんが一九七〇年にはおもしろくてキャラクターが生き生きしており、二〇〇〇年以降では平凡でつまらなくなったか、日本のビデオ屋の店員に大演説をぶった人です。びっくりした若い店員は、「どちらの国の方ですか。驚くっていうか俺、こんな外国の方にドラえもん解説されてぇ、なんか感動しちゃいますよぉ」とカウンターから出てきて握手を求めたほどでした。

そのＯさんが、夜の大阪の路上で大事な秘密を分け与えるように、私にそっとスマホを見せました。

「先生、これは私の大切なシンガーです。知っていますか」

画面には、花模様の着物でマイクを握る若い女性歌手が写っていました。

「知りません。誰ですか」

富士山を見せられて何かわからなかった日本人を見るように、彼は純粋に驚きました。

「先生は知りませんか。彼女の名前はＳです。スバラシイ声を持っています」

知らなくてごめんなさい、と思わず口から出るところでした。

「歌詞は何もわかりませんが、聴いていると胸がジーンとして涙が出るのです」

そう言う彼の目はもうすでにパチパチしていました。

「この辺で逢えないでしょうか。大阪で」

えっと驚きながら、この研修旅行が魔法のようにすべての夢を叶えると期待している生徒の気持ちを考えます。彼はＵＡＥでは非常に現実的で自立した退役軍人です。しかしその彼でさえ、この旅行のもたらす無尽蔵な夢の可能性を否定しないのでした。

「逢えるかもしれませんよ。もしかしたらね」

私の返事にニコニコしながら彼は「インシャッラー」と続けました。

「そうだ。この人のお父さんもユーメイなシンガーです。先生はきっと知っています。絶対に知っています」

そして今度はスマホから音楽を出してくれました。

「でれびもねー、らじおもねー、じどうしゃそれほどはしってねー、びあのもねー、ばーもねー」

リズム感にあふれた曲が流れて古い記憶をくすぐりました。

「あ、もしかして」

スマホの中で飛んだり跳ねたりしている演歌歌手は大御所です。

「あなた、何でもよく知っているのねぇ」と私が感心して言うと、

「よし行くぞーって名前ですか」

キョトンとするOさんに、私は大声で笑いました。

「名前です。景気のいい名前です」

「ケイキ？　ケーキですか」

「いや、景気です。調子といってもいい」

「チョーシ？　チョーシキ（常識）ですね。はい、わかりました」

何がわかったのかわからないまま、彼は深く頷いて、

「今日、私はシンガーに逢えるかもしれません」と前を見つめました。

「そうですね」と私も調子を合わせて言いました。

「神様が采配してくれるかもしれませんよ」

## この人はステキです

研修旅行で関西を案内してくれたのは、私の学生時代の友人です。明るく朗らかで、昔から多くの友人がいる楽しい人でした。関西空港で外資系航空会社の日本支社長を勤めるバリバリのキャリアウーマンなのに、私服を着るとちっともそうは見えない。その彼女が、大阪城の天守閣で私の袖を引っ張りました。

「ねぇねぇ、なおこちゃんの生徒さんっておもろい人ばっかりやねぇ。みんな、めちゃめちゃオタクやないの。アラブにもオタクがいるなんて、ほんま驚いた」と耳打ちします。

「あの赤い服の女の人、旅行仲間の誰ともしゃべらない静かなぁな人なのに、さっき突然、私の隣に来てな、ブロマイド見せて、あなたはこの人が好きですかって訊くねん」

赤い服を着ているのは、寡黙なUAE女性のAさんです。彼女は日本語教室以外では家からほとんど出ない生活を送り、三十歳を過ぎたあとは大学にも仕事にも通っていません。日本に来るなど夢の話だったのでしょうが、偶然に従妹も私のセンターで学び始め、双方の親を説得して、一緒ならばとやっと許可されました。彼女は旅行中も従妹以外とはめったに口をきかず、私やもう一人の日本語教師の後を黙って歩くばかりでした。その彼女が陽気な案内人に何を話しかけたのか。

「いったい誰だったの?」と訊く私に、友人は大真面目な顔で言いました。

「歌手やアイドルなんかとは違うで。白黒写真のごっつい顔で、よう見んと誰だかわからへんかった」

「だれだれ？」興味津々の私に彼女は耳打ちしました。

「あの顔は、たしかに明治天皇やった」

一瞬の間、私たちは見つめ合い、吹き出しました。ひとしきり笑ってから、

「好きか嫌いか訊かれてもねぇ。今の日本人には答えられへんよね。好きでもないし嫌いでもないやん。困ってな、顔はどっちかていうと好みでないと言うといた。そしたら、その日本語がわかりませんときた」

「そりゃそうだ。もう少し簡単な日本語でないと、私の生徒はわからないよ」

「だから、あまり好きではありませんて言い直したら、変な顔して、私はハンサムだと思います、この人はステキですやて。なおこちゃん、ちゃんと日本語を教えているんやね」

「当たり前だよ」

彼女はそれからクスクス笑い出しました。

「そしたら次はマサコさんのブロマイドを出してな、この人は美人かて」

「マサコさんって、あの雅子様？」

「そうそう。答えようがないから美人や言うといた。我らがプリンセスやからね。普段は愛国心なんてないんやけど、いきなり湧くもんやな〜。それにしても不思議なことを訊く人たちやね。今日び天皇家のブロマイドを持っている日本人なんていないで。それを外国人が持っているんやからね

え。ほんま、目からウロコって感じ」

## ブルーハワイとは

家族五人で参加してくれたのは、Bさん一家です。三姉妹と従妹、それを引率するマハラム(4)の男性一名。みんな百キロ級の体重です。「私たちは身体が大きいので、ビジネスクラスで行きます」と、自分たちだけ別の航空会社からチケットを買って参加しました。

旅行前の説明会で「たくさん歩きますよ」と脅してきたので、彼女らはちゃんと運動靴(ウォーキングシューズ)を用意していました。靴だけでなく、富士山用の登山シューズも、氷穴用のダウンジャケットも、毛糸の帽子も手袋も、いったいどんな荷物で来たのかと思うくらい何でも持っていました。

旅行初日から歩いた距離と歩数をスマホで記録に残し、「先生、今日私たちは一万歩も歩きました！」と嬉しそうに、水戸黄門の印籠のごとくスマホを見せる仕草は、まったくマンガから登場したキャラクターそのものでした。そして彼女らはいっさい迷いもせずに、どこでもかしこでもアイスクリームを買うのでした。それこそ町角を曲がるたびにアイスを食べていたようなものです。

「先生、ブルーハワイとはどんな味ですか」と最初の店で訊かれました。

う〜む、そう訊かれても考えたことがありませんでした。ブルーハワイはブルーハワイです。色でしか判断できないので、「わかりません」と正直に言いました。

「昔からブルーハワイの味は何だか知らないのです。知っているのは色だけ。食べてみて何味なのか、あなたたちが教えてください」

「わかりました」と重要課題を与えられた生徒のように、彼女らは頷きました。

この四女性はがしがしとアイスクリームを食べ、「これはラムネ味だ」、「いや、7Ｕｐ（透明な炭酸飲料）に着色したのだ」、「青りんご味だ」と揉めて結局答えが出ず、毎回必ず一致した回答は「次の店でもう一度食べてみよう」というものでした。

しかし次々と現れる新しい味に、ブルーハワイはあっという間に「こんな味」と片付けられてしまいました。京都では「マスクメロン味」に溺れ、「こんな素晴らしいアイスは世界にありません！」と大感激していたと思ったら、広島では「塩アイス」を見つけ、「世にも不思議なアイス。塩味でありながら甘くておいしい！」とさっそくインスタグラムに載せ、富士山では「ハニー味」なのに甘くないと訝しがり、日光では「サクランボ味」に魅せられておかわりをしていました。この旅行で痩せると期待していたものの、日本のアイスクリームの魅力には勝てず、歩いて消化したカロリーの倍も摂取するアイス三昧の日々でした。

## ミッション

それだけではありません。彼女らは関西でも有名なチーズケーキ屋に行きたがり、大阪に着く前から「先生、私はあの店に行かなければなりません」と真剣な顔で私に迫りました。「絶対に行かなければなりません。この店に寄ることが私の使命（ミッション）なのです」

何からの使命なのと訊き返しそうになり、ぐっと呑み込みました。

「そうですか」と頷いて、さっそくガイドさんに店を検索してもらいました。すると、新大阪駅構内に出店がありました。ガイドさんは、

「新幹線が新大阪駅についてからケーキ屋が閉まるまでは、わずか二十分です。結構難しいですよね」と囁きます。

それでも店に連れて行かないよりは、行って諦めてもらった方が簡単です。新幹線の中でケーキ屋に行きたい人数を訊いたら、八名が名乗り出ました。

「皆さん、新幹線から降りたらしっかり早く歩かないと間に合いません。いつものように物珍しく、あちこち覗いてぶらぶら歩いたら使命はこなせませんよ。どうしますか」

彼女らは胸に手を当てて誓いました。

「大丈夫です」

「任せてください」

「なんて言うんだっけ、こういう時。ガッテンショーチ?」

「受け、玉、割りました、だよ」

またワイワイガヤガヤと続きます。

「それではガイドさんについて速やかに歩いてくださいね。私たちは交番前で待っていますから」

「はーい」

ホームから飛ぶように去っていった集団を見送り、私たちは交番周辺で待っていました。待ち合わせ場所へ戻ってきたガイドさんは、汗をふきふき言いました。

「我ながら驚きました。皆さん合わせて一つか二つ買うのかと思ったら、ひとり一個ずつ丸ケーキを買うんですね。一人の女性なんか三つも買いました。アラブでは普通なんでしょうか。それって一人一個ずつ食べるということですか。直径二〇センチもある丸ケーキなんですけどね。あまりに注文数が多いので、店の閉まる時間までに全員のケーキが焼き上がるかドキドキしてしまいました」

生徒たちはケーキ箱をぶら下げて、嬉しそうに駅の構内を歩いてきます。帰り道でもカウンターに並ぶ見本品を楽しそうに食べ、多くの生徒が私の横に並んでは、

「先生、私はとてもシアワセです」と囁いてきました。

## 語学の魅力

UAE人が日本語を学ぶ理由は、ほぼ純粋に「趣味の領域」です。日本のアニメが好きだから、それと一緒に育ったから、Jポップの歌手が好きだから、来年家族で日本へ旅行するから。そういった理由が大多数で、伝統文化の茶道や華道、武道などを理由に挙げる人はわずかです。もちろんアニメやオタク文化の根底にも、日本の文化・歴史・社会全体への憧憬や尊敬があるのですが、今やその源泉はポップカルチャーといっても過言ではありません。

ＵＡＥでは日本語ができるからと就職に役立つことはありません。ビジネス人脈が広がるわけでもないし、ましてや邦人企業に勤めたい、日本へ出稼ぎに出たいと思う人はいません。現在のＵＡＥでは、どこに勤めても大卒の初任給が一万六千ディラハム（約五十万円）以上ですから、わざわざ日系企業を選ぶ人はいないのです。

ＵＡＥ社会では日本語を使う機会はありません。中東アフリカ地域で最大の日本人社会があっても、会員はわずか三千人。そのほとんどが邦人企業に勤める単身赴任です。駐在員は少人数で労働をこなすため勤務時間が長く、地域社会と交流する人はあまりいません。家族同伴なら、受験を見据えて子供たちは週末も塾や習い事で忙しい。そのため日本語学習者がＵＡＥ社会で日本人と出会い、会話する機会など皆目ないのでした。

一方、在ＵＡＥの韓国人人口はすでに一万七千人。教育、医療、エンタメ企業で多くの人が働いています。公立病院には韓国人の医者がいるし、国立大学の教授もいます。多くが家族同伴で、ゴルフ場には韓国人子弟があふれています。中国ともなれば、十年前からドバイに十万人都市をつくる計画が開始され、単純労働者から上層階級まで、若年層から年寄りまで何万人もいます。二〇一七年から公立高校では中国語を教え始め、中国人教師が全首長国に大勢やって来ました。そのため、韓国語や中国語を学ぶ人口は飛躍的に増えました(5)。

ドバイなら世界有数の観光地として、日本語のニーズだってあるはずだと思うでしょう。しかし観光業界にＵＡＥ人はあまりいません。もともと砂漠民には旅人を歓待する「おもてなしの心」があり、自国を紹介する行為はその一部で、生きる糧と考える人はいないのです。エジプトやトルコなど所得の低い国では、日本語能力はガイドやコーディネーター、お土産屋などの就職に役立ちます。日本人客が落としてくれる観光費を、日本語という特殊能力が約束するのは当然です。しかしUAE国内で観光客と直接交わる職種、客寄せのためにUAE人の格好をしているガイドやドライバーなどは外国人で、UAE国民はいないのでした。

日本語を使わない、日本人と交わらない、仕事にも学業にも関係ない、収入にもつながらないなら、なにゆえ日本語を学ぶのか。答えを導こうとすれば、純粋に趣味、自分の心を満たす要素でしかないことに気づきます。

私の主宰する日本語学校の登録用紙には、「なぜ日本語を学びたいか」を書き込む欄があります。十年前から同じことを書いてもらっていますが、その欄は年々手狭になり、生徒はいかに自分がアニメと共に育ってきたか、マンガのキャラクターを愛しているか、熱い思いを書いてくれます。そして周りにそういう人はたくさんいるけれど、自分はそこから一歩抜きん出て、ちゃんと文化と向き合いたい、だから日本語を勉強するという意気込みが感じられます。

最近はようやくクールジャパンと相まって市民権を得てきたオタク文化ですが、日本語の「お宅」にはネガティブな響きが残ります。趣味人ではあっても自分をオタクと呼ぶ人はいません。しかし海外で「オタク」とは、〝根っから明るい、(マンガやアニメを主とした)自分の趣味をとことん追求する人〟と同義語です。忍者、寿司、交番、絵文字、盆栽、芸者など、他言語に簡易に翻訳することができない言葉、異国の文化に同じものが存在しない固有の言葉は、海外でも日本語のまま使われます。オタクはすでにそうした特異な世界言語となっています。

生徒たちは自分がオタクであることを全く隠そうとはしません。年齢はほぼ二十代から四十代まで、立派な学位と職を持ち、少なくない収入があり、社会で活躍している彼らが夢中になってマンガ・アニメの話をするのに、当初は随分驚きました。彼らの学習ノートの端には、きれいなマンガがたくさん描かれています。授業中にそれらを見せ合ったり、新しくインターネットに出回ったアニメの情報を共有したり、コスプレ大会で着た衣装のデザインを自慢したり、まったく屈託がありません。彼らが貴重な週末を日本語講習のために使うのは、大いなる理由(モチベーション)があります。自分の好きなことを学ぶ喜び、趣味を共有する友を見つける喜びです。国籍、年齢、職業も別々で初めは馴染みにくい生徒たちも、ひとたび仲良くなると、情報を共有する楽しい仲間になります。彼らの情報収集能力はめざましく、私が聞いたこともないポップカルチャーの中身をよく知っています。オタク文化はネットの普及、グローバル化によって世界中で多くの若者を魅了し、着実に拡がっている新興文化なのです。

## 好きでいいじゃない

この旅行中、私が身に染みて感じたのは、「いいじゃないの」という気持ちでした。「好き」を追求していいじゃない。誰に何を言われるまでもない。演歌歌手の歌に涙を流したっていい。アイスを五〇個食べたっていい。丸ケーキにかぶりついたっていい。竹下通りで大きな花模様のついた帽子を買ってもいい。武士のコスプレを着て刀を振りかざし写真に収まるのもいい。何に使うのかわからない木刀を何本も買ったり、用途もない傘を買ってもいい。自分の「好き」を追求し、それを素直に表現し、友と共有し満足し、ここにおいて日本語学習への熱意を具現するのにどんな障害があるものかという気持ちでした。

彼らはUAE社会では、部族の名誉を重んじる自己自律の厳しい世界に住んでいます。女性なら身元保証人の保護下に収まり、男性なら女性家族の安全を守る責任を負い、伝統衣装を着て、社会規範を逸脱せず、神の定めた宗教行事を守りながら、首長の率いる部族社会の下に生きています。

オタク文化はその世界から精神的に飛躍(ワープ)する夢を与えてくれます。勘違いしないでほしいのですが、彼らは窮屈な社会を嫌い、別の自由な生活をしたいと思っているわけでは決してありません。世界の若者が誰でも夢見る「今と違う場所へワープしたい」、「幼い頃見たマンガの世界へ行ってみたい」、それだけです。

こうして六月末の暑い日本で、その夢を胸いっぱいに抱えた中東からのオタク生徒が、シアワセのシグナルを身体中から発しながら、日本の街のあちこちを歩いていたのでした。

（二〇一七年九月）

註

1. 断食月直後にある三日間の祝日。
2. 断食月の一ヶ月半後にある三日間の犠牲祭。
3. 自国に送金する欧米人、クリスチャンは大勢いる。
4. 結婚できない関係の男性親族が旅行に同行し、女性の身元を保証する役目を担う。
5. 二〇一九年から日本語もいくつかの公立高校で教えられている。

# 第3章 異文化を生きる

バルジールと呼ばれる送風窓。内部は対角に布が張られ、どの方角から吹いても風が下の部屋に送られる。

# ホテルでのつぶやき

インテル科学技術競技会　アラブ大会の歓迎会で。（2012年）

## 競技会に参加

先月、結構な怒りをふつふつと腹に秘めながら、私はドバイのホテルに泊まっていました。それにはこんな理由があるのです。

ＵＡＥの学校システムが三学期制になったために、クリスマス前に冬期休暇が始まりました。これから涼しくなる一番いい季節なのに、「私立校と公立校の休みが合わないと家族生活に支障をきたす」というよくわからない理由で、新しい教育大臣が三学期制を導入しました。二年前までは他のアラブ諸国と同様に、公立校は二学期制でした。九月から一月前半までが前期、三週間の休みがあり、二月から六月前半までが後期。ところが現在は、私立校と同じに九月から十二月までが一学期、一月から三月までが二学期、四月から六月までが三学期となりました。この灼熱の気候で六月末まで通学するのは大変ですが、何のことはない、人口の九割を占める外国人の要望で休暇を合わせたのです。けれども私が怒っているのは、自分ではどうにもならないそんな行政上の理由からではありません。

十二月の期末試験が終わる前日、次女の理科教師から電話がありました。

「娘さんのプロジェクトが出展作品に選ばれたので、日曜日から競技会[1]に参加します」

その日は水曜日で、わずか四日後のことでした。

翌日、学期末試験が終わると、子どもたちはバスに乗ってそのままドバイの説明会に向かいました。ＵＡＥ代表として選ばれた十四人の中高校生の中には、ウンムアルクエインの中学代表で出場する次女と、ラッセルハイマの高校代表で出場する三男が入っていました。

午後遅くに帰宅した二人は、連日の徹夜のせいで、すぐに眠ってしまいました。私は説明会について何も知らされないままです。

金曜日、ふやけた頭を揺さぶり、

「いったい何の競技会で、誰と、いつ、どこに行くの」と子どもたちに訊いたら、やっと全容が見えてきました。

インテルという情報系の世界的大企業が、毎年、科学技術競技会（サイエンスフェア）を開いて世界の少年少女の創意工夫・発明を競っています。そのアラブ大会がドバイで開かれるというのです。(2) ここで選ばれた作品は、米国での世界大会に出場します。そんなちゃんとした競技会なのに、四日前まで何も知らされなかったところが腹立たしい。おそらく現場の教師たちも直前に知ったのでしょう。教育庁はいつでも何でも決定が遅いのです。休暇中に旅行計画でも立てていたら、どうするつもりだったのでしょう。

そんなことより、娘の話をきくと驚きの事実がたくさん出てきました。

「外国から来る生徒のために、ちゃんとホテルが用意されているの。会場のすぐそばにある五つ星ホテルなのに、私たちは泊まらないんだって」

「どうして？　UAEの生徒は宿泊させないの？」

「ちがうよ。シャンマ（娘と一緒にプロジェクトを作成したクラスメート）の家族がホテルに泊まるのを許さないの」

「じゃあ、シャンマは出場しないの？」

「出場するけどホテルには泊まらないの。ドバイにある親戚の家から通うんだって。先生たちもホテルには泊まらないで、毎朝六時に車で私をドバイまで連れて行くって」

「ちゃんとした競技会のためにホテルもすべて用意されているのに、誰も泊まらないの？」

「だって、マハラムがいないからだよ」

マハラムとは女性だけで家を離れる際に同行する男性家族のことで、女性の身元を保証し保護し監督する役割を持ちます。女性が既婚者ならその夫、未婚者なら親族からその女性と結婚できない男性（父親、叔父、兄弟、甥）が選ばれます。巡礼に行くときも、旅行に行くときも、ＵＡＥ家庭はまだマハラムを立てる習慣が残っています。

しかしこれは海外旅行ではない、ただの競技会です。それも車で往復できるドバイで、五つ星ホテルで、世界企業であるインテルが主催する、アラブ世界を代表する大会です。それなのに身元の保証だの保護監督だの必要あるもんか、というのが私の感想でした。

「なんで先生は泊まらないの。監督するはずの先生が泊まらないなら、生徒だけでは泊まれないよね。常識で考えたってわかるのに、その先生が一番先に自分は泊まらないと決める権利がどこにあるの」

「知らないよ」

「シャンマの親だって、親戚の家に泊まると決める前に、何でうちに電話をくれないの」

かわいそうに娘は黙っています。答えようがないからです。いえ、理由は娘にも私にも顕かなのだけれど、私の常識に噛み合う答えが存在しないのです。

娘と同室に泊まるはずのシャンマは元々家が厳しくて、マハラムがいなければ決して外出させません。女子高生だけでホテルに泊まるなんてとんでもない。しかし二人部屋の相方が泊まらなければ、うちの娘も一人では泊まれません。でもシャンマには関係ない。それはうちの問題なのです。

それでも私はシャンマの家に電話をかけました。母親はニカーブ(3)をつけた、頭でっかちのバリバリ保守派なので、心を落ち着けて、決して怒りや不満を表わさないよう自戒しました。

ひと通りの挨拶を済ますと、さっそく切り出しました。

「シャンマがホテルに泊まらないと聞きました」

「そうです。親戚の家から通わせます」

「でもシャンマが泊まらなければ、うちの娘も一人では泊まることはできません」

「そうですね」と、母親はまったく悪びれずに言いました。「先生が毎朝車で連れて行くと言っていましたよ」

「私は先生の運転を信用しません。私自身も大混雑のドバイの道路を、毎朝二時間もかけて送る気はありません。ホテルもバスもちゃんと用意されているんだから」

「そうですね」

「うちの娘も一緒なのに、シャンマはなぜホテルに泊まらないのですか」

「先生が泊まらないからです。先生なしでは娘をホテルに泊まらせません」

「どうして先生は泊まらないんでしょう」

「知りません。そういう家庭なんでしょう」

「そうですか。でもホテルに泊まれない、車で通えないとなると、うちの娘は競技会に出られなくなります」

「わかっています。先生に電話をかけてみたらいかがですか」

さらにシャンマの母親は続けます。

「本当は休暇には旅行の予定があったのです。それを競技会に出るからと、急に学校に引き止められました。仕方なく数日遅らせて、競技会にだけは出るのです」

いかにも競技会に出ること自体、渋々承諾したという口ぶりでした。これでは取り付く島もありません。

そこで深呼吸して今度は理科教師に電話しました。私より年齢が上の理科教師は、保守的な家庭の人だとわかっています。教師はまったく臆さずに言いました。

「私はホテルには泊まりません。教育庁から他の教師と同室で泊まるよう指示されたけれど、毎日車で行くことにしました」

「でも先生が泊まらないなら生徒も泊まれませんよね。すべての用意が整っているホテルがあるのに、毎朝二時間もかけて先生がドバイに送るのですか」

「そうです。毎朝、私たちが連れて行きます」と先生は提案しました。

しかし私はニカーブをつけて田舎道しか運転したことのない女性ドライバーの腕なんか、決して信用しないのです。

「私は他人の車に娘を乗せません。ホテルに泊まれば毎朝二時間も車に乗ることもない。食事の心配もない。会場までの送迎バスもある。夜には歓迎式も観光ツアーもある。何も問題ないのですよ」

しかし先生は自分を譲らず、電話の向こうでじっと黙っています。

何より腹立たしいのは、いい歳した理科教師たちもシャンマの母親も、こちらに相談なく決めたことです。監督がいなければ生徒だけで泊まれないとわかっていながら、まず教師が一番先に泊まらないと決める権利があるでしょうか。

しかし私の怒りはまったく的を射ていません。長いアラブ生活で自分でもわかっているのです。これは相談で決める内容ではないからです。生徒Aが困るから生徒Bも譲歩し、先生も譲歩する——という条件付きの、吟味すれば左右される事案ではないのです。ホテルに泊まるか泊まらないかは〝個人の生き方の問題〟です。生き方の範疇に〝ホテルにひとりで泊まる〟という選択肢が入っていなければ、どんな条件をつけても、どれほど合理性を訴えても決断は変わらないのです。

しかたなく、私はため息を殺して言いました。

「それなら私が娘とホテルに泊まります。夫は海外出張だし、息子も同じ競技会に出るので家を空けても大丈夫ですから」

先生はその提案に飛びつきました。

「それが一番の解決方法です。一応上の人に訊いてみますが、何も問題はないはずですよ」

## 不毛な怒り

電話を切ったあと、私は自分の常識を反芻しました。いったい中学や高校の生徒が国の代表となって世界的競技会に出るためホテルに宿泊する場合、そのチームを率いる教師が同行しないものだろうか。教師の代わりに親が同行してホテルに泊まるなんて許されるものだろうか。

しかし、それが通用するのがアラブです。そもそも常識が違い、この事柄を「競技会に出場」という項目で考えては絶対に理解できません。「女性のホテル宿泊」という項目でスタートさせないと始まらないのです。出場するのが世界的な競技会であろうと、会う相手がイギリス王室であろうとアメリカ大統領であろうと関係ない。身元を保証する存在を確保してから（きちんと段取りを踏んでから）若い娘を出場させたかが一番の焦点となります。

そういえば、数年前に長女が数学オリンピックに出場するためにドイツに行ったときにも、こんなことがありました。

最初に教育省が電話してきたのは、本人（娘）ではなく父親です。数学オリンピックという名誉ある世界大会に出ることを父親が許すかどうか。娘に「あなたは国の代表に選ばれた」と告げる前に、「この生徒は海外の大会に出場できるか」をまず父親に訊くのです。これには驚きました。

その年、出場二年目だったＵＡＥは、数学オリンピックに行く準備はまったく整っていませんでした。生徒は教科書にある問題しか解いたことがないのです。前年の無残な結果が堪えたのか、出場までの週末はホテルに泊まりこんで、大学の数学教授から特訓を受けることになりました。それも含めて家族が許すかどうかの承諾が必要でした。

加えて教育省は、海外遠征だから生徒それぞれにマハラムを同行させていいと言いました。マハラムは父兄か叔父が望ましいが、いない場合は十歳を超えた弟か甥でもいいと言われました。当時十四歳と十二歳だった息子たちを見て、こんなへなちょこでも母親を差し置いてマハラムになるのかと驚いたものです。女生徒が海外に出る場合は、いかな世界大会であろうとマハラムの同行は重要課題で、その同行費まで国の予算に含まれていると知りました。

不思議なことに、私がカリカリ怒っていると、夫は不愉快そうにコメントしました。

「きみはさして重大でもないことを拡大視している。先生がホテルに泊まらないというなら、そういう人なのだろう。(4) あれこれ条件を変えて訴えたって、すでに決断は下されている。先生はその中で自分が最大限にできること――片道二時間もかけて送り迎えする――と提案しているんじゃないか。先生に対して怒ることはない」

「でも毎朝五時に起きて二時間も車に乗って大会に出るのと、すぐ横のホテルで寝起きするのと、条件がぜんぜん違うじゃない。競技会なんて万全の準備をしなければ、勝てるものも勝てないわ」

「何のことはない。きみがホテルに泊まればいいんだ。同室の子が来ないなら、母親が泊まっても支障ないだろう」

そこで私は黙って荷造りをして、ホテルに行くことになったのでした。

## マハラムの役割

夫はといえば、それでも海外出張を一日延ばして、ホテルに私と娘を送ってくれました。ホテル環境と部屋をチェックして、必要なことはすべて確認してから出張に出る。アラブの男性は大変です。私は若い頃から世界の辺境地を渡り歩いてきた冒険好きで、本当は自分で何だって出来るのです。ドバイの五つ星ホテルにチェックインするなんてお茶の子サイサイです。でも夫は必ず付いてきて準備をしてくれます。それが夫や父親としての大事な義務だと感じているからです。

さらに言えば、教育省のお膳立てを完全には信用していないのです。実際、海外の生徒が一度に押し寄せて大混雑したホテルのフロントで、名前のスペル間違いから、私たちの部屋はなかなか見つかりませんでした。エジプトやヨルダンなど男女一緒の場が多い国の教師たちは、カウンターに女性がいても平気でぐいぐい身体を入れ込ませて前列に来ます。すると、私がいくらカウンターで間違いを正していても、押されて脇に下がってしまいます。当然私たちの部屋は後回しです。遅くなればなるほど部屋の条件は悪くなり、いつまでも自分の番は回ってきません。

夫は外国人男性を最後まで突っぱねて、私たちの部屋のキーを持ってきてくれました。教育省の役員に挨拶し、娘と母が泊まることを伝えます。母が一緒に泊まることは立派な理由として通用し、役員は私を歓迎してくれました。

外国人男性はぎゅうぎゅうに詰まったエレベーターにも平気で乗り込むので、(5) ここでも負けていては永遠に乗れません。夫は盾になって私たちをエレベーターに乗せ、部屋にある電灯やテレビを確かめ、故障があればその場でフロントに連絡し、ボーイが荷物を置いて出ていくまで一緒にいました。それから部屋で少し休んで、そのまま空港へ行き海外出張へ出たのでした。

## 科学競技会の始まり

国際科学技術競技会(サイエンスフェア)は大変おもしろいものでした。三日間のイベントは十一ヶ国七十以上のチームが参加し、選考委員も含めると合計三百名ほどの参加者となりました。

一日目の朝八時、ウンムアルクエインから理科教師に連れてこられた十二年生の女生徒二人と、親戚の家から来たシャンマとロビーで落ち合って、娘はバスで会場に向かいました。

生徒たちは会場となった貿易センターで、UAE教育省の高官とインテルのアラブ地域代表から祝辞を受け、競技会のルールとガイドラインを説明されました。

各チームは幅一メートル高さ二メートルのブースを与えられ、パネルをもらって展示の準備を始めました。プリンターも紙もすべてインテルが準備して、同じ条件のもと、全員が同じ素材を使って工夫を凝らします。出展作品は台に置かれ、大きいものは床に置かれ、形のないもの（生物の研究など）は実験結果をパネルに展示します。一日目は理科教師が生徒にアドバイスできますが、どのチームも午後までに展示を完成せねばならず、翌日には展示に触ることはできません。

私といえば、子どもたちが出てしまえば用なしですから、さっそくドバイ観光に出かけました。前日から三年ぶりに雨が降って、ホテルの窓から見下ろす景色が雨に濡れています。それを見たらやおら興奮して「電車(メトロ)に乗ろう！」とホテルを飛び出しました。最寄りの駅から一番遠いショッピングセンターの駅までチケットを買いました。ジュメイラ地区なんて五年くらいはご無沙汰です。電車の先頭車両(パノラマビュー)に陣取って、雨に濡れる高層ビル群を眺めました。

車で通るだけの街を電車から眺めるのは、とても楽しいことでした。ドバイはいつ来ても新しいビルが増え、新しい道ができて活気に満ちています。砂だらけの田舎町から一時間も運転すればこんな街が展開しているなんて、本当に気持ちがいい。ドバイはＵＡＥの誇りです。おまけにメトロ！　二〇〇九年に開通するまで、どこもかしこも突貫工事で大迷惑だったけれど、卵が割れてみたらこの通り。快適で安全なメトロが私たちを運んでくれます。タイムズ・スクエアという聞いたことはあっても場所は不明だったランドマークを見つけたり、よく広告を出すガーデン専門店を見つけたり、驚いて歓んで、久しぶりにこんな解放感を味わいました。

夕方にホテルに戻ってみたら、四人の女生徒が私の部屋で寝転んでいました。出展準備に時間が足りなくて、支給された弁当をホテルに持ち帰って食べたらしい。先ほどまで理科教師も一緒にいたらしく、ゴミ箱に残骸が残っていました。

その晩からどういう風の吹きまわしか、十二年生たちも同じホテルに泊まることになりました。

急な決定で身分証明書（ＩＤ）も荷物も持ってこなかったらしく、家から着替えを届けてもらっている最中でした。

「どうやって泊まれるようになったの」と訊けば、

「あなたがいるからですよ」という返事。つまり母親代表（成人女性のマハラム）として私がいるので、教師がいなくても宿泊する許可をもらえたのです。知らぬ間に私の責任が増えましたが、それもいいでしょう。少女はともに十八歳で、ドバイなんて年に数回しか来ることはないと言います。冬休みのプレゼントだよねと笑い合いました。

しかし驚きはそこでは終わりませんでした。その晩二人分の荷物を持ってきた片方の母親が、一緒にホテルに泊まることになったのです。チェックインが一日遅れたせいでベッドが一つしかない二人部屋だというのに、十五歳になる妹もつれてきて、合計四名で寝泊りすると言います。私は呆れて物が言えませんでした。母親はエジプト人だから、無料で泊まれるなら遠慮がないのでしょう。(6) 別の部屋を取ればいいのに、女の子三人をダブルベッドに寝かせ、自分は床にカバーを敷いて寝たと聞き仰天しました。

## 歓迎会

初日の晩は、参加者に向けてドバイ観光が組み込まれており、入り江（クリーク）を走る船上レストランで夕食会でした。朝から働いた生徒たちはさぞ疲れているだろうに、バスが遅れて、夕食は夜九時に始まりました。

その日は雨後の涼しい風が海上に吹いて、気温は十三度くらいだったでしょうか。その寒さにも負けず、ショッピングモールから吹き上がる噴水や炎を遠目に眺めて、外国青年は歓声を挙げていました。アラブの若者にとって、経済的にも政治的にも安定したドバイは究極の憧れの街です。安全で秩序があり、生命の危険がなく、快適です。インフラも整い、気候に十分対応する生活環境があり、法を守る車が走っています。ドバイを見学する高校生たちの目はキラキラと輝いていました。

歓迎会は参加者たちの親睦を深める素晴らしいイベントです。しかし、シャンマは来ませんでした。本人は来たがったのに親が許さなかったからです。

その日、シャンマはホテルで遠慮がちに私に頼みました。

「私は歓迎会に行きたいのに、母がダメと言うんです。よかったら母に電話をかけて、許してくれるか訊いてくれませんか」

「いいわよ」と承諾しましたが、私にはあの母親を陥落させる方法は思いつきませんでした。

電話をすると案の定、話を予想していたらしく取り付く島のない返事でした。受話器を置き、

「残念だわね。今の電話、全部で二分くらいだった？　その間にあなたのお母さんは百回もノーって言ったわよ」

シャンマを責めても仕方ないと知りながら、まるで悪に誘う魔女を撃退するように話す母親に腹が立ちました。電話のすぐあと、シャンマの叔父が迎えに来て、彼女は帰っていきました。

## 気分転換

二日目、生徒たちは前日までに整えたブースに付け加えたり、出展作品を改造したりはできません。またこの日は理科教師や監督官（スパーバイザー）も会場に入ることは許されませんでした。

午前中、生徒たちはユネスコ親善大使となったサウジ女性科学者や、著名なアラブ発明家の講演を聴いて過ごし、その間、四名の選考委員は出展者の説明なしで、作品とパネルを採点していきました。作品はセクションごとに分けられ、テーマはエネルギー、リサイクル、バイオテクノロジー、交通運搬、社会生活向上などがあります。

昼食をはさんで選考委員たちはもう一度、今度は生徒の説明を受けながら各ブースを回りました。正装した生徒たちは五分間だけ時間を与えられ、出展作品を紹介しました。プレゼンテーションの良さも、選考委員の質問にも迷わず応えることも、採点に含まれます。

この日のうちに採点は終わり、生徒は解放されました。すでに決定した受賞作は厳しい緘口令の元に管理され、主催者は夜っぴて翌日の授賞式の準備を進めました。

この日、私はＵＡＥ人の女性監督官を連れて、創設したての「ドバイ女性博物館」を訪ねました。場所は古くからの電気街で、道は狭く店舗がごちゃごちゃと並び、荷を二メートルも積んだ台車が縦横に行き交って、大変な苦労をして博物館に着きました。

この日の収穫は、監督官と親しくなって本音が聞けたことです。

「なんだろうね、ウンムアルクエインの理科教師たちは。いい歳して、マハラムがいないからホテルに泊まれないなんて[7]。そんなのは結婚前の高校生とか、十年前の女性が言う言葉よ。あの人たちは結婚していないの」

「高校教師は結婚して子どももたくさんいるわよ。中学教師はわからない。独身かもね」と答えると、

「でもね、電話で話すと高校教師の方がうるさいのよ。マハラムは重要だとか、家族が許さないとか。生徒の親が言うならまだしも、れっきとした教師で自分がマハラムの立場になるべき人間が、頭ごなしに出来ない出来ないって。あまりの石頭にバカらしくて電話を切ったの。話が何も通じないのよ」

どうやら彼女は教師たちにホテルに泊まるよう説得したようなのです。

「こんな世界的な競技会(フェア)に出るのに、身持ちを証明できないなんてばかばかしい。朝から晩までスケジュールが詰まっていて、誰に何を訊かれても証明できることばかりなのに。要するに面倒臭いのよ。休暇中に生徒の面倒を看るのが嫌なのよ。実際、自分たちは会場にも来ないじゃない。それで結果だけ得ようとするんだから、堕落している[8]」

はぁ～、そういうことであったかと目から鱗でした。

あとから来たクウェート人の監督官も同じことを言いました。

「現在のクウェートでは、マハラムがどうのって言い逃れできる状況はありませんよ。教師なら自

分の生徒を最後まで連れて行くのが役目じゃないの。ＵＡＥはまだ女性に甘いわね。身持ちを証明できないなんて、それを証明できるよう整えるのが能力でしょ。自分がマハラムを主張したら誰も文句が言えないと勘違いしているのね」

それを聞いた私の気分は爽快でした。そう、何も私ひとりが「おかしい」と感じているわけではないのです。身持ちを証明する機会は十分にありました。世界的な競技会であること、スケジュールが決まっていること、五つ星でハラールホテル[9]であること、十ヶ国すべてから男子生徒には男性教師、女生徒には女性教師が付き添って、女性監督官だけで引率しても批判される立場にないこと。アラブ大会であるがゆえに、インテル側も開催地ドバイも、他世界の大会とはちがう相当な準備を整えたはずです。男女別々のスーパーバイザーが来れば、予算は倍かかります。観光だって（男女で分けるから）倍数のバスが必要です。高校生のために数多ある中からハラールホテルを選び[10]、ボランティアは全員ＵＡＥ人を用意し、できる限り多くのアラブ生徒が気持ちよく参加できるように体制を整えました。しかし、それを逆手にとって自分の思想を押し通す人もいます。過渡期であるＵＡＥはそれがまだ許されているのでしょう。国際舞台に早くから登場した国（クウェートやエジプトなど）では、すでにそうした問題を乗り越えた人材を育てているに違いありません。

### 思わぬ出来事

午後にハプニングがありました。娘よりひとつ前のバスで戻ったシャンマが、バスにコンピュータを置き忘れてしまいました。次のバスに娘がいるかを確認するためにちょっと降りたら、発車してしまったというのです。そのことをシャンマは急いでボランティア青年に相談しました。運転手（ドライバー）には直接電話できない（血縁でもない男性だから）ので、青年の携帯電話から連絡してもらったのです。

するとエジプト人のドライバーは、

「もう遠くまで来ちゃったから戻りたくない。明日の朝に戻す」と返事しました。

しかしシャンマは今日中にもらわないと絶対に困ると主張しました。アラブではそれは当然です。コンピュータの中には自分や女友達の写真が保存してあって、それが出回ったら重大事件になります[11]。それこそ競技会で優勝して世界大会に名を連ねたって、取り返しのつかない人生の不祥事になってしまいます。それをわかっているから、UAE青年たちはあの手この手でドライバーを宥めすかし、怒鳴りつけ、機嫌をとって、最後には謝礼をちらつかせて交渉しました。

次のバスで戻ってきた娘も心配で動けず、シャンマとずっとロビーに座っていました。

部屋で暢気にテレビを観ていた私は、娘からの電話で驚きました。

「どうしてバスドライバーは戻ってこないの」

「知らない。面倒臭いのか、お金が欲しいのかも」

「ちゃんとした観光会社のバスでしょう。ドライバーがそんな勝手をするかしら。道が混雑して戻れないのかもよ」

「オマル（ボランティアの青年）が車で取りに行くって言うのに、自分の場所を教えないの」

「何ですって。なんてバカなドライバーだろう。こうなるとオマルが頼りだね」

待つこと一時間。やっとコンピュータが戻ってきたのは夕方の七時過ぎでした。真っ青な顔をしたシャンマがオマルに礼を言うと、今度はそれを聞きつけた女性監督官が飛んできました。

「どうしてオマルと直接交渉したの。なぜ私を間に挟まなかったの」

シャンマは強い声で叱られています。

「あなたがオマルと直接会話していると家族が知ったら、どんな結果になると思うの。私がオマルと話していれば何も問題はないのに、誰が何を言うかわからないのよ！」[12]

シャンマは今頃になってそれがどんな失態だったのか気付き、さらに青くなってうな垂れています。コンピュータを失くした衝撃が大きすぎて、シャンマはそのとき一番近くにいたオマルに相談しました。オマルは車を持っているから、最もコンピュータを取り戻せる存在だと考えたのです。しかし冷静に考えれば、血縁でもないオマル（男性）と直接交信することが、自分の生活範疇にない常識はずれだったことは、さらにシャンマを打ちのめしています。先ほどの衝撃と、取り戻した安堵と、監督官に叱られたショックで、シャンマはがくがくしていました。

私は監督官に目配せして二人を部屋に連れて行きました。ベッドに座らせ、テレビでアニメを流し、暖かい紅茶を出しました。今日の按配はどうだったか、選考委員たちに何を訊かれたか、他の出展作品を見たか、素晴らしいアイデアはあったかなど、他愛のない話題を続けました。可哀そうに。私のような母親であれば、オマルに礼を言うだけで済むものを、シャンマの母親ならまるで地獄に堕ちたように叱るでしょう。しかし、それはうちの問題ではありません。

## カルチャーショー

その晩は、文化祭（カルチャーディ）と称したイベントがありました。各国の生徒が歌や踊り、郷土品や料理で自国を紹介します。

レバノン女学生たちは美しい民族衣装を着て、お菓子や料理を配りました。エジプト青年はファラオやツタンカーメンの仮面を被って、机にピラミッドの模型を並べました。ヨルダン青年は背広姿にガトラ（アラブ男性が頭に置く三角の布）を乗せ、ペトラ遺跡のポスターの前で立っています。モロッコ青年はマントのような正装で、踊りを披露しました。クウェート青年は喉を震わせてアラブ民謡を歌い、サウジ青年はアラブの詩を朗々と詠みました。オマーン青年は腰にダガー（先端が曲線形をしている儀典用の剣）をさして伝統菓子ハルアを配り、パレスチナ青年は自分たちの窮状を訴えていました。湾岸諸国は女生徒を舞台に立たせて芸をやらせたりはしません。女生徒は会場の端に控えています。

ＵＡＥの紹介は、男子生徒たちの掛け声の応酬でした。一人が前に立ち、国を称える掛け声を挙げると、後列の生徒たちがその韻を含んだ美しいフレーズを反復します。家族の前では何をするのも嫌がる三男が、率先して人前で旗を振りダンスを踊ったのには驚きました。

最後には愛国的なアラブ音楽が流れて、参加者全員の大合唱となりました。中世の黄金時代の詩歌、軍を率いた英雄、戦争や占領で苦難を強いられた歴史などがアラビア語で謳われます。汎アラブ世界では音楽も言語も詩も宗教も共有されています。参加青年たちは右手に自国旗を、左手にUAE国旗を持って輪になって歩き始め、そのうち教師も関係者も渦の中に巻き込まれていきました。

## 奢る人たかる人

夜十一時に終わったパーティのあと、夕食を食べ損ねた女生徒たちが、再び私の部屋に集まりました。ルームサービスでピザとスープを注文してあげると、十二年生のメーサが言いました。

「私の母と妹も食べたいと思います。その分も注文していいですか」

私はびっくりして、

「食べたいなら自分で部屋に注文するはずよ」と言いました。

「でも、たった二～三切れだから。ここから部屋に持っていきます」

私はしっかりとメーサの目を見て言いました。

「五つ星ホテルでは、淑女(レディ)がピザを持ってエレベーターに乗ったりしないものよ。あなたのお母さんは大人だから自分の面倒は看られます。私は私の娘たちのお腹を満たそうとしているのよ」

メーサは黙りました。

その後メーサがトイレに立ったとき、同室のマリアムに訊いてみました。

「ひと部屋に四人で寝て、ちゃんと眠れるの。寝不足でフラフラになっちゃうんじゃない」

彼女は黙って笑っています。

「休めないから別に部屋を取って欲しいと言いなさい。非常識にもほどがあるわ」

しかし友人の母親に向かって、そう言える高校生はいません。

私はよほど「この部屋にエキストラベッドを取ってあげるから移って来なさい」と言おうかと思いましたが、何も私の懐でメーサ親子にホテル住まいをさせる義理はありません。本当ならマリアムの母がメーサの母に電話して娘が困っていると告げるべきでしょうが、マリアムの母は運転もしない、自分の町を出ない、アラビア語も話さない外国人らしいので、ここでガツンと出張ってくる女性ではないようです。マリアムは会期中にはろくに眠れないかもしれないが、それはうちの問題ではありません。

別の階に泊まっている息子に電話すると、ホテルの部屋にいるかと思いきや、ショッピングモールでハンバーガーを食べていると言いました。

「誰と行ったの」と訊けば、

「必要ないのに理科教師（女性）が監督で付いてきたんだよ。十二時頃には帰るよ」という返事。男の子はどこで何をしようと問題ありません。ホテルにチェックインするのも、息子が二人部屋に一人で泊まっているのも誰も気にしない。気楽なものです。

## 湾岸諸国の出展作品

さぁ三日目はいよいよ最終日です。この日は朝から出展作品が一般にも公開され、私は友人を誘って会場に行きました。

ブースは六列あり、ＡＢＣと付けられた各列には十四、五チームずつ出展していました。

まずはＵＡＥの出展作品を見て回りました。三男のチームは、浄め（ウドゥ）（ムスリムがお祈りをする前に行うお浄め）の際に節水する装置を出展しました。あらかじめスピードを設定して水道から水が出たり止まったりする装置で、世界に十五億人いるムスリムが毎日五回ウドゥを行うなら、この装置は大変な節水をすると訴えました。手を近づけると察知するセンサーでは、かえって電気代がかかるのだそうです。各自ウドゥのスピード（顔や手や足を洗うタイミング）はほぼ決まっているから、最初から時間設定して水を出せば随分と節水できると主張しました。

次女が提出したのは、ＵＡＥの国民病ともいうべき糖尿病の対策に、砂糖を計って摂取する装置でした。容器の穴から、人によって決まった量の砂糖が落ち、それをスプーンで受けて適量だけ使うよう促す装置です。

十二年生のメーサたちが創ったのは、食べ物を燃やしてビーカーに入った水を温め、温度上昇によってカロリー計算する装置です。これも肥満が国民病となりつつある現代のＵＡＥを象徴しています。

シャルジャ首長国の男子生徒は、車のバッテリーを延命する方法を出展していました。延命にかかるコストと時間を示し、新しいバッテリーの値段と比較して経済的だと訴えています。アジマン首長国の九年生は、太陽熱で暖まった海の表面で起こる海流を使って、水がパイプを循環して発電する装置を出展していました。海水の表面がお風呂のように熱いUAEならではのアイデアです。ラッセルハイマの高校生は自閉症の人を対象とした教育器具を出展しています。ライトが点滅するとボタンを押す（もぐら叩きのような）訓練機で、患者によって速さを調節できるものでした。それにしても一番遅いスピードで試してみたら、私は一度も正しいボタンを押せませんでした。

「これ、スピード計が壊れているんじゃない」と訊いたら、高校生は黙って笑っていました。

とあるブースでは、十五歳の中学生二人がぼうっと立っています。展示作品もなく、パネルにはわずかな説明が貼ってあるだけ。話をきくと、理科教師が出展作品を持ったままエジプトに休暇で帰国したというではありませんか。資料もデータも教師のコンピュータの中にあり、ようやく連絡がついてメールで送ってもらい、少しだけ展示できたという話でした。それにしても呆れました。UAE男子校の教師は九九％が近隣アラブ諸国の外国人です。家族を置いて出稼ぎに来ている教師は、休暇のたびにすぐに帰国します。いかに出展が四日前に決まったといえ、教師ならばせめて出展準備くらい手伝えばいいものを、反対に出展作品を持って帰国してしまうとは！　いやはや慰めの言葉も見つかりませんでした。

六千人の応募者から選ばれたサウジ高校生のものは、目を瞠るような作品でした。医学的に癌細胞を減少させる方法を仮定して、方法論を発表するチームあり、微生物のブドウ糖と酢酸塩の培養基を利用して、燃料電池をつくる方法を発表するチームで、パネルには難しいデータがたくさん並んでおり、出展物はぶ厚いファイルでした。どのチームも自分の方法論を固く信頼し、自信に溢れ、難しい専門用語をアラビア語でも英語でも流ちょうに話す姿には感動しました。

オマーンの女子高生はナツメヤシの木から堆肥をつくる方法を発案していました。身近で入手可能な素材という観点では、最高のアイデアです。男子中学生は、岩山のカーブで反対車線から来る車をセンサーで知らせる装置を発明しています。国土の半分が岩山のオマーンでは、山中のカーブで年間六千件も事故が起きているそうで、防止策の素晴らしい発明でした。男子高校生の出したおもちゃは大掛かりなものでした。サッカーフィールド全体がさまざまなセンサーで動く模型で、選手、レフリー、観客、テレビカメラ、おまけにチアリーダーも全部ロボットで、それぞれが違う動きをするものでした。

「操作するのはオーケストラの指揮より大変ね」と言ったら、本人はきょとんとしていました。この辺までが、政治的にも平和な状況を保つ国々からの出展作品です。

## 汎アラブの出展作品

その他のアラブ諸国は社会的に不安定な要素が増え、それが発明にも反映していました。

ヨルダン青年は、敵を撃退する手袋を出展しています。襲われた時にそれを嵌めていれば、小さなバッテリーで大きなショックを与えられるそうです。経済的で入手可能、市場に出回っているスタンガンよりずっと心臓に悪くないと説明していました。

レバノンの高校生は、道路の凸凹を見つける小型モニター車を出展しています。障害物に当たって車が故障するのを避ける発明で、リモートで動くモニター車の上部に、広い角度で道路を監視するセンサーがついており、障害物の有無をコンピュータに送信してくるものでした。道路を調査するのは膨大な人件費と時間がかかるから、道路整備にはこの機械が役に立つと自信を持って薦められました。思わず「レバノンの道は穴だらけなの」と訊きましたが、長い内戦に続く隣国からの攻撃で、道も建物もボコボコなのは当然でした。

モロッコの高校生はドアベルがモバイルにつながっている装置。家人がドアから離れた場所にいても来客がわかり、数キロ先まで電波が届くと請合いました。家庭内労働者（メイドやドライバーなど）がいない国の発明です。また別チームは通学カバンの底に入れる装置で、担ぐ人の体重を設定しておき、中身が支えられる以上の重さになるとベルが鳴り注意を促すものでした。

農業国エジプトの高校生は、土が乾燥すると警報が鳴る装置でした。土に埋めた装置は赤ん坊の泣き声を出して、農夫に窮状を知らせます。別の高校生は身体のツボを研究し、いろいろな薬草をつかって感情を調節（コントロール）するデータを発表しています。これも草木が育つエジプトならではの研究でした。

可哀想だったのはパレスチナの少年たちで、聴覚や言葉が不自由な人のためのマイクロフォン装置を持ってくるとき、空港の税関で機械を壊されていました。パレスチナ人の所持品は機械ならほぼすべてが税関で壊されるらしく、無念そうでした。[13] 繊細な装置なのでＵＡＥに来てからも修理できず、初日に直せたのはたったひと言「リード（応答して）」という言葉だけ。もちろん、いかにアイデアが素晴らしくても動かない装置は受賞の対象から外されます。しかし、こうして参加できる国はまだいい方で、リビア、シリア、イラク、イエメンといった国からの出展はありませんでした。

どの作品も身近な材料で作られ、生活を向上するために発案された装置や機械ばかりで、「必要は発明の母なり」という言葉どおりでした。それぞれの国柄や国情をよく表しており、インフラの破壊がはなはだしいレバノンやエジプトではそれを補う発明が、家庭の使用人が少ないヨルダンやモロッコでは家を便利に使う方法が、社会的には最も裕福で幸福な状態にあるＵＡＥやサウジは、国民病を減らすアイデアが発表されているのが印象的でした。

## 競技会がもたらす夢

見学時間のあと授賞式が始まりました。まずは各国の旗をもった代表者が舞台に上がり紹介されました。モロッコ、チュニジア、エジプト、ヨルダン、レバノン、パレスチナ、クウェート、オマーン、サウジ、ＵＡＥの十ヶ国の旗が並びました。

続くインテルのアラブ大会責任者のスピーチは、私の心に強く響きました。

「これは競技会ですから順位を決めます。しかし本当は、ここに来た全員が勝利者なのです。あなたたちは人間の生活をどうにか良くしたい気持ちから、アイデアを出し、実際に作り、そして出品しました。作品は国の代表に選ばれ、晴れてドバイに来て競技会に参加しています。それだけで十分にあなたたちは勝者なのです」

スピーチのあいだに何度も私の頭に浮かんだのは、「艱難を乗り越え」という言葉でした。生徒は作品を創るだけでなく、家族の参加合意も勝ち取らねばならず、教師の全面的な協力も得なければなりません。経済的にドバイまで来られないアラブの国もあれば、（学業以外の）競技会などには手が回らない戒厳令下に生きる生徒もいます。今このとき命からがら難民キャンプへ逃げている人だっているのです。税関で作品を壊されても何も言えない被占領国もあります。二十二ヶ国あるアラブ連盟の中で、今回の競技会に参加できたのは十ヶ国だけです。生徒がどれほど素晴らしい作品を仕上げても、一人ひとりが背負わされた荷の重さや大きさを解決しながら、競技会そのものへ参加できる確率はほんのわずかなのでした。

困難はどこにでも誰の前にも転がっている、と今回はよくよく実感しました。この平和なＵＡＥでさえ、価値観や優先順位のちがう親や教師がたくさんいます。それぞれの生徒は、それこそうちの娘も含めて、そうした親たちを超えていくしかありません。「こんなやり方は非効率で不合理だ」と憤る日本人の母親を、「あれもダメこれもダメ」という保守バリバリのアラブ人の母親を、「タダなら骨までしゃぶる」と甘えるエジプト人の母親を、家から出ず何も協力しないアジア人の母親を、傷つけずに説得し、どうにか乗り超えて、自分の力で未来に羽ばたくしかない。アラブの社会には日本人がまったく想像もできない多くの事柄で溢れています。それを〝難問〟と呼んでもいいけれど、解決すべき問題、または解決策がある問題とは限らないから、敢えてそう呼びません。環境の違いとも言えるし、社会現象と言ってもいい。他社会では起こり得ないこと、何でもないことが、アラブ社会あるいはＵＡＥ社会では重大事件の場合もあります。また日本や欧米社会なら一分もあれば片付く事柄が、社会で容認された段取りを踏むために何時間も何日もかかってしまうこともあります。同じ科学競技会（サイエンスフェア）でも、アラブの中学生や高校生が世界の出場者と伍して闘うのは大変な道のりだと思わざるを得ませんでした。

## ドバイの役割

そうした状況を理解し万全の準備を整えることができるドバイには、同時に、大いなる敬意を抱きました。先進国だからできるのではありません。安全、行政面を含む計画遂行という点では先進国なら準備が整うでしょうが、文化・宗教・社会慣習の違う多様な人種を歓待する点では、現在のドバイに勝る場所はありません。

長女が数学オリンピックでドイツのブレーメンに行ったとき、八日間の開催中、ＵＡＥチームの生徒たちはパンとサラダしか食べられませんでした。ドイツの素晴らしい肉料理を前にして、ハラール処置[14]しているかわからないと主張する女生徒のひと声で、誰も食べられなくなってしまいました。豚肉を食べないだけで肉の処理法までは気にしない生徒もいるでしょうが、誰か一人でも公に主張すれば、同じムスリムとして「そんなの気にしない」と反論できる高校生はいません。オリンピックの準備を万全に整えたはずのドイツでさえ、特にムスリム学生のために、ハラールフードを用意したりはしませんでした。

結局、夫がドイツ出張の足を延ばして長女の様子を見に行ったときには、彼女は空腹でフラフラでした。

「これでは数学の難問が解けるわけがない」と、夫はその晩長女を連れ出して、たらふく肉料理をご馳走しました。

「なんという展開だろう。ドイツまで行って、食が貧しくて力が発揮できないとは！」と私は苦りきりましたが、そう言っては娘が板挟みになるだけです。夫のように現実をよく理解している人間は、あれこれ言わずに自分もドイツまで行き、その場で娘を救済してきたのでしょう。

世界二百ヶ国の国籍の人間が居住するドバイは、その部分を実によく理解しています。食生活だけでなくハラールホテルを用意することで、アラブ高校生がホテルのバーで酔っ払う人間を見たら震え上がってしまう現実、酔ってしなだれかかる男女の姿を見たら部屋から出られなくなってしまう現実などをよく踏まえています。バスも三台用意して、男女が一緒に座らない国（サウジ、UAEなど湾岸諸国）と、座っても問題ない国（エジプト、チュニジア、パレスチナなど）とを分けていました。

なにより今回は多くの出展作品を見て心が洗われました。環境が整わないがゆえに素晴らしいアイデアや発明が生まれるなら、アラブの未来は明るいじゃないか——という思いに満たされました。

そしてUAEのような世界の誰をも歓迎(ホスト)できる国、あらゆる民族や宗教や価値観を尊重し共存させようとする国、ドバイという誰もが夢見る観光地、身の危険を感じずに自分のひらめきを作品として具現できる環境がアラブ圏に存在することが、どれだけアラブの若者の心に希望を灯しているかを実感したのでした。

（二〇一二年一二月）

註

1. UAEは二〇二〇年まで金土曜日が週末だった。
2. 競技会の対象者は十四歳から十八歳まで。
3. 両目の部分をのぞいて顔全体を隠す黒い布。
4. 信仰方法、度合い、深度は各ムスリムによって違う。イスラームは個人的な宗教で、個々人が神へ誓う約束に基づいて信仰のやり方が決まる。
5. 湾岸アラブ男性は女性と肌が触れあうほど混雑する場所には決して入ってこない。
6. 財政豊かな国の市民から貧しい国の市民が無償で物をもらう癖がアラブ世界に蔓延している。
7. 教師たちは自分も女性だからマハラムがいないと独りでは宿泊できないと主張した。本来なら自分が成人として女生徒を引率する立場にあることを認めようとしなかった。
8. 生徒の華々しい結果を自分の成果として履歴書に記録する。
9. アルコールや豚肉などを提供しないムスリム用ホテル。男女のエリアを分けたり階を分けたりと工夫があり、エレベーターなどに男女が同乗しないよう考慮されている。
10. ドバイの多くのホテルはハラール使用が出来るように準備されている。主催者や宿泊客によってすぐにハラールに変貌できる。

11. 個人的な写真が他者の手で公になると、アラブ女性の将来は台無しになる。

12. 若い女性が血縁でもない男性と直接話をするのを好まない家庭は多い。他者に公的に指摘されると大問題になるから。男女の間に監督官を挟めば社会的問題に発展する可能性はゼロになる。

13. イスラエルはパレスチナの地を一九四八年以来占領し、空港も制空権も管理下に置いている。

14. 食肉をイスラームの定めた屠殺方法で処理＝神に感謝の祈りを唱え頸動脈を切って苦しませずに殺す方法。

# UAE大学事情

## 進学システム

我が家の次女が大学に入学したのは、二〇一六年八月です。数年前から、UAEの公立学校は灼熱がおさまる九月を待たず、八月末に始まるようになりました。昼間の気温がゆうに五〇度を越える時期、東西南北どちらを向いても砂漠が広がる内陸の町で、娘は大学生活を始めました。

大学がある町アルアインは、アブダビ首長国にあります。首都アブダビから内陸に向かって約一五〇キロ、サウジアラビア国境にあるルブアルハーリという広大な砂漠の入り口です。交易で栄えたオアシス地帯で、歴史上、強い部族が支配してきました。UAEの国父シェイク・ザーイドもこの町の出身で、一九六六年にアブダビ首長となってから、国家建設に心血を注ぎました。一九七一

UAE大学のにわかオーケストラ。楽譜を読める人はいないのに耳で覚えて半年で演奏できる。

年にアラブ首長国連邦（UAE）が独立建国されたあと、七六年に最初の大学として創立されたのがUAE大学です。

UAEで大学に進学するとき、日本のような一発勝負の受験はありません。高校の卒業成績が基準となります。卒業成績とは、全科目の合計最高点を百点（一〇〇％）として、各生徒がどれだけ得点を取って卒業したかの割合（パーセンテージ）です。

UAEには五つの国立大学があり、国民には無償教育が与えられます。そのうち最も学生数の多いHCT（高等教育大学）は、卒業成績が七〇％以上の学生を受け入れます。どんな僻地にも分校がある大学で、地元から離れないで通学できるメリットがあります。幅広い専門科目があり、三年で卒業できるディプロマコースと、四年かけて卒業する学士コースがあります。

文系コース専門のザーイド大学は、超保守的な家庭の子女から遊び目的で通うギャルまで、千差万別の女性が学んでおり、入学資格は七〇％です。女子大学として設立されましたが、十年後に男子学生も若干受け入れる設備を加えました。

レベルが高い国立大学は、入学基準がもっと上がります。石油産業に従事する人材を育てる石油大学[1]は、卒業成績八〇％以上、しかも化学・物理・数学の成績が低ければ入学資格はありません。国幹産業である石油関連の学問に特化した大学で、卒業生の多くは就職先があらかじめ確保されています。

創立十年で最高学府に躍り出たカリーファ大学は、卒業成績八五％以上。数学・物理は大学独自の試験に合格し、英語もＴＯＥＦＬで七九点、ＩＥＬＴＳで六ポイント以上ないと正規の学生にはなれません。公立高校出身で英語力だけが足りない生徒は、とりあえず基礎コースに入学し、一年間かけて大学レベルの英語を身につけます。しかし一年以内に合格レベルに達しなければ退学です。正規学生になれたとしても、成績が下がれば随時退学（簡単な大学に転校）です。カリーファ大学は無償なだけでなく学生に給与も払うので、さらに高い資質が求められるのです。[2]

高校卒業時の成績がどの大学にも達しなければ、専科だけの小さな私立大学や、外国系大学に入学することができます。しかし私大の学費は年間五万ディラハム（約一八〇万円）もするので、卒業までに多額の支出を覚悟しなければなりません。

## 基礎コースと正規学生

娘が入ったＵＡＥ大学は、卒業成績八〇％以上の希望者なら誰でも入学させます。新入生全員を同じ寮に住まわせてから、英語とアラビア語の試験を受けさせます。大学の授業はすべて英語なので、英語の試験はわかるのですが、この大学だけは珍しくアラビア語の試験も課しています。どちらも合格しないと正規の一年生にはなれません。

試験に通らなかった学生は、「基礎コース生」となり、午前中にみっちりと英語の授業を受けて、半年ごとの試験を待ちます。しかし大学の授業が始まっていないから遊び気分の学生が多い。午後は友だちの部屋で音楽をかけて踊ったり歌ったり、気楽なものです。

正規の一年生になれても、希望する学部に進めるとは限りません。娘が希望した工学部は、英語とアラビア語の試験だけでなく、大学独自の数学・物理の試験を課されます。それに合格した者から、工学部の必修科目を取る権利が与えられるのでした。娘のように高校までアラビア語教育を受けてきた学生は、いきなり大学レベルの学問をすべて英語で学び始めるため、猛勉強しなければなりません。しかも初年度を終えたときに十分な単位数（29単位）を取っていなければ、工学部の入学資格は失われてしまいます。ですから正規学生になっても、希望専攻に通っても、気を抜くことは出来ないのでした

数学、物理の試験を通らなかった学生は、社会学部系や一般教養の授業を受けることができます。医学部、工学部、理学部以外の専攻は、英語とアラビア語の試験さえ通れば希望する専攻に入れ、そこに人数制限はありません。要するに、難易度の高い専攻に進みたい学生は、常に学業優秀であることが求められるのです。そしてその対価として、寮や進学の過程で厚遇される制度になっています。

医学部の希望者は、高校卒業成績の上位者から人数枠分だけ入学でき、正規入学前の七月から、大学病院の近くの寮に住み始めます。この寮は他寮と比べて格段に待遇が良く快適です。例年、医学部入学者のうち半数が一年以内に落第するため、成績が下がって医学部から出ることになった場合は、すぐにも退寮しなければなりません。一銭も身銭を払わないで医者になれるのだから、それくらいは当然です。成績優秀ならば外国人学生も入学できますが、医学部は学費も寮費も莫大な費

用を払わねばなりません。

## UAE大学

広大な敷地(3)を持つＵＡＥ大学には、たくさんの建物があり、中央に三日月（クレッセント）ビルと呼ばれる大きな管理棟があります。その名の通り三日月形の長い建物で、敷地を東と西に隔てています。東側は男子学生の領域、西側は女子学生の領域です。二〇一七年現在、約一万四千人いる学生の内訳は、男子二千五百人、女子一万一千人で、女性が四倍以上もいるのに、エリアの大きさは同じです。創設当初の七〇年代は男子学生ばかりでしたが、近年では女性の数がはるかに多いため、このようにアンバランスになってしまいました。

管理棟にはオフィスの他に、講義室、コンピュータ室、生物・物理・化学の実験室などがあり、男女兼用です。三日月ビルの東側と西側には外部につながるドアがあり、男子の授業日には東側のドアから男子学生が、女子の授業日には西側のドアから女子学生が入ってきます。それ以外の授業はすべて、東西それぞれのエリアで別々に行われます。管理棟を挟んで隣り合わせにいながら、男女が行き来することはありません。一方、教授陣は管理棟のドアを抜けて、東西の教室を自由に往来します。男性教授が女子学生を教えることもあるし、女性教授が男子学生を教えることもあります。

女子学生のエリアは、ハーレムのように女性しか入れない地域というわけではなく、教授をはじめ管理部、セキュリティ、掃除夫、工事関係者など、常時さまざまな男性が普通に働いています。しかしそれは仕事上のことで、若い男子学生が女子校舎で戯れていることは絶対にありません。大学主催のコンサートや講演などがあるときは、男女に分けることはできないので、通常、男子エリアの講堂で行われます。参加希望の女学生は、両親の許可をとりつけ、通行手続きを経て、自分の意思で男子エリアに入っていきます。

## 別学システム

一般にＵＡＥの教育システムは、小学校から大学まで男女別学です[4]。別学というのは、男性と女性がまったく別の場所で教育を受けるという意味です。小学校から高校まで男女の学校が隣同士にあることはなく、かなり離れた地域にそれぞれ建てられています。各首長国にあるＨＣＴ（高等技術大学）は、公立学校と同じように、男女の校舎がまったく違う場所に存在しています。異性が立ち入り禁止なのも同様です。男子大学はセキュリティが緩く、理由があれば敷地に入れますが、反対に、女子大学はセキュリティが非常に厳しく、たとえ女性ビジターであろうと事前に許可を得なければ敷地には入れません。車に保護者マーク[5]をつけた男性家族（父親や兄や夫）でも、ゲート脇にあるピックアップエリアまでしか入ることはできません。

ＵＡＥ大学と同様に、広大な敷地を男女の領域で分けているのは、石油大学やアブダビのザーイド大学です。石油大学は男子学生が多く女性エリアは小さかったのですが[6]、反対に、ザーイド大学は極端に男子学生が少ない[7]ので、男性用校舎をあえて造らず、既存校舎の一画を使います。長い廊下の途中に「ここからは男子エリア」と書かれ、警備員(セキュリティ)が立っています。

同じ校舎を時間帯で分けて使っているのは、ドバイのザーイド大学です。午前中から午後三時までは女子学生の授業時間。三時を過ぎると構内に放送が流れ、女子学生は退出しなければなりません。その後、警備員が全校舎を徹底的に（女子学生が残っていないか）検閲してから、午後五時に男子学生の授業が始まります。

## 厳しい管理を求める親心

ザーイド大学の広大な敷地には入り口が五つあり、そのすべてに空港の税関のような電子ドアが取り付けられています。学生は通るたびにチップの埋め込んである学生証をスキャンして、入館・退館情報を管理されます。スキャン情報は大学管理部と同時に親の携帯電話にも送信され、親は娘の動向を知ります。時間通りに大学構内に入ったか、帰宅バスが出る時刻に退出したか、自分で運転するなら退出時刻から想定時間内に自宅に着くか、などなど。すでに育ちあがった娘がいつ大学に入っていつ出るかなんて、逐一親が管理してどうなる！　と日本人なら笑いたくもなるでしょう。個人の自由を尊重する国の市民には、とんでもない越権行為に感じられるかもしれません。でもこれが、多くの選択肢がある中でも特にザーイド大学を選ぶ親たちの価値基準なのです。この管理システムこそ、娘を持つ親が大学に最も求め、最も信頼を置くものと言えます。

湾岸中東の女性は、結婚前は家族以外の男性と付き合ったことがない、異性に対してピュアな状態であるという前提があります。異性に心も身体も許しあった関係を築いていない、まっさらな状態で嫁ぐという既成概念です。幼稚園から高校卒業まで、自宅の前まで迎えに来て、学校の敷地で降ろすバス通学は、娘たちを十全な管理下に置いていました。学校は家の近くにあるし、教師たちは同じコミュニティの人間で、顔も身元もよく知っています。ところが大学は家から遠く、他の地域のさまざまな部族、出自の学生が集まってきます。自分たちと同じ価値基準で安全を確保してくれるとは限らない。だから厳しくしても厳し過ぎることはない管理システムを持つ大学が、親の目には信頼が厚く映ります。自分の娘が知らぬ間に外で男性と知り合い、将来を台無しにすることがないよう、そんな隙を与えない環境を親は大学に求めているのです。

「そこまで思うなら、大学へは行かせず家に置けばいい」と考えるかもしれません。しかし教育を与えたいのはどの親も同じです。勉強嫌いのキャピキャピ娘たちは、化粧、お洒落、買い物、パーティなどが大好きで、ボーイフレンドと冒険するのも大好きです。どんなに厳しく監視しても、親の目を盗んでデートする女子学生は後を絶ちません。保守的な親は、そんな女子学生と自分の娘が同じ教室で勉強しているのさえ気に入らず、もっともっと厳しくして欲しいと大学側に要求します。

では、結婚前に男性とデートをした女子学生はどうなるのでしょうか。現代の日本人なら「それが何だ。年頃になってボーイフレンドの一人もいないのは情けない」と思う人もいるでしょう。しかしアラブでは正反対の結果を招きます。どんなに隠しても女性の火遊びは必ず世間に知れ渡り、悪い噂が立ちます。結局はいい結婚相手は見つからず、噂だけ一人歩きする結果になりかねません。デートしたくらいで将来を失うなんてばかばかしい！　と怒ったところで仕方がありません。結婚は家族や部族で行うものだから、世間がそう思うなら従う以外にないのです。

親たちは厳しい基準を大学に要求するだけでなく、自分たちも責任を負います。送り迎えも、娘の動向をフォローするのも、大学に様々な許可を願い出るのもそうです。例えば、我が家の長女が大学一、二年生だったとき、夫は片道二五〇キロの道のりを毎週末、大学に送り迎えしました。木曜日に大学寮まで迎えに行き、土曜日に大学寮へ送り届けました。おかげで下の子どもたちは週末どこにも行けない生活になってしまいましたが、仕方ありませんでした。大学三年になりやっと各首長国へ送迎する専用バスができてから、娘はバスで戻ってくるようになりました。

長女が四年生になった時、卒業制作で忙しくバスで帰ってくる時間さえ惜しいと言うので（出発までの待ち時間が長く、大きなバスはスピードも遅い）、今度は夫の親友の家族が週末ごとに娘を乗せて来てくれるようになりました。親友はウンムアルクエインの実家に戻ってくるときに、長女を大学の寮まで迎えに行きました。そして土曜の夜には我が家から乗せて、大学寮まで送ってくれるのでした。親友は小さい子どもが四人もいて、自分たちの都合もいろいろあったろうに、当然の仕事のように、うちの娘を毎週同乗させてくれるのでした。年頃の娘に悪い噂が立たないように、家族、一族、親族、親友も含めて、社会全体で守ろうとする習慣があるのは本当に驚きました。

## 寮への送り迎え

さて次女は現在、UAE大学の敷地内にある女子寮に住んでいます。寮の警備は厳しく、女性だからといって、他寮の学生が自由に行き来できるわけではありません。また母親や姉妹でも、勝手に寮に入ることは出来ません。と同時に、娘は寮から簡単に出ることもできません。外出のために娘を寮まで迎えに行ける人物は、新学期の始めに大学当局に登録した四名だけです。保護者は娘が車に同乗してもいいと許可する四名の名前を、予め（あらかじ）大学に登録します。登録されていない実母が迎えに行っても寮からは連れ出せず、運転免許を持っているクラスメートの車で一緒に外出することも許されません。

驚いたのは、特別な事情で私が娘を迎えに行く場合は、私が本当に母親だと証明する書類が必要なことでした。娘自身がその場で「これは私の母だ」と言ってもダメなのです。アラブでは女性は結婚しても姓が変わらず、身分証明書にある私の名前に娘の名前との接点はありません。一方、父親の名前は本人の名のあとにずっと重複するので、血縁証明は簡単です(8)。兄弟姉妹も父親の名前から全部重複するので、血縁を簡単に証明できます。それなのに父系社会では、母親は自分の子どもであることさえ、いちいち証明しなければならないのです。大学当局はどの母親に対しても、娘を迎えに来る場合は必ず「出生証明書」を家から持って来るように通達しました。おまけにコピーではない本物を。出生証明書なんて、滅多なことでは外に出さない重要書類です(9)。怪しい人物が母親と名乗って迎えに来ることのないよう、これほどまでに管理システムがしっかりしているのでした。

しかし、実はそれは大きな矛盾を孕んでいます。大学に予め登録してある人物の車ならば、どんな関係でも同乗できるとすれば、お抱え運転手や隣人、単なるタクシーの運転手（女性）だって登録さえしてあればいいのです。名前が登録されていない実母の車には乗れないのに、名前があるなら誰でも構わないなんて、なんと時代遅れで矛盾に満ちていることか。十八歳を過ぎ精神的にも肉体的にも成長した娘に、車に乗る決断を与えないなんて、何のために学問させたかわからない！と考えるのはどうやら私ひとりのようです。UAEの誰もが、若い女性を守るセキュリティこそ社会において最も大事なシステムだと捉えています。選択の自由などは二の次、三の次にくる価値観だという事実を、私はようやく呑み下すのでした。

## 寮の振り分け

UAE大学には女子寮が六つあります（二〇一七年度）。マカアム寮四つ、ニューキャンパス寮、トワーム寮です。各寮は六～十五棟も建ち並び、どれも四、五階建てで、巨大なコンドミニアムとなっています。

大学敷地の北に大通りを隔ててあるのが、新入生のためのトワーム寮です。棟の各階には十五部屋ずつあり、三人ひと部屋だから同じ階の住人は四十五人前後、全体で約百名強が住んでいます。各階にトイレ四つ、シャワー四つ、キッチン一つがあり、一階の歓談ホールとテレビ室は共有スペースです。同じものが全部で十四棟あるので、トワーム寮だけで少なく見積もっても、千四百名あまりが住んでいることになります。またトワーム寮内部にはプールとジムが備えてあります。

大学の東にあるマカアム第2寮は、外国人学生と医学部生の専用寮です。大学病院はそこから一キロくらい離れた東方にあります。最初から二人ひと部屋として造られ、トイレとシャワーは隣同士の部屋の間にあり、四人で共有します。医学部生は二年生からは個室になり、各部屋にトイレ・シャワーが完備してある特別待遇となります。医学部は授業時間も実習時間もまったく違うために、他学部の学生と同じ寮に居住することはありません。また外国人学生も、宗教上、習慣上のさまざまな理由から、地元の住民と同じ寮には住まわせません。

同じＵＡＥ人でも、部族・出自、出身地が違えば生活習慣はずいぶん違います。アフリカ系の子孫、ペルシャ系の子孫、イエメン系の子孫、東南アジア系の子孫、純粋な地元民子孫では、外見だけでなく、食事も癖も体臭も好みも随分と違います。所属する社会（コミュニティ）が海か山か砂漠の人かでも、風俗・価値観・衛生概念などは異なります。日本のように地方も都会も同じほど基礎教育が行き届き、同じような習慣、衛生概念、理念を共有する人は、ここではなかなか見つからないのです。ですから寮の振り分けは生活上の死活問題です。娘は部屋を共有する人を探すのに、毎学期ほとほと苦労していました。

### わからぬ規則

そろそろ二学期も終わりに近づき、次女はニューキャンパス寮に移りたいのですが、なかなか難しい。そこは三十単位以上を取得した学生だけが、入寮資格を持ちます。学生が寮を選ぶとき、大学の決めた優先順位があります。一番に優遇されるのが医学部生。次に工学部生。それから理学部生と続きます。学生は高学年になるほど一人で部屋を使うので、空き部屋はなかなか出ません。五階建てのビルが十棟以上も並ぶこの寮は、少なく見積もっても千五百人は入居しているのに、空き部屋は少ないのです。社会科学専攻の学生たちは部屋が空けば移動できますが、低学年のうちはあまりチャンスはありません。医・工・理学部が優先される事実は、工業立国を目指す国の指標に合う学部を、国が特別に支援しているからです。

次女がニューキャンパス寮に入りたい理由は簡単です。大学の敷地内にあり、歩いて通うことができるからです。娘は朝のバスに乗り遅れることが多く、バスを使わずに通いたいと願っています。遅れる理由は寝坊ではありません。トワーム寮から大学へ向かうバスは十五分おきに来るものの、たかが一キロの距離なのに学生は立ち乗りすることができません。安全のために学生を立って乗せてはいけない規則なのです。娘はせっかく列に並んでいても、ドアから横入りする高学年生のために席が埋まってしまい、何台も続いて乗れない日があります。次女にとって、敷地内にあり校舎が繋がっているニューキャンパス寮は、最も魅力ある住処なのでした。

大学の西側にあるマカアム第4寮は、二年生以上に入寮資格があり、優先順位は同じです。しかし大学へのバスが三〇分おきにしか出ないので敬遠しています。ニューキャンパス寮とマカアム4は、細い公道を隔てて向かい合っています。実は、ニューキャンパス寮は大学の敷地内、マカアム4は道路を隔てた敷地外。片道一車線ずつの公道は、左右を見てエイヤっと渡れば五秒もかからないのに、それは規則でできません。灼熱の気候のためか、女性を一人歩きさせない社会習慣のためか、徒歩も自転車も禁止なのです。

「だって大学は目の前なんでしょう？　わずか二車線でしょう？　小学生じゃないんだよ。車なんか全然走ってない道を歩き渡って何が悪い」と、私ひとりが疑問を口にします。

「禁止って、そんなの走って渡っちゃえばいいじゃない。五秒だよ。誰もわかんないよ」

そんな私をじーっと見て、娘は言いました。

「規則だからダメなの。学生が渡れないように柵がしてあるからね」

「それなら歩道橋を造ってもらえばいいじゃない」

「その話はずーっと前からあるの。それこそ何年も前からね。誰が考えたってそれが一番便利なのに出来ないの。たぶん私が卒業するまでには出来ないだろうね」

娘の予測は正しいかもしれない。なにしろ近所の病院(クリニック)だって、砂嵐で飛んでしまった駐車場の屋根を直すのに二年経っても許可が下りないのです。自明の合理性や利便性が道を拓くと思ったら、なかなかそうはいかない。

## 至れり尽くせり

外出が厳しく規制されている分だけ、広大な大学構内にはさまざまな商店が展開しています。一つの町と形容してもよく、ファーストフード、カフェ、レストラン、銀行、服屋、花屋、美容院、アバーヤ屋、宝石店など、女学生に必要なものは何でも揃っています。経済的な心配がないように、構内や各寮に大学食堂(カフェテリア)があり、学生証をスキャンするだけで、学生は何度でも好きなだけ食べられることになっています。

週末になると寮生は全員、実家に戻ることが原則です。しかし外国人学生や、家が遠方(島や砂漠の奥地など)の人、勉強のためにどうしても残りたい高学年生は、荷物を持って週末だけマカアム第2寮に移ります。他の寮は週末の間に清掃されるし、マカアム2の食堂だけが週末にも開いているからです。これでわかるように、寮に住む学生は何でも支給されているのです。住居も、三度の食事も、通学バスも、実家へ戻る長距離バスも、部屋の清掃も。贅沢しなければ一銭も使わずに大学の学位が取れ、四年間も経済的な心配をしないで暮らせるなんて、本当はものすごく贅沢で有難いことです。それを思えば、バスに立って乗れないことも、構内から一歩も自由に出られないことも、同じような食事で飽きてしまうことも、大したことではないのかもしれません。

## 寮のナゾ

寮に関して私が最も驚いたのは、大学の広大な敷地の東側に造られた、マカアム第1寮と第3寮でした。この二つの寮に関しては、大学地図にも構内マニュアルにも案内がありませんでした。しかしグーグルマップの航空写真では、建物が並んでいるのがはっきり見えます。

マカアム1にはH型のビルが五棟あります。各棟は五階建てで、それぞれ二百人くらいは住める大きさのコンパウンドに見えました。その北側にあるマカアム3は、卍型をしたビルが六棟あり、それぞれ五階建てで、ここも千五百人は住める巨大施設のようでした。しかし娘に聞くと、この二つの寮は現在使用されていないのだそうです。

マカアム1は建ってしばらくは学生が住んでいたけれど、何かしらの事件があり、ジン（アラブの魔人）が棲みついていると噂がたって全員が退去しました。それ以来何年も使用されていないのだそうです。

同様にマカアム3も電気系統に問題があって、ここ数年使用されていないということでした。電気系統なんて業者を呼べばすぐに直せるだろうに。それにしても何億円も国家予算をかけ、これほど頑丈に贅沢に建てられたビルが野ざらしのまま放置されているのは、なんとも納得しがたいのでした。UAE学生は学費も寮費も払わないから、使われなければ損をするのは大学側（UAE政府）です。外国人学生は、各学期で一万ディラハム（＝三〇万円ほど）の寮費を払います。とすれば物件の価値は、三〇万円かける三千人分。半年分の収益がなんと九億円なのです。それをまったく修繕せず、解体せず、介入しないで放置しているとは不思議でした。

「もったいないよね、あんなに広い場所に立派な建物が建っているのにさ」と言う次女。

「もったいないを通り越して虚しい。金銭の感覚が溶解していくねぇ。自分の投資物件じゃないんだけれど」と言う私。

「でも、こればっかりは手が付けられないからね」

「魔人が棲んでいるってねぇ」

返事のしようがなくて私は腕を組みました。ジンの噂が本当なら、手を付けられないのは当然です。使用はおろか改築も解体もできずに放っておくしかありません。日本では事故物件やいわくつき物件は、神主さんに御祓いしてもらったり解体したりと方法があります。税金対策でもない限り、長年放置することはありません。放置期間が長ければ長いほど、物件価値は下がり損も大きい。しかしここでは違います。

加えて精霊の存在は決して否定できません。ムスリムはジンの存在を確実に信じています。神の言葉を書き綴ったクルアーンには、明確に魔人(ジン)に関する記載があり、どのような存在で、どのように生活し、人間社会とどう関わっているか、しっかりと書かれています。迷信とかホラ話とか狂言と捉える人はいません。何億円もかけた真新しい寮が、誰も使用しないまま何年も置かれていたって不思議ではないのです。

## さらなるナゾ

驚きはそれだけではありませんでした。次女のいるトワーム寮にはプールがあります。しかし水が入っていません。プールを囲む柵もロープもなく、地面に突然、巨大な穴がぽっかり開いているのだそうです。十何年も前にプールで溺死した学生がいて、それ以来プールは閉まったまま。かつてトワーム寮に住んでいたという大学の講師から次女が聞いた話では、彼女が寮に住んでいた頃でさえ閉まっていたそうです。

プールは五メートルの深さがある飛び込み練習用でした。これがまた理解できない。砂漠の国に泳ぐ習慣はありません。特に女子学校には水泳の授業などなく（もともと体育の授業さえない）、五人の子どもたちを育てる間にプールのある学校にお目にかかったことはありませんでした。[11] 水泳教育自体がないＵＡＥの教育現場で、大学の女子寮に飛び込み練習用の深いプールを造ること自体が、馬鹿げています。日本の大学だって、飛び込み用プールのあるところは少ないでしょう。どこかの大した理想家が、文武両道に秀でた学生を育てるというあきらかに現実離れした夢を追いかけて、こんなものを造ったのでしょう。何億円もかけた結果がこれだと私は呆れます。

それにしても――。

ここ一年間、次女を通して知ったさまざまな出来事に、私は考えさせられました。驚き呆れ、理不尽を嘆き、不合理に腹立ち、そしていつも最後には沈黙しました。三人の子どもが通ったカリーファ大学の合理的で進歩的な考え、エリートを育てる世界共通の価値観などに魅了されて、このような社会風俗、潜在的な（迷信に対する）恐怖、過剰な女性保護、自由に伴う責任を徹底的に排除した頑迷さを忘れていました。

## 異文化とは

長年同じ場所に住んでいると、不思議や驚きをもう感じられなくなるときがきます。それが慣れや習慣と呼ばれるものか惰性なのか諦念なのかはわからない。ただ怒りや義憤、不合理なシステムへの抵抗は、「仕方ないね」、「そういうもんか」という感情に変わり、慣れることに努力を傾けるようになります。

このたび娘はＵＡＥで最初に創立された大学に入学し、最も過酷な気候を持つ内陸の町で暮らし始めました。この町の人々は、厳しい気候を生き抜くために昔ながらの保守的な生活を守り続け、新しい物や変化には飛びつかず、慎重にゆっくりと歩みを進めています。

砂漠民が造った町に住み始めた娘には、驚くことがたくさん待ち受けていました。しかし驚きと同時に、こうした出来事は常に私たちに「異文化とは何か」という命題を突きつけています。

私は四半世紀もＵＡＥに住み、家族を持ち子どもを育て、何となくわかったような気がしていました。しかし異文化理解とは、言語で説明されうる宗教や風俗、はっきりと目に見える衣食住や生活様式、気候や地質学的違いによって生まれる社会習慣を、ただ分析・比較・説明するだけではないのです。それらを越えて、互いに決して噛み合わない現実や、共感しえない思想、明快に見える論理が通用しない頑迷さ、百の反論がひとつの突破口(ブレークスルー)をつくることさえ出来ない価値観の違いがこの世界には存在するのだと知ることです。

妥協点も共通項も理論も説明も必要なく、ただ黙って相手を知るしかない、そして尊重するしかないのが、究極の異文化理解なのかもしれない。グローバル化やインターネットがもたらす情報社会は、実はこの広い世界のほんの一部でしかなく、人間社会は実に奥が深いものだと考えさせられました。そして、いかに私が驚き怒り嘆き、忍従や諦念を強いられ、呆れるほどの理不尽を突き付けられたとしても、それは文化のほんの一面でしかなく、世界がすべて論理的に説明できるなら、それはそれで味気ないものになるのだと私は考えていました。

（二〇一七年五月）

註

1. 二〇一八年からカリーファ大学に併合された。
2. 大学入学のために学生の英語力を計る試験。TOEFLは米国式、IELTSは英国式。
3. 南北一・一キロ、東西一・七キロ。
4. 二〇一八年からUAEの公共教育では、幼稚園から小学校三年生までが共学になった。
5. 車には保護者であることを証明するマークが貼られている。
6. 採掘現場に行ったり過酷な労働が多いので、石油産業に就職するのは男子学生が多かった。二〇一八年に男女共学になってからは領域は消滅した。
7. 男女比が八対九二ほどの、極端に男性の少ない大学。
8. アラブ世界は本人の名前のあとに父の名、祖父の名、ひ祖父の名、家名、部族名と続くので父系の出自ははっきりしている。

9．出生証明書には母親の名前が記入されている。ＵＡＥ国民の出身証明書を持っていると、産油国のさまざまな恩恵が受けられるために、重要書類である。

10．通りを隔てて大学に隣接する寮に住んでいても、この灼熱の国では歩いては通えない。

11．子どもたちは男女それぞれ違う学校に通い、何度も引越ししたので、総数では三十校以上に通学させたが、プールがあったのは一校だけだった。

# 砂漠の人々

## アラブの葬式

たった今、私は葬式から戻ってきました。亡くなったのは親戚の高齢の女性です。親戚と言っても、血縁なのかはよくわかりません。夫を養育した大叔母の、息子の結婚相手の母親の姉、ということになります。名前をママ・アムナと言います。ママというのは尊称で、結婚した女性につけます。例えば、私の義母はママ・アーイシャ。私はママ・ハムダ。女性がどれだけ高齢になっても変わらず、孫ができたら変更するわけでもなく、ママという尊称は続きます。

ママ・アムナの本名は、アムナ・ビント・ハーレド・ムハンマド・アルシャヒー。アムナは本人の名、ハーレドは父親の名、ムハンマドは祖父の名、アルシャヒーは姓です。その後に部族名がつ

砂漠全体が生活の場だったとはいかにも雄大。

きますが、これはパスポート作成の際に勝手につけられたり削られたりします。

ママ・アムナには、別の呼び名もありました。四人の息子がいて、長男はオベイドという名前なので「ウンム・オベイド」と呼ばれていました。ウンム何某というのは、血縁関係を表す表現で、ウンムは〜の母、という意味（育ての親には付けられない）。何某にはふつう長男の名前が入ります。これは年長の女性に対する尊称でもあります。ただし「長男の名前はオベイト」という概念を共有する社会（コミュニティ）でそう呼ばれるのであって、別の子どもが関わる集団では、その子どもの名前が入ります。たとえば、私は長男の学校ではウンム・（長男の名）と呼ばれ、長女の女子高校ではウンム・（長女の名）と呼ばれ、次男の男子中学校ではウンム・（次男の名）、三男の男子小学校ではウンム・（三男の名）、次女の女子小学校ではウンム・（次女の名）と、学校ごとに違う名称で呼ばれました。

ママ・アムナは私が結婚した当初から、私を大事にしてくれた一人です。歯に衣着せぬ物言いで、しわがれた大きな声と身振り手振りの激しいことで、一度見たら忘れられない人でした。親戚の中では最も高学歴だった夫に対しても、人前できちんと説教する人でした。（ママ・アムナの世代は学校が存在しなかったので文字を知らないが、非識字だからといって怯む人間はいなかった。）

## 冬の砂漠キャンプ

私たちの部族は、冬場に涼しくなると、昔の生活の名残りで一族が揃って砂漠で過ごします。砂漠の奥地の適当な場所(1)に簡易な小屋を建てて、ひと冬を過ごすのです。各家族が二部屋分くらいの仕切りのある小屋やコンテナハウスを並べて、男女に分けた共同トイレと水浴び場を作ります。中央の空き地には大きな絨毯を何枚も繋げて、青空の居間にします。雨が降らないので外に置いても不都合はないのです。近くに鉄のやぐらを組んで大きな水のタンクを載せ、砂漠の奥地に給水車を無理やり引いてきて水を入れます。給水車の運転手はたいてい西アジア人で、奥深い砂漠の運転ができません。そこで自分が運転席に座り、運転手を助手席に乗せて、砂漠の奥までぐいぐいと運転してきて給水します。

親戚が砂漠に簡易住居を作る素早さといったら驚くほどで、三日も経てばあっという間に立派な住居が出来上がります。不足のものは誰かが町まで買いに行きますが、用がなければ何日だって砂漠から出ません。何かが足りなくても全然平気。よく燃える薪を周辺から拾ってきて火を熾し、煤だらけのアルミ鍋で鶏の丸焼きやら煮込みご飯などをちゃんと作れるのでした。夫が子どもの頃は砂漠に住む野ウサギを子どもたちが捕まえて、調理していたのだそうです。

ママ・アムナの記憶が焼き付いているのは、二人目の子どもを産んだ後、久しぶりに一族が揃う砂漠のキャンプに行った時のことです。その年いろいろな不幸が続いて私は体調を崩し、体重が四〇キロまで減ってしまいました。骨が浮き出るほど痩せた私の姿に驚いたママ・アムナは、握手した私の手を離さず、黙ってじっと観察してから夫をそばに呼びつけました。

「こんなに痩せてしまって、あんたはどういうつもりだ。ちゃんと食事をさせているのか。この細い腕はどうした。遠い国から来て家族がいない娘だと思っているのか」と強い声で怒りました。

一般に地元民同士で結婚すると、嫁側の家族はしょっちゅう様子を見に来て、娘が幸せに暮らしているか、不自由していないか、結婚前の契約（約束）が守られているかなどを監視します。それを担うのは嫁側の兄弟や叔父たちです。問題があれば決して黙っていません。自分の部族の女性が不幸になるのを、見て見ぬふりはしないのです。しかし私には誰もいませんでしたから、不憫だと思ったのでしょう。婿側の親戚が嫁を庇うことは少ないのですが、ママ・アムナは珍しく私のために声を挙げてくれたのでした。

夫はその怒りの強さにしどろもどろで、

「ちゃんとお金を渡して、自分に出来うる限りの不自由のない生活をさせている」と、胸に手を当てて誓っていましたが、ママ・アムナは私の手を最後まで離さずに、

「これ以上痩せたら許さない」というようなことを強く言っていました。

夫は砂漠からの帰り道、

「あぁ怖かった。お願いだから、これ以上痩せないでね」と私に懇願したのを覚えています。

## アラブの葬式

葬式では何人もの親戚に会いました。しかし皆が同じ格好（黒いアバーヤとシェーラ）なので、遠い親戚は何年たっても顔と名前が一致しません。相手は私をわかるでしょうが、私はまるで初めて会った相手のように慎重に他人行儀に挨拶をしました。

イスラームの葬式はいたって簡素（シンプル）です。亡くなるとその日か翌日の午後の礼拝までに埋葬します。遠くにいる場合は家族でも対面する時間はありません。死亡から数時間のうちに遺体は湯灌され、（2）頭から足先まで一枚の白い布で包まれるので、実質的には湯灌後には死に顔を見ることもできません。戸外や病院で亡くなると遺体が家に戻ることはなく、そのまま葬儀所の安置室に置かれます。ということは、死亡から数時間後にはすでに墓の中。このスピードは、日本の葬儀を知る人間にはとてもついていけません。

ＵＡＥには、各首長国に決められた埋葬地があります。地元民の墓地と、外国人ムスリムの墓地、異教徒用の墓地に分かれます。高い塀に囲まれた掲示板もない場所で、航空写真などで見ても植物さえ生えていない砂地です。

墓地の横には葬礼用のモスクがあります。霊柩車がモスクにつくと、担架に乗った遺体は親族男性に担がれて、ミフラーブ（祈る方向を示す場所）の前の床に置かれます。参列者はその前に並び、立ったまま礼拝を行います。イスラームの礼拝はサジダと呼ばれる身体を折ったり跪いたりする行為を伴います。しかしムスリムはアッラー以外の何物にも跪（ひざまず）いてはいけないので、遺体の前ではサジダを行いません。死んだ瞬間から遺体を仏様と呼び、神格にのせる日本の葬儀とは随分違うでしょう。

礼拝が終わると、再び親族が担架を担いで墓地に移動します。イスラームで地獄は火獄のことなので、埋葬形式は土葬です。人が中に立てるくらいの穴を人足が予め掘っておき、（3）最深部を掘る形だけの作業は親族が行います。穴を掘ることは死者に対するリスペクトです。遺族はショックなどで穴を掘れない場合もあり、故人に近しかった友人や若者が、友情と尊敬を込めてやる作業となります。

遺体は人が立った穴からさらに少し斜め下に掘った横穴に置かれるそうです。砂漠の砂はサラサラで、掘った後からすぐに埋まってしまいます。私にはどうしても横穴が想像できず、息子たちに訊くと不思議そうな顔で絵図を書いてくれました。絵を見ても理解できませんでしたが。

埋葬後、平らになった地面の上には、目印として番号の書かれた小さな石が置かれます。UAEには墓参りという習慣が少ないので、ほぼそれきりです。年月を経れば風で砂が盛り上がり、さらにえぐれて、元の場所は定かではなくなります。この世で亡くなったらそれでおしまい——この徹底した喪失の概念は、灼熱の砂漠に住む誰にでも根付いています。この気候なら年を待たず月という単位で、何でもあっという間に風化してしまうでしょう。亡くなった瞬間に跡形もなくなると誰もが認める社会を知ったのは、私にとって衝撃でした。

## 葬儀の役割

UAEの場合、葬儀という大仕事は最初から最後まで男性の仕事です。女性はモスクにも埋葬地にも行きません。事故で亡くなれば事故現場にも行かないし、病院で亡くなれば病院にも行きません。その非情さも私には恐怖の対象でした。夫の妹はいたって普通の中年女性ですが、父親が亡くなったとき、死に顔を見に病院に行くことさえしませんでした。また義母は亡くなった義父を見た瞬間に、医者を待ちもせず、「帰る」と病室を飛び出していきました。人間の生死は神の定めた運命であり、誰も口をはさむことはできない、ただ従うだけ、という徹底したイスラームの死生観を受け入れるまで、私には長い時間が必要でした。

埋葬はあっという間に終わりますが、弔問は亡くなった日を含めて三日間続きます。UAEの弔問は、結婚式と同様に男女別です。一般家庭は大きなテントを家の前に建てて、男性用の弔問所とします。(4) ときにテントは公道を塞いでしまいますが、苦情が出ることはありません。女性の弔問所は、家が広ければ居間と応接間を開放し、家が狭いと庭に小さなテントを建てます。息子の家が男性用、娘の嫁ぎ先が女性用の弔問所となる場合もあります。

テントの床には絨毯が敷かれ、テーブルもなく、椅子が向かい合って並べられているだけです。花などの飾りは一切なく、垂れ幕もなく、テントも無地で生成り色です。遺族には腕章のような目印もないので、知らない人には客との区別はつきません。水やお茶を出すのは親族の役目、遺族の三日分の食事は近所が順番に用意します。どの家庭も、高校生以下の子どもは弔問には行かせません。

## ママ・アムナ

私はひとりでママ・アムナの葬式に行きました。遺族に挨拶し空いている椅子に座り、故人を偲びました。初日の弔問客は親族や友人とおしゃべりすることはなく、言葉少なに座っています。携帯電話（モバイル）をいじる人もいません。この「黙って座り続ける」行為は、実は簡単なようで随分と精神力を要します。不謹慎ながら、手持ち無沙汰を感じるくらい、誰とも語らずにただ座り続けるのは性根が据わっていないとできません。二日目くらいからは少し気楽な雰囲気になり、知り合いと話したりしますが、笑い声を立てたり携帯をいじる人はいません。

ママ・アムナのように八十歳近くで長い闘病の末に亡くなると、誰もが大往生という気持ちで、悲しみも慟哭もなく葬式を終えることができます。しかし若い人が突然亡くなったり、子どもが不慮の事故で亡くなると、遺族は客の前に出ず家の奥で悲しみに沈んでいます。ムスリムは人前で嘆き悲しむ姿を見せないことで、故人の運命を導いた神に対して服従を表わすのです。私は今までどんな悲劇が襲った家庭でも、慟哭する遺族をこの目で見たことはありません。それは、アラブ・イスラーム世界には嘆き悲しむ遺族がいないということではなく、運命を導く神に抗う姿を公の場で見せないのが、ムスリムの務めと認識しているからです。

## 身を任せる

今までこの国で生活してきて、神の定めた運命に身を任せる人々の姿に、本当に驚くことがたくさんありました。

例えば、以前にこんな記事を読みました。

ある年、UAEの巡礼グループがサウジの聖地マッカからバスで戻ってくる途中、極度に疲労した運転手のミスで衝突事故が起こりました。最前列に座っていた十三歳の少年が、その衝撃で亡くなりました。少年は事故の直前、後部座席の友人と話したいから席を代わってくれと老齢男性に頼まれ、席を交換したのでした。事故現場では同乗していた少年の父親が、死に逝く息子を見て、バスの乗客にこう言ったそうです。

「皆さん、私の息子は今亡くなろうとしています。息子のために祈ってください」

巡礼中に亡くなるのは神からの特別なお召しだと考える人はたくさんいます。しかしいざ目の前で息子が死に逝くときに、そんな悠長なことを言える父親が地上に存在するのかと、私は活字を疑いました。同じページには、席を交換した六十二歳の男性が、「神は私の命を生き長らえさせた。これは恩賞だ」と病室からコメントしており、私は思わず新聞の写真の中にもぐり込んで、この男性を滅茶苦茶にぶちのめしてやろうかとさえ考えました。

日本なら運転手の勤務形態を徹底調査し、健康管理を怠ったバス会社を訴え、親なら命が尽きるまで訴訟で闘うはずです。そして負けるはずがない。またこんなコメントを新聞が載せるはずがない。老齢男性は死ぬまで人に恨まれ、疎まれ、隠れて生きることになるでしょう。

しかしイスラーム社会ではそのような訴訟は起きません。(5) 息子は死んでしまった、もう帰らない、神が運命をここまでと定めて召した。それを遺族は受け入れるだけなのです。

また先月、東部の町で恐ろしい事故が起こりました。夜中に電気系統のショートで火事が起き、一家の七人の子どもが亡くなりました。五歳から十三歳までの子どもたちは、夜中に階下からまわった煙に巻かれて逃げられませんでした。父親はすでに癌で亡くなっており、別室で寝ていた母親は誰一人助けることができず、自分ひとりが残されました。冬に冷房機を使うわけでもないのに何の電気を使っていたのか。電気系統のショートが真夜中に起きるなんて、それを煙が家中に回りきるまで誰も気付かないなんて、九人家族だったのが自分一人になってしまうなんて。

しかし翌々日の新聞には母親のコメントが載りました。

「私の子どもは神に召された、神の意志は絶対だ」と。

自分なら気が狂うと思いながら、運命に対するこの信頼と強さをどうやったら培えるのだろうと心底不思議でした。そして世のすべてのムスリムは同じ死生観を持っているのでした。

## 思い出

私はひとり座りながら、ママ・アムナのことを考えました。

ママ・アムナは便宜上一九三〇年代生まれとなっています。便宜上というのは、一九七一年にUAEが建国され、一つの独立国家として国際社会に足並みを揃えたとき、昔の記憶を頼りに出生証明と戸籍を作ったからです。遊牧民の生活には定住する場所も管理する省庁もなかったため、文書で記録を残す習慣はありませんでした。そうした記録はほぼ、長老と呼ばれる年配者（特に女性）の記憶だけに頼っていました。

「Aの息子Bが生んだ孫Cは、その乳兄弟であるDの妹Eと結婚し、二人にはF、G、Hが生まれた。成人まで達したのはHで、隣部族のIと結婚しJ、K、Lが生まれた」と延々と続く部族の歴史を、記憶に留めている人々です。

一九六〇年代生まれの私の夫も、正しい生年月日はわかりません。当時、働き盛りの男性は仕事を求めて湾岸諸国を季節ごとに移動し(6)、残された女性と子ども、老人は水源を求めて夏と冬に移住する生活でした。この気候では記録した紙やインクが残ることもなく、人々の記憶だけが淘汰されない財産だったのです。

一九三〇年代生まれといえば、夫の世代のように急激な変遷に立ち向かい、乗り越えてきた世代ではありません。建国前にはすでに成人し、昔ながらの生活を維持する頑強な人々でした。彼らが部族を維持し育む精神は、現在とはまったく違っていました。

ママ・アムナは一人の男性と結婚して四人の息子を産みました。その隣に住む姉のママ・アーイシャは三回結婚して、それぞれの夫から三人、二人、五人と子どもを産み、離婚後も大勢の子どもたちを部族の中で一緒くたに育ててきました。再婚相手が連れてきた前妻の子どもも一緒でした。そして私の夫も同じようにその中で育ちました。だから戸籍上の繋がりが薄いママ・アーイシャでも、夫にとっては肉親と同じで、一緒に育った大勢の子どもたちは自分の従兄弟だと考えるほど近しい存在なのでした。

ママ・アーイシャもママ・アムナも一族の長老で、彼女らの決定はほぼ最終決定と同じでした。

砂漠に行くと決めたらすぐ一族全員で行く。町に帰ると決めたら有無を言わさず全員が帰る。特定の娘との結婚に反対されたら可能性はゼロになり、この娘がいいと言われれば円満な夫婦となり、人を見る目にかけては特殊能力を持つような鋭い人々でした。

## 抱擁する力

田舎の葬式では外国人を見ることは滅多にありません。ママ・アムナの葬式に来た外国人は、インド人のヌーラ、エジプト人のサバハと私だけでした。サバハはママ・アーイシャの息子の嫁で、私が結婚した当時は子どもが二人いながらすでに離婚していました。離婚しても、別れた夫と同じ敷地内(姑の家)に住み、姑の庇護の下で生活していました。その同じ家にヌーラは嫁いできたのでした。つまり、姑の家には新妻であるヌーラと、前妻であるサバハが一緒に暮らしていたのです。ヌーラ自身もその十年後に離婚しましたが、家から追い出されるのでもなく、サバハと同じように別れた夫と姑と同じ敷地内で、三人の子どもを育ててきました。

結婚したばかりの頃、その事実を知って私は驚き呆れました。離婚した夫の家で夫の新妻と暮らすなんて信じられない。これは前妻に対する冒涜か、新妻に対する暴力か判断できないとまくしたてる私に、夫は普通の調子で言いました。

「他に行くところがないんだから当然だろ」

その言葉は外国人である私にも当てはまったので、強烈な印象で憶えています。

しかしそんな言葉を殊勝に感じたのも束の間、もっと驚いたのは、サバハはその後別の男性と結婚して家を出て行ったのに、わずか一ヶ月で離婚して、再び姑の家に戻ってきたのです。おまけにその短期間に妊娠し、子どもを産み、血筋の全然関係ないその子も姑の家で育ててあげたのでした。

不思議を通り越して、人間的な怒りや憎しみの感情が薄いのかと疑い始めた私に、夫は言いました。

「家を追い出してどうする？　結末はわかるじゃないか」

ママ・アムナたちの世界は「砂漠で部族が力を合わせて暮らす時代」そのままなのです。部族から追い出せば死刑を宣告するのと同じです。水もなくシェルターもなく、部族の庇護がなければ砂漠では一日だって生き延びることはできません。死ぬとわかっているなら追い出さないのは当然です。部族に害を為す人間以外は誰でも庇護する――彼女たちの感性は非常に簡潔（シンプル）で矛盾がありません。離縁した嫁は血縁でもないのだから、自分で仕事を探して収入に見合う住居を構え、独立して生きればいいなどとは考えない。行くところのない人間はそのまま部族で受け入れる。地域から追い出して死なせてしまうくらいなら、地域で引き取り生かしておく――ママ・アムナの世代の人々と接するたびに、私は驚きと懐疑と呆れと、そして深い感動をいつも同時に味わってきたのでした。

## 祭壇

アラブでは女性を写真に撮る習慣はなく、遺影を飾る習慣もないので、どう記憶をゆすぶっても、私はママ・アムナの顔をよく思い出せませんでした。彼女はいつもブルガ(7)をしており、顔の一部分しか見たことがありませんでした。頭頂部から裾まで長いアバーヤ（身体を覆う黒い布）を掛けていたので、手足の先以外は見た記憶がありません。いつもまるで黒いエイが泳いでいるような格好でした。UAEでこのような格好をするのは老齢女性と決まっていました(8)。昔ながらの生活を一歩も譲らないおばあさんたちは、譲らない頑固さこそが激動の時代を乗りきる切り札のように、新しいものを否定し、文明の利器に頼らず、したたかに昔風に生きていました。

彼女たちは砂漠の習慣に馴染もうとしない、東京からきた若い女をどう思っていたのか。真剣にアラビア語を覚えようともせず、家族のイベントにあまり参加しない嫁をいったいどう見ていたのか。しかし考えても詮無いことです。私はここの生活に慣れるために自分なりに努力したし、自分を守るために譲れない部分は決して譲りませんでした。程度を超えた努力は結婚生活を壊すだけだと思っていたし、コミュニケーション不足や家族イベントの欠席という緩衝材は、ある程度は常に必要だったのです。それに今さら過去は変えられない。ママ・アムナをはじめ、すでに亡くなった同世代の女性たちは最後まで私をかわいがって（庇護して）くれたので、それが彼女たちの答えだと思うことにします。

## シンプルな葬儀

イスラームの葬式はいたって簡単で、スピーディで、費用がかからず、すべての人間が同等です。

金持ちでも貧乏人でも儀式はまったく同じです。遺体は何の模様もない白い布に頭まで包まれ、棺桶はなく死装束はいらず、物品は一つも身に着けたり一緒に入れられることはありません。墓穴は端から順番に掘られていき、目印は砂地に置かれた小石だけ。飾るべき墓石もなく（偶像崇拝の対象となるから）、供え物もなく墓参りもない。イスラームでは人間は土から創られたとされるので、再び土に帰すために土葬されます。火葬は地獄に堕ちた者が神に与えられる罰とされ忌避されます[9]。

弔問を受ける場所には祭壇も位牌もなく、遺影も飾られず、葬儀屋も僧侶も聖職者も来ません。喪主のスピーチもなければ、音楽もなく花もない。慟哭する人もいなければ、泣き崩れる人もいない。三日間の弔問に何らかの都合があって出席できなかった場合は、日をおいてお悔やみを述べに行く習慣もありません。死を乗り越えようやく前に進み始めた遺族を、再び苦しい時間に引き戻す真似をしてはいけないのです。

なんという簡素さ。なんというスピード。これが砂漠の民の死生観かと、結婚した当初は心底恐れを抱いていました。若かった私は死そのものに怯え、イスラーム葬儀の淡白さに慄き、「ここでは死にたくない」と切実に思っていました。

しかし、最近はそうした気持ちも薄まりました。この葬儀にはとにかく心配がないからです。金がかからず面倒な手続きもなく、無縁仏として葬られる心配もない。地域で必ずきちんと埋葬してくれるのです。

以前、日本の葬儀の話をしたとき、夫はたいそう驚いていました。位によって違う棺や戒名の値段、僧侶に差し出す読経料、檀家として納める費用、墓の購入・維持費などの話をしたら、「きみの国では死ぬのにも金がいるのか」と最初は信じてもらえませんでした。バブル時代に生前葬儀が流行っていた話には、口を真一文字に結んで返事さえしませんでした。

UAEが踏襲するイスラームの埋葬方法は[10]、言ってみれば、遺族の選択肢がありません。行政機関（病院やモスク）が湯灌し、一枚の布でくるまれ、葬礼用モスクでお祈りをして、地域の決まった埋葬地に端から順に埋葬されます。イスラームの定めた祈祷と埋葬方法に[11]従うだけです。それ以外の進行は許されない代わりに、それ以下でもありません。棺桶の種類も、故人に着せる服も、戒名も墓石も埋葬地も何も選択肢がないけれど、何ものも差し引かれることはありません。金がなくても親族がいなくても、地域の人間が尊厳をもって送ってくれる[12]——この安心感は何にも代えがたい尊い習慣なのだと思うようになりました。

## 平等精神の具現

現世が終わる時すべての人間は同じ扱いを受ける、という徹底した平等精神が、イスラームの埋葬には具現化されています。有名な話では、あれだけ贅を極めたサウジアラビアの国王でさえ一般市民と同じやり方で埋葬され、墓にはただ石が置いてあるだけなのでした[13]。それならば、この地域の人々はいずれ私に対しても、他の人と同じように何も詮索せずに埋葬してくれることでしょう。

葬式からの帰り道、私は人生の半分を過ごした部族社会（コミュニティ）について考えます。二日間続けて一人で葬儀に参加した自分は、すでに砂漠の民に同化しつつあるのかもしれない。あれだけ恐ろしかったイスラームの葬儀に一人で出席できるようになるとは、私自身が受け入れ始めた証拠なのかもしれない。砂漠地帯では最も理にかなっているこの埋葬方法（素早く、余計な儀式がなく、金も時間もかけない。移動する遊牧民にとって最小限の準備と時間で行える。もとより火葬にする木片なども存在しない）を、自分の中で納得し始めたということなのだろう。

亡くなったら何も残らない、この気候では物質的なものは何も残ることが出来ない、厳しい気候があっという間にすべてを風化すると、私はすでに知っているのです。それは人間の生死や葬儀にとどまらず、すべての社会生活に行き渡る砂漠民の世界観です。だからこそ、自分たちが残せるのは生きている間の鮮やかな印象と、生きる姿勢だけなのだと、ママ・アムナの人生を振り返りながら考えていました。

（二〇一八年二月）

註

1．比較的平らで風にさらされず、周囲に高い丘があって外部からはよく見えない場所など。
2．最近の私立病院では、患者の宗教がそれぞれ違うために湯灌をしなくなった。外国人が九割の社会では当然かもしれない。
3．墓穴を掘るのはモスク職員の仕事。世界中で忌避される墓堀りという職業はイスラームにはない。
4．近年は公共の葬儀所を使うことが多くなった。

5. 巡礼中に起こる事故は、神からの必然と考える人はたくさんいる。
6. 夏は遠洋で真珠採り、秋や春は漁業、冬は農業と運搬業など。
7. 鼻と口元を隠した金色の紙製のマスク。寝室でしか取りはずさない。
8. 現代のUAE女性は民族衣装もファッショナブルに着こなし、非常に洗練されている。
9. 日本では火葬が当たり前だというと、非常に驚かれる。
10. 他のイスラーム諸国では土着風俗などが相まって葬儀のやり方は違う。
11. 白布に包まれた遺体の右脇を下にして、マッカの方角に顔を向けて埋葬。
12. 現在は携帯電話のメッセージで地域(コミュニティ)全体に葬儀の知らせが流れ、できるだけ埋葬に加わるよう促される。
13. UAEの国父ザーイド大統領が亡くなり、グランドモスクの一角に埋葬されたときには物議を醸した。

# 第4章

# アラブのジレンマ

学園祭で踊る男子学生。山の民の踊りは跳んだりしゃがんだりと躍動的である。

# 息子、兵役に就く

## 兵役はじまる

十七歳の三男が兵役に就きました。ＵＡＥでは今年（二〇一四年）の年頭に政府発表があって、若い国民男性には兵役が義務となりました。期間は高校卒業者なら九ヶ月間、卒業していない者は二年間です。

兵役を導入した理由について、ドバイ首長（ＵＡＥ首相）はこう述べています。

「兵役は、我が国の若者たちに忠義と忠誠心を植え付け、秩序と鍛錬と奉仕の精神を教える最も優れた方法である」

「ＵＡＥ国民は、国家の発展と同時にその独立と主権を守る義務がある。しかし、それはあくまで

装備を持って兵役キャンプへ戻る息子。

も祖国が獲得してきたものの保護と保全を目的とする」

そしてこう結んでいます。

「わが息子たちよ。国をここまで発展させた先人への恩を忘れず、その保全に奉仕するのは若者の義務である。きみたちは国の現在と未来を引き継ぐリーダーであり、保護者なのだ。我々は今後もきみたちを支援していく」

発表後、国中ではさまざまな討論(ディベート)が行われましたが、大方は賛成でした。国民の意思を代表する国民評議会からも、きちんと法整備するよう提案され、市井の国民からも歓迎ムードが漂いました。

しかしその後は何の追記事もなく、詳細はまったく不明でした。いつ始まり、どこで何をやるか、何一つ決まっている感じがありません。軍事に関わることを軽々しく公表しないのは当然としても、本当に始まるのか、それはいつなのか、誰も予想できませんでした。しかしドバイ首長が始めたなら、とにかく雲散霧消することはないと考えていました。ムハンマド首長は不可能と思えることを可能にする天才で、砂漠の真ん中に世界一高いビルを建てたり、月から見える人工島を海に出現させたり、人がまさかと思うことを現実に作り出す魔術師のような政治家です。若者たちを兵役に就かすことくらい簡単で、誰にも文句を言わせず、かえって親たちに感謝されるほど立派にやり遂げるだろうと考えていました。

## 兵役への期待

六月には国会で承認され、ガイドラインが発表されました。対象は十八歳から三十歳までの国民男子。期間は高校卒業者が九ヶ月間、高校を卒業していない者は二年間。在職中なら休職扱いになり、兵役中も基本給が支払われること。この期間も退職金や年金に加算されること。終了後は同等の仕事を保証され、昇給の目安にもなること。兵役を終えた者から優先的に政府系企業の就職、結婚祝い金の支給、[1]住宅用の土地の分配、奨学金が与えられることが盛り込まれていました。

罰則も定められ、健康な国民男性で正当な理由もなく兵役に登録しなかった者は、一ヶ月から一年間の投獄に加え、一万〜五万ディラハム（約三〇万円から一五〇万円）の罰金を課されるとあります。それだけでなく、結局は三十歳を過ぎても兵役に就く義務があります。女性でも十八歳から三十歳までの希望者は、保護者（父親あるいは夫）の了解があれば登録できます。期間は学歴に関わらず、全員が九ヶ月間です。兵役に就いた青年は、国内五ヶ所のキャンプで訓練を受け、その後「予備兵」として軍に登録されます。


法が発表されてからは、国民からも多くの期待が寄せられました。

「軍隊教育を通して、体力と忍耐、知恵と精神を養うことができる」

「将来、市民生活を送るために必要な秩序と規律を習得でき、大きな財産となる」

「若い国民が国家保全の活動に参加することは重要で、国への最大の奉仕である」

加えて、「サイバー中毒の若者を現実に引き戻すには大きな手助けになるだろう」という意見まで載っていました。

私自身、我の強い息子たちを家庭や学校以外の場で教育して欲しいと思ったことは何度もあります。大学生ともなると親が家庭で指導できる範囲は減り、子どもたちは好きなことを好き勝手にやるようになります。高校までは教師や校則に従わなければならなくても、家庭では自我を曲げません。家でも外でも言うことを聞かなくなった若者たちを、国家という大きな力で導いて欲しいと考えるのは、きっと私一人ではなかったはずです。

七月に卒業式が終わると、再び政府発表があり、高校新卒者と三十歳間近の男性が真っ先に徴兵されることになりました。高卒者はちょうど切りのいい時期だからです。該当する者は速やかに七月の四日間、兵役登録所に行き申告するよう指示されました。正規軍が駐屯するキャンプに設けられた登録所は、全国に四ヶ所あります。アブダビ郊外のキャンプ、アルアイン郊外のキャンプ、シャルジャ奥地のキャンプ、そして内陸の奥深くルブアルハーリ砂漠の入り口にあるキャンプ。これは行くだけでも大変な作業でした。

## 免除される人たち

一方で、兵役に就けない人、あるいは就かなくてもよいカテゴリーも言及されました。最初に来るのは、身体的・精神的に重篤な障害のある者。命が危うい重篤な病人家族の世話をしている者も含まれます。加えて、男系世襲（男子が祖先の名前を引き継いでいく）の部族制をとるアラブでは、家を継ぐ男子が一人しかいない場合は免除されます。兵役中に何かあって家系が途絶えては困るからです。

三男は自嘲気味に言いました。

「僕は三番目に生まれた男だから死んでも構わないってことね」

「そんなことはないでしょう。兄弟が三人なら長男だって次男だって行くのよ」と言うと、

「そうは言っても、結局は二番目からは戦争に行けという話さ。一番目なら行かなくてもいい方法はたくさんある」

あぁそれは世界のどこでも似たようなことだったなと私は思い出しました。

「親にとってはどの子もみんな大事だよ。兵役に就いたからって戦争に行くわけでも死ぬわけでもないでしょう。この現代で新兵のいじめやいびりがあるものかしら」

息子は上を向いてため息をつきました。

「ママは何も知らないんだ。高校の軍隊教育の授業でさえ、頭を真っ白にされるようなもんだった。数学や物理を勉強したって炎天下の訓練ですべて忘れちまう。バカバカしいったらなかった」

免除の範疇には、男兄弟がいてもその年齢が低かったり、高齢の父親に代わって息子が父親役を務めていたり、家に障害者がいて息子がその面倒を看ている場合も適用されます。家族構成と障害者証明が必要になり、戸籍に加え、病院の診断書や所得証明なども提出しなければなりません。

日本なら、親や障害者を世話する頭数には当然女性も入ります。しかしアラブは違います。成人男性が一家を支える義務があり、どれほど優秀で大きな稼ぎ手の成人女性がいても、男性がすべての法的、金銭的な義務を負うために、代わりはいないと判断されるのです。兵役は給与が出るのだから経済的な問題はないと思うかもしれませんが、家族の面倒を看ることの中には、稼ぐだけではない他の要素も加わります。例えば、公的な重要書類は一家の大黒柱の男性だけに発行されます(2)。裁判や訴訟や家督相続は、男性が一家を代表して行います。その是非は別にして、男性は多くの仕事を担う義務があり、そのために簡単には家を空けられないのでした。

## しのびよる変化

免除でおもしろいのは、高校卒業成績が九〇点以上なら、延期願いが出せることでした。延期だけで免除にはならないのですが、やっと医学部に入れたのに兵役で籍を失う恐れがある人や、奨学金をもらって外国で勉強する予定が立っていた人は、延期する権利を使えました(3)。

ところが八月になって語調が変わり、免除対象は縮小しました。九〇点以上の卒業成績でも速やかに登録義務があり。それを怠れば国家奉仕法に違反したとみなすというのです。

兵役の指揮官となったシェイク・アフメド少佐は、強い口調でこう述べています。

「兵役が未登録だとの通知を受け取った本人とその家族は、真剣に受け止めた方がいい。本年度の卒業生がまだ未登録なら、国家への奉仕を故意に遅らせた犯罪とみなす」

息子のクラスメートは夏前から米国の語学学校に通い始めていましたが、この演説を聞いて急遽一時帰国して登録に行きました。また、成績がいいからと暢気に構えていた者も慌てて出頭し、登録所に行ってみれば、「結局は行くのだから早い方がいい」と説得されました。

三男は登録所で「きみは九〇点以上だが、確実に入隊するんだね」と念を押されました。

そうだと答えると、

「入隊の署名をしてから気が変わって大学に行くと、逃亡罪になるんだよ。軍法会議で罪を問われて投獄される」と言われました。

また一人っ子の親戚の子は、登録所に免除を申請に行くと、

「免除申請は一番遠いリワのキャンプでしか受け付けない。提出しても免除証明は一ヶ月後に発行だ。一人っ子でも本人が希望したら入隊できるんだよ」と言われました。リワのキャンプはサウジとの国境近くにあり、行くなら二日がかりです。

同時に、国内にある大学へは、軍隊からの免除証明がない学生を入学させないよう通達がありました。九〇点以上の成績証明書だけでは、男子学生は入学できなくなったのです。一ヶ月もあとに免除証明をもらっても、九月の入学には間に合いません。これほどまでに強い姿勢で若者の登録を促しているのでした。

八月後半の朝、新聞を広げた次男が大声で笑い出しました。

「こりゃいい！　僕は兵役に就かないみたいだ。扁平足は除外なんだって。アッハッハー」

「扁平足なだけで？」と私が訊くと、

「そうさ！　いやぁ素晴らしい。なんていいニュースなんだ」

次男は生まれたときから扁平足で、舟のように大きな足の裏はのっぺりと平坦です。私や夫の家系に扁平足はおらず、夫などは砂漠を裸足で生きてきた世代なので、足の裏にはえぐれたように深い凹みがあります。しかし次男だけは扁平足に生まれついたのでした。それで困ったことは彼の人生では一度もないし、高校の軍隊教育クラスにも普通に出ていたのですが、どうも兵役となると別のようです。

「幼少から身体が弱い次男を、神様が扁平足に創った理由はここにあったたか」と、私は思わず感謝しました。次男によれば、扁平足、弱視、色盲、糖尿病、その他免除される身体的特徴が箇条書きにしてあり、医者の診断書だけではだめで、必ず軍属病院で診断・決定されるのが条件です。

この夏、進学先も決めずにいる三男に私は訊きました。

「夏を過ぎたらどうするつもり？　行く場所は決まっているの？」

息子はため息をついて答えました。

「だって何もわからないんだよ。九月からの兵役に自分が登録されているのかも知らないんだ。入隊者名簿が発表されてないんだから。兵役を拒否したら牢屋に入るのに、大学に行く準備をする気にはなれないよ」

「そうかもしれないけれど、人生はどう転ぶかわからないでしょ。どこに転んでもいい準備をしておくものじゃない」

息子はとある私立大学に申し込みましたが、七月末までに入学金を払わなかったので籍を抜かれました。健康診断で入隊が決まったら、まるまる損だと払わなかったのです。

「国が決めた兵役なんだから、入学金は来年に繰り越してもらえるんじゃない」と言う私を遮って、

「まさか。国の法整備が終わったばかりで、各大学の対応なんて何も決まってないさ。金喰い虫の私立大学が来年の籍なんて保障するわけがない。来年は来年の話となるだけだ」

「じゃあ、あなたの卒業成績で兵役を延期すればいいじゃないの」

「延ばしたっていずれは行くんだよ。免除じゃない。それなら今年の方が都合がいい」

三男は三男なりに計算したようです。初年度なら悪い習慣やしきたりがなくて、かえって楽かもしれない。教官も試験的にプログラムを作ったばかりだし、全員が十八歳なら足並み揃えて同じ訓練になるはずだ。四年も延期して歳をとって行くより今のほうが体力がある、などなど。

とにかく今年の高校新卒者にとって、この夏はまったく先の見えない苦しい時期でした。卒業したはいいものの、兵役名簿が発表されるのは八月半ばで、それまでは連絡待ちの状態です。進学や奨学金を準備したところで、無駄に終わるかもしれません。わかっているのは、健康な新卒者はほぼ全員、九月開始の兵役に参加させられるだろうこと。そこに持っていけるのは身体ひとつで、あ

とは何も必要なく、終わるのは来年五月であること。

二年前に卒業した次男も、六年前に卒業した長男も、兵役年齢なのに具体的な対象にはなっていません。「がんばれよ〜」と他人事のように励ますだけ。自分の番はまだ先だと思っているのでしょう。しかし兵役導入とは国家の一大事です。実際、息子たちも含め国民全員がこの初年度の兵役を見守っています。自分の番はいつ来るのか、どんな内容か、三十歳直前の者を徴兵する十二月の兵役は高卒者と同じ中味（メニュー）なのか。学歴・職歴・年齢に関わらず訓練は一律なのか。高校を卒業しなかった者の二年間の兵役とはどう違うのか。

## 入隊

八月後半、三男は健康診断の結果を受け取りました。携帯電話にメッセージが来て「適性。登録完了」とありました。速やかに登録所から軍属のＩＤカードを受け取るよう指示され、「待機」という状態に入りました。

八月最後の週には準備品のリストが送られてきました。入隊時はカンドゥーラとガトラ[4]を着用すること。持ち物は白いＴシャツと黒いジャージ一着ずつ、白いスニーカーと青いサンダル一足ずつ、下着四枚、靴下四足、腰巻布と下着シャツ1枚ずつ。爪きり、髭剃り、石鹸、シャンプー、歯ブラシと歯磨き粉。モバイルは撮影機能のないもの。それ以外は入り口でゴミ箱に捨てられるとありました。私がバッグにしまった毛布、お菓子、救急用品、櫛、娯楽用のトランプなどは全部息子に出端です。

されました。

入隊前日、息子は床屋で地肌が見えるほど髪を短く刈ってきました。髭を剃り爪を切って準備万端です。

## 大学入学

それに先立つ八月二十四日、アブダビのカリーファ大学で始業式がありました。入隊が決まっても始業式には行きなさいと、三男に命令してありました。そこで三男を驚かせたのは、男女同数で入学させるはずのカリーファ大学で(5)、新入生の八割が女性だったことです。

「あんな女ばっかりいる大学に行くもんか！」というのが最初の感想。

「女の列が何十もあって男は二列だけ。あれじゃ女子大だぜ。冗談じゃない！」

学費免除、寮完備、全学生に成績別に給与まで払うカリーファ工科大学は、大人気です。同ランクのシャルジャ・アメリカン大学は、学費が年間二百万円もして給与はありません。UAE国民ならまずカリーファ大学を選ぶはずなのに、入学式に出席した男性がわずかに十数名だったとは。それならもっと簡単な大学は男子学生がいるのでしょうか。

兵役に入る前の八月、息子は大荒れに荒れていました。せっかくいい成績で卒業したのに、奨学金オフィスを訪ねても門前払いを受け(6)、私立大学は入学金未納で籍を消され、カリーファ大学の入学式に出てみれば女ばかりで、敷地は幼稚園くらいの大きさしかない(7)。見るもの聞くもの、自分の境遇も親の説得も何もかもが気に入らず、彼は怒りと焦燥の頂点にいました。世界の事象はすべて他人のせいで、世の中を恨んで憎んできりがない。

「あんたはおバカだね」と私は言いました。

「奨学金はお金なんだよ。はいどうぞと簡単にくれる相手がいるもんですか。奨学金の支給なんて成績順よりはコネの強い順なんだよ。ちゃんと計画を立てないとうまくいきませんよ」

そこで二人で腰を据えて履歴書をつくりました。高校三年間の業績を書き、取得した資格、賞状、新聞記事を貼り付けます[8]。

長男の紹介で奨学金オフィスを訪ねると、プロフィールを読んだ職員は言いました。

「この成績なら、提携している米国大学にすぐに籍を用意してあげるよ。今ここできみが受諾したら、九月には米国で勉強しているけれど、どうする?」

三男はあまりの急展開に頭がぐらぐらしたそうです。けれどもキャンプでの会話を思い出し、

「今年は兵役でいけません。来年お願いします」と返事しました。軍法会議で逃亡罪となり投獄されるなんて、十七歳にしたら人生を谷に突き落とすようなものです。それからは少し落ち着いて、兵役が終わったあとを考えられるようになりました。

しかし私は息子に釘を刺しました。

「米国では十七歳なら運転も出来なければ銀行口座も開けない、アパートも借りられない、一人で飛行機にも乗れない。まったくの未成年扱いになるから、一年間大人しく兵役に就いて辛抱しなさ

い」

「あんたのように好き嫌いが激しくて文句ばかり言う少年は、軍隊に入ってちょっとはマシな男に育ててもらうべきだね。好き嫌いを言えるのは人生に選択肢がありすぎるからだよ。世の中には選択肢が一つもないまま生きている人もたくさんいるんだよ。自分がどれほどありがたい境遇にいるか軍隊で身に沁みて戻ってきたら、きみの人生もきっとスムーズに行くでしょう」

夫も言いました。

「兵役で感謝する心を習ってきなさい。自分に与えられた環境に感謝することを覚えなければいけない。これがきみへのはなむけの言葉だよ」

そしてとうとう八月三十日、頭を丸刈りにした三男は、約九千名のUAE青年とともに入隊しました。軍属番号と制服と寝具を手渡され、新しい生活を始めたのです。

## 兵役の始まり

兵役初日の早朝、アフメド長官は挨拶でこう述べています。

「今日この日は歴史上記念すべき、兵役の初日である。軍隊で学ぶ規律や順応性は、必ずや若い青年の財産となり、将来市民生活を送る援けとなるだろう」

「UAE軍隊は時間と労力を費やして、生活上の必要なスキルと、将来社会にポジティブな影響を与える姿勢を、若い国民に教えていく義務がある。さらに国家への奉仕精神を育ませる道徳上の義務もある」

　そこで初めて簡単な予定が発表されました。

「最初に三週間続く入隊訓練があり、その後は週末ごとに休暇を与えられる。適切な部隊(ユニット)に配置されてからは、軍隊と同じ勤務状態となる」

　その日の未明、以前から計画していたトルコ旅行のために、私は後ろ髪を引かれる思いで空港に行きました。息子が入隊する日だと知っていたら、どんなことがあっても申し込みはしなかったのに。

　また夏休みの間、高校生親善大使としてオーストラリアに派遣された次女が、一ヶ月ぶりに帰国する日でもありました。深夜に帰国して、翌朝七時から新学期という恐ろしいスケジュールです。これも夏の直前に決定されたため、五月締め切りで申し込んだトルコ旅行と重なりました。

「娘や息子の大事な日に、暢気に旅行なんて行けない」と主張すると、夫は笑って、

「きみがいなくても子どもたちは問題なく行動するから、心配せずに行きなさい」と背中を押してくれました。

　あれやこれやでほぼ一睡もしないまま空港について、日本から来た友人と合流したら、お互い言うことは同じでした。

「本当なら暢気に旅行できる立場じゃないのよ。やることは尽きないほどあって、問題は山積みで。でもずっと前に申し込んじゃったからサ」

意気投合すると、私たちはすぐに旅行気分になってトルコを楽しみました。

五日後に戻ったとき、当然ながら三男は不在でした。携帯電話を持っていったはずなのに連絡はなく、新聞紙上でも訓練についての報道はありませんでした。心配してもしょうがない。この同じ空の下で、息子は義務を果たしていると思うしかありません。否応なしの訓練を受けて、好き嫌いばかり言わないマシな息子になって戻ってきて欲しいと願うだけでした。

## つかの間の連絡

九月十一日の午後に携帯電話が鳴りました。画面には三男の番号が表示されています。驚いて取り落とすような勢いでボタンを押しました。

「ママー、僕だよ！」

受話器からはいつもの鼻にかかった甘い声が飛び出してきました。

「キャンプからかけているの？　よく電話ができたわね」

「いま教官に携帯電話を渡されて、一時間だけ使えるの。電池があまりないんだけど」

息子の話はたくさんの驚きに満ちていました。宿舎やら訓練やら怪我やら食事やら仲間やら。軍機となるので書けませんが、どの青年も快適な環境から切り離され、砂漠の果てに移動して、味わったことのない苦しい訓練を受けているらしい。

「毎日厳しい訓練ばっかりあるんだよ〜。僕の人生は辛いよ〜。僕の顔を見たってもうママには誰だかわからないよ。真っ黒に焦げてるんだから」

「日の出の前に起床して、お祈りして、太陽が出るまで訓練して、朝食のあとまた訓練で。昼なんて太陽がものすごーく熱くて、顔や腕がジジジって焼け焦げていくんだよ～」

「午後にちょっとだけ休憩があるけど、洗濯と掃除の時間なの。宿舎が汚かったりベッドをきれいに整えていないと、すんげぇ怖い罰則があるんだ。廊下とトイレも掃除してるんだよ～」

よしよしと私は思います。

「食事の時間は五分だけで、噛むヒマがなく飲み込むんだ。どんなに食べても腹が減って、美味しいかなんて関係なくて、みんな皿まで舐めるんだよ。教官の機嫌が悪いと、食事時間は一分とか三十秒になっちゃうんだぜ！」

「最初の一週間はウンチが一回しか出なかった。全部訓練で使っちゃうから出るもんがないんだよ。水道のまずい水を毎日四〇リットルくらい飲み干すんだけど、飲んでも飲んでも足りないの」

「訓練が終わったら死んだように眠るの。洗濯しない奴はカビが生えたシャツを着ているんだぜ～」

その他、訓練がいかに苦しくて、いかに自分が頑張っているか、帰ったら何が食べたいか、思いつくまま話します。私は「へぇ～そうなの。がんばってね」と同じ返事を阿呆のように繰り返したら、息子が言いました。

「もう時間がない。これから兄貴にもかけるから、またね。僕のために祈っていてね」と電話は切れました。

## 家族の反応

その日の夕食は三男の話でもちきりでした。三男はまず父親に無事を知らせ、朝起きてから夜寝るまでの一日を、泣き言をはさまず伝えたそうです。父親は職場にいるので、周りに声が漏れたら恥ずかしいのでしょう。

次は私がいると思ってかけた自宅の電話です。応答した次女には空元気で威張ってみせ、

「お前なんかにこの訓練は耐えられないぞ。女性兵役に応募するなんて言ったけど、お前のようなポンコツじゃ一日だって持ちやしない。大人しく家にいた方がいいぞ」

次男には自分や他人の失敗談ばかり伝えたようです。次男は、

「話が面白すぎて笑いが止まらなかった。弟には泣きごとを言うなよ〜って言ってやった」と大笑いしています。あまりに腹が立って、私は次男の尻を蝿叩きでぺしっとぶちました。

長女の番号は登録してなかったので、私経由で長女にかけ直させました。開口一番、長女はこう言ったそうです。

「私の番号がわからないなんて、携帯に登録しなかったあんたが悪いんでしょ」

私は呆れて、

「訓練のわずかな合間に電話をかけてくれた弟に、そんな事を言ったの？　あんなに辛い訓練をし

ている弟に、がんばれ、お国のために我慢しろとか応援できなかったの」と怒りました。

一番時間もあり能力もある長男に、三男はどうしてもやってほしいことを頼んだそうです。しかし長男はあいかわらず宇宙人の応対で、何一つ終わっていません。そんな長男にも腹が立ち、蝿叩きでは神通力がないと、今度は香を焚いた扇子でその尻をぺしっとぶちました。

「弟が必死で頼んでいる事をなんであんたはすぐにやってあげないの。彼は兵役に就いているんだよ。お国のために働いているんだよ。キャンプにはネットもないし電話もない、あんたに頼まなきゃ出来ないからお願いしたんでしょ。弟の頼みを聞いてあげなさい」

しかし、みな暢気そうに生返事を返してきました。

「あんたたち、弟のことをどう考えているの。彼は兵役に就いているんだよ。苦しい訓練を続けているんだよ。お国のためにやってんだよ、わかってんの！」

どこかで聞いたセリフだなぁ、なんか漫画チックでおまけに芝居くさいと思いながらも、私一人が声を荒げました。

「あんたたちも兵役に就いて少しはマシな人間にしてもらった方がいい。訓練でまっすぐな人間に変えてもらって来なさい！　弟の心配もしないで、何という兄弟たちだろう」

すると私の顔色を伺いながら皆が訊きました。

「じゃあママは兵役を知っているの？」

私はしばし考え、「いや」と首を振りました。そう、私たちの誰も、兵役が何をもたらし何を教えてくれるのかわかっていなかったのです。

## 苦しい結果

九月某日、兵役に息子を出している親たちは震撼しました。死亡者が出たのです。十八歳の青年が就寝中に心筋梗塞を起こし、キャンプから空輸する途中で亡くなりました。既往症などの詳しい記述は一切ありませんでした。新聞に載る前にすでにソーシャルメディアで流れていて、ためらいがちに長男が写真を見せてくれました。別に太ってもいない、温和そうな優しい表情の青年でした。

その瞬間から私の心臓は波打って、脳が赤く点滅しているように思考が飛び始めました。

「どういうことだろう。これは訓練ではなかったのか。規律正しい生活をするよう、国への奉仕を躊躇(ためら)わずに実行できるよう、肉体的・精神的に鍛錬しに行ったのではなかったか。死ぬほどの訓練をしたのか、戦争に行くわけでもないのに、どうして死人が出るほど訓練をしたのか。最初の話と違うじゃないか」

翌日にはシェイクたちが葬式に参列する様子が報道されました。青年の父親は、

「私の息子は国に奉仕する兵士として亡くなった。まことにアッラーは万能で全能のお方である」

と述べていました。

報道を読んでさらに驚いたのは、シェイクは続けて別の家庭にも弔問したとあり、二人目の死亡者に至っては性別も氏名も部隊も死因も情報はありませんでした。

その日、何を尋ねても夫の表情は厳しく、私の質問を受け付けませんでした。

「人の命はすべてアッラーが預かっている。自分にもわからないから訊かないでくれ」

夜になってもどうしても眠れず、私はベッドから起き上がって言いました。

「明日キャンプに行ってみる。中に入れなくても、無事を確かめることはできるかもしれない」

寝ていると思っていた夫は「やめなさい」と静かに言いました。

「落ち着くんだ。息子は無事だし、ちゃんと訓練をしている。きみがキャンプに行っても逮捕されるだけだ。中には入れないし訪問も受け付けないだろう。最初からキャンプにはたどりつけないよ」

確かにその可能性は限りなく低いのです。昨年の冬、高校の軍隊教育クラスで三男を北部の軍事キャンプに連れて行ったとき、私は大変な思いをしたのでした。地図にはもちろん載っていないし道路標識もありません。砂漠の砂に隠れるようにあった目印はアラビア語で、それを頼りに夫の電話の指示通りに進み、やっと着いてみたら、ゲート前に車を止めたことで軍人に怒鳴りつけられました。軍事施設に民間車は近づけないのです。その嫌な記憶を忘れてないのに、それでも私は三男の無事を確かめずにはいられない気持ちでした。まさかまさか、戦時下でもない国で兵役に就いた息子が死亡するなんて、あっていいはずがない。手を振って元気に出て行った息子が戻ってこないなんて、どうやったら親は信じられるでしょうか。

その二日後、黒檀のように黒光りした息子がいきなりキャンプから戻ってくるまで、不安な心はずっと続いたのでした。

## 国策の変化

さてここで、私の家族だけでなくＵＡＥ全体に巨大な変化をもたらした兵役について、冷静に考えてみます。兵役を「国策」とした裏には、いろいろな社会問題や情勢を見ることができ、現代の中東を知る上で大きな手がかりとなりそうです。ちなみに中東では、エジプトが十八歳から三十歳までの男性に兵役を義務付けています。就学中なら二十八歳まで延期でき、三十歳までに就かなければ罰金で済みます。クウェートは一九九〇年の湾岸戦争までは義務でしたが、以後なくなり、兵役を戻すか審議中です。昨年十一月に兵役を承認したカタールは、十八歳から三十五歳までの国民男性に義務付けました。期間は三ヶ月間（高校卒業していない者は四ヶ月間）で、夏休み中に出来るほどの短期です。バーレーンとオマーンとサウジは正規の軍隊に国防を委ねています。

他でもない、中東の中で最も治安がよく、警察組織もしっかりしているＵＡＥで、年頭に提案された兵役がすぐにも承認され、法も準備も整えられ、半年後に施行された裏には、「絶対にやらなければならなかった理由」と、「のんびり待っている余裕がない理由」、「罰金なんかで除役は許されない理由」、「青年の大事な九ヶ月間を使うほどの理由」があるはずでした。

誰にとってもわかり易い課題は健康です。国民の生活水準が上がり、各家庭に便利な電気機器が備わり、気候的にも戸外に出ない習慣が増えて、成人病や肥満が増えていること。運動（エクササイズ）の欠如から簡単に病気にかかり、慢性疾患も増え、延命治療・高齢化などで国が支払う医療費は増えていくばかりです。それなら同じ国家予算を使って、若いうちに鍛錬させた方がいいと考えるのは当然でした。

また世界中の若者の問題でしょうが、精神衛生面も悪化しています。衛星放送やインターネットの影響で、昼も夜もない生活に変わりつつあります。サイバー中毒、イジメを始めとするネット上の倫理問題、コピーペーストを重ねる学術問題、いたちごっこのような機密保持・暗号解読（コードブレーキング）の問題と山積みです。そして携帯電話もネットもない生活を経験したことがない若者が、今まさに国の労働人口に加わりつつあります。ＩＴ機器（ガジェット）と人間生活の根源である衣食住はまったく関係ないのに、衣食住以上に必需品となってしまった世代に、それがない生活をどう教えるか。机上で教える前に体験させる方がずっと早道とも言えるのでした。

治安面から捉えると、若者を一元管理し予備軍に就かせるのは、防衛上の重要政策です。兵役の登録は、ＩＤ管理局、国防省、内務省、国土保全庁などと連携しています。今のＵＡＥは人口の八割が外国人で、当然、軍人にも警察官にも多くの外国人が含まれます。しかし国防を外国人に頼れるでしょうか。国を守るために命を捧げるのは、同じ国民だけです。暑くて苦しい訓練を伴う軍隊や警察は、若者が就職を敬遠する対象です。元から少ない自国民に兵役を義務とし、訓練を与えて予備軍にしなければ、十分な数も実践で通用する人材も集まりません。

世界有数の観光地であるドバイは、飛行機の離着陸で訪れる乗客は一ヶ月に六百万人[9]です。全人口が七百万人の国にそんなに観光客がいるなら、常に住民に忠誠心(ロイヤルティ)を喚起していなければ、無秩序のマルチ国家になって法規も治安も維持できません。国土保全や国家奉仕の心構えをしっかりと植えつけなければ、有事のときには機能しきれないでしょう。だからこそ兵役はID管理局、連邦人事局、国家緊急危機・災害対策局などとも連携して、徹底的に登録を促したのでした。多くの外国人を擁する、自国民の極端に少ない国で、これは合理的な判断と言えます。

経済面では、ヨーロッパの不況と中東の政治不安定から、UAEは欧州、西アジア、アフリカ、中近東の理想的な居住地かつ職場となりつつあります。ほとんどの外国系企業はすぐにも戦力となる人材を雇うため、地元の若者を新卒から鍛える職場がありません。大学を卒業しても職を見つけられない若者はたくさんいます。高校を卒業できなかった者が職に就くのは稀で、結局は軍か警察に雇われるか、あるいは自営業を選ぶしか選択肢はありません。失業率が高いことを考えると、兵役は学歴を問わず若者に用意された、とりあえずの就職先ともいえるのです。

## 中東の抱える問題

しかし本当のことを言えば、上記のどれも緊急事態ではありません。時間をかけて法整備をし取り組んでもいい問題でした。現実の脅威は別のところにあります。

今の中東国家を何より脅かしているのは、「戦争」へ魅せられていく若者です。未来に不安や不満を抱いた世代が、わかりやすい正義を求めて吸い寄せられていきます。その始まりは「義憤」、

「貧困」、「職が見つからない」、「未来に希望を抱けない」、加えて実際の戦争を知らない「甘い理想」などですが、行き着く先は原理主義への道です。

すぐ隣に戦時下の国がいくつもあって、メディアには血にまみれた人々が毎日映って、同じアラビア語で苦しみや悲しみを叫んでいたら、義憤に燃える若者はいても立ってもいられなくなってしまいます。日本人がテレビやメディアを通して、自分とはまったく違う民族が、異言語で訴えるのを翻訳テロップで知る状況とは切迫感が違います。すぐ地続きの場所で苦しむ同胞をどうにか救いたいと、若い力を持て余す若者は勇んで飛び出して行ってしまいます。

また生まれてずっと貧困の中で暮らし、夢や希望を抱けない子どもたちは、「どこへ行っても同じ」として給与をもらえる戦争浪人になり、戦闘を渡り歩いて破壊を繰り返します。戦争浪人の怖いところは、戦争が終わったら食えなくなるから、終わらせるための努力をしないことです。また帰属精神がないので、どの土地でも物や人間に対して徹底的な破壊行為を繰り返します[10]。彼らはアフガニスタン侵攻（二〇〇一年）、イラク占領（二〇〇三年）、アラブ長期政権の崩壊（二〇一一年〜二〇一三年）、シリア政権転覆（二〇一一年〜）、イエメン内紛（二〇一三年〜）と、世界を移動しながら破壊を繰り返しています。これは根本的に世界の貧困を減らさなければ、解決策はありません。

何者かになりたい、しかしそれが見つけられない若者は、平和な社会に生まれながらも、敢えて刺激を求めて戦闘地域に向かいます。豊かな先進国の人間にはこれが多い。日本だって他人事ではありません。地下鉄サリン事件（一九九六年）以来、どれだけ国家を挙げて若者を原理主義から守ろうとしていることか。UAEも苦しい時代は過去となり、基本的な国づくりやインフラが整ってくると、こうした若者が知らないうちに増えて放ってはおけない事態になってきました。

原理主義者がイスラームの名を使うからといって、世界に十五億人いるムスリムが過激な思想で生きていると勘違いしてはいけません。反対に、まじめで地道な市民生活を送る人たちは、過激思想が広まらないように細心の注意を払い援け合ってきました。その努力は簡単には説明できないほどです。

夫やその仲間は、近所のモスクに勤めるイマーム[11]と直接話をするまでは、決して子どもたちをモスクには通わせませんでした。多くのモスクでは午後にクルアーン教室を開いており、イマームが子どもたちに宗教を教えます。イマームの多くは外国人で、出自も経歴も思想も違います。夫たちはその一人ひとりと話をして、「温厚で中庸な人物」という確たる印象を持たなければ、決して子どもたちを近づけませんでした。また過激なイマームは国外に出すように陳情もしていました。

## 変わりゆく世界

しかし刻々と世界は変わっています。二〇〇一年にアフガニスタンの洞窟から若者に世界の破壊を呼びかけていたテロ組織は、今では広大な土地を奪取し、膨大な資金を持ち、ソーシャルメディアを自在に操って、先進国も含めた九十ヶ国以上の若者をリクルートして世界に拡がっています。夫たちがイマームを一人ずつ調べて子どもたちを遠ざけていた、個人の努力の時代とは、恐怖の度合いも波及のスピードもはるかに違うのです。

実際の戦争とは、後戻りできない生死の賭かった現実です。原理主義に染まると、平和で安定した社会の価値観を共有せず、自分たちの倫理で世界をつくり変えようとします。力と資金を持てば土地を取得して、独自の法規で独自の世界をつくり始めます。超法規の非現実に魅惑されていくのは、本来はどこにでもいる普通の青年たちです。素直で一本気の青年が実際に戦闘地に行く前に、国はどうにかして阻止しなければなりません。ゲームだけで遊んでいた人殺しや皆殺しを、実際に体験するとどうなるか。何もすることが見つからないからと戦争に行けば、人殺しに加わり戦争浪人になって、世界の破壊に加わること。一度加わったら理性が破壊されて、後戻りが難しいこと。甘い理想や義憤を支えられるほど、現実の戦闘は甘くないこと。後戻りが出来なくなる前に骨の髄までそんなことを教えてくれる機関は、悲しいかな、今の世には兵役以外にないのかもしれません。

未来の見えない若者の苦しみは世界共通です。自分が何者でどんな未来が用意されているのかと、苦しまない若者は少ないでしょう。そうした若者の煩悶を、訓練を通して「母国への奉仕」に摺替えることは、確かに、どれだけ国家予算を費やそうと、今行わなければならない国策なのかもしれません。それほど今の中東は原理主義への傾倒を恐れているのでした。

兵役が国の未来に何をもたらすかは、いずれ未来が教えてくれるでしょう。私は一人の親として「家庭や学校が教えられない教訓を、苦しい訓練から学んでほしい」と思うだけです。単純にそう考え、そこから先は考えないようにしています。先は予測不可だから。

周りをみれば不安要素はたくさんあります。数年前まで家族で旅行できた中東の観光地が、もう生きている間に行けるかはわからない場所に変わっています。学問の都だった地域、壮大な歴史を持つ国々、豊かな自然が豊穣を約束していた土地、文明が交差して人類の誇りだった場所、それらが人間のくだらない欲や思惑で消滅しようとしています。内部から破壊していると安易に勘違いしてはいけない。自分の国を破壊しようとする人間などいません。どこかで誰かが操り、破壊を目的とする勢力がある——。

二〇一四年、平和で豊かな社会が一瞬で壊れてしまう危険（リスク）をはらむ時代に、兵役という機関ができたことは象徴的だと私は考えていました。

（二〇一四年十月）

註

1. UAE国民同士が結婚すると、国からお祝い金が支給される。UAE女性の未婚率が高まったことを受けて一九九二年に開始。
2. 女性には発行しない。結婚しても名前が変わらないので、所属する家庭が実家か婚家か判別できないため。
3. 二〇二二年には免除は廃止。
4. UAE男性の民族服であり正装。
5. 国立大学は男子学生の数が女子に比べて圧倒的に少ないので、カリーファ大学は入学枠を男女同数に設定していた。

6. 兵役が始まったせいで、奨学金オフィスは男子学生に奨学金を出すことをためらった。

7. カリーファ大学は発展途上で、近隣の学校を買い取って敷地を拡大している最中だった。

8. 三男はラッセルハイマ首長国の首席卒業生で大きく報道された。

9. 単純計算で一日二十万人前後。トランジットを抜いた観光客は何日も滞在するから、実際の数はそれ以上。

10. シリアやイラクなどで歴史的遺物を破壊しているのはこうした人種である。日本人だって京都や奈良の文化財を壊そうとする人間はいない。

11. 金曜礼拝で説教をする人、モスクの管理人。

# 夢の街

七色の谷を越えて　流れて行く　風のリボン
輪になって輪になって　駆けて行ったよ
春よ春よと　駆けて行ったよ

美しい海を見たよ　溢れていた　花の街よ
輪になって輪になって　踊っていたよ
春よ春よと　踊っていたよ

すみれ色してた窓で　泣いていたよ　街の角で

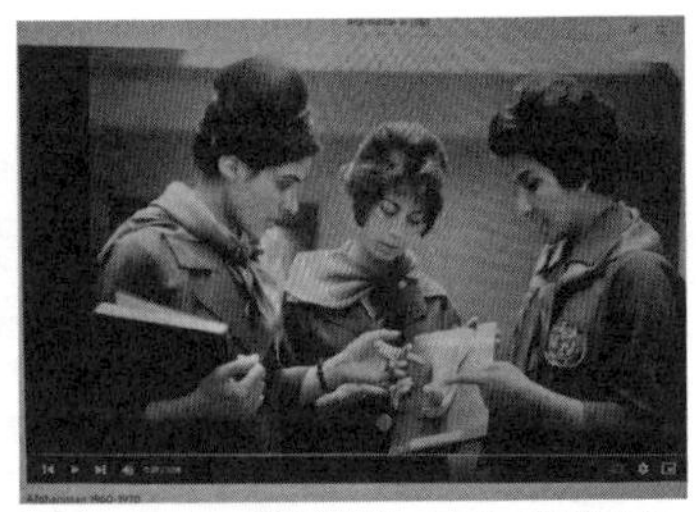

1960～70年のアフガニスタン女性。英国にわずかに１年遅れて1919年に選挙権を得、1965年に閣僚を出し、70年代にはカブール大学生の6割を占めていた。

輪になって輪になって　春の夕暮れ
ひとり寂しく　泣いていたよ

中学校の音楽の教科書に載っている『花の街』は、日本人なら誰でも聴いたことがある美しい歌です。詩を読むと、虹のかかる桃源郷を花びらが風に乗って丘や谷や海や街へと流れていく光景が浮かびます。「輪になって輪になって」というフレーズは、メロディーの高まりと共に街への思慕が膨らみます。これは哀しい歌なのか、嬉しい歌なのかわからない。懐かしさゆえに涙が出るのかと考えていたら、教科書には作詞者（江間章子一九一三〜二〇〇五年）の言葉が添えられていました。「『花の街』は、私の幻想の街です。戦争が終わり、平和が訪れた地上は、がれきの山と一面の焦土に覆われていました。その中に立った私は夢を描いたのです。ハイビスカスなどの花が中空に浮かんでいる、平和という名から生まれた美しい花の街を。詩の中にある『泣いていたよ、街の角で』の部分は、戦争によってさまざまな苦しみを味わった人々の姿を映したものです。この詩が曲となっていっそう私の幻想は広がり、果てしなく未来へ続く『花の街』となりました」

あぁ今これと同じ気持ちを抱いているのはアフガニスタン人だと私は思いました。欧米や日本のメディアがなんと伝えようと、アフガン市民は心の底でこう思っているはずです。「戦争が終わって良かった、占領者が出て行ってよかった」と。

## エンパシーの必要性

ＵＡＥとアフガニスタンは千七百キロメートルしか離れていません。日本でいえば北海道から鹿児島ほど。飛行機なら二時間で着いてしまいます。国民のほとんどはムスリムで、国土は険しい山岳地帯で農業と牧畜を主産業としています。ＵＡＥで言えば、ラッセルハイマやアルアインの岩山に農地を拓いている「山の人」と同じような生活です。ＵＡＥには多くのアフガン人が出稼ぎに来ており、西アジア人と同じく、中東社会に溶け込み共存しています。我慢強く働き者で、我が家の近くにも羊肉を使ったとびきりおいしいアフガン料理を出すレストランが数軒あります。

二〇二一年八月三十日の完全撤退を目標にしていた米軍は、追い詰められるように八月十五日に首都カブールから撤退しました。月末を待たずに首都陥落かと私たちは予測していましたが、それよりずっと早くタリバーンは首都に入城しました。その軍事力を誇って米軍を駆逐しながら制圧したわけではなく、諦念と厭戦で撤退していく米軍の隙間を埋めていっただけです。まさに無血開城で、米軍の完全な敗戦でした。占領者だった米軍は勝手にやってきて、国を破壊し、統治できずに二十年後に逃げて行った――。

我が家の衛星放送には、世界のさまざまな中小報道局（メディア）（中近東、アフリカ、東欧、西アジア諸国の報道局）が映ります。そこに出てくる無血開城の様子は穏やかでした。タリバーンは戦車でも戦闘機でもなく、ほとんどが小型のジープで、古いバイクで、極端な場合は自転車で村に入る人までいました。二〇〇一年に米軍がカブールを制圧した時とは正反対です。米軍はまず戦闘機で圧倒的な爆撃を繰り返し、都市を機能不全にしてから、巨大な戦車でやってきました。「自由と人権をもたらす」と御大層な謳い文句を掲げながら、占領者だったのは明白です。

欧米メディアは今、どう解釈しても米軍の完全な負け戦だったアフガン戦争を、タリバーン批判にすり替えて正当化しようとしています。タリバーンは再び恐怖政治を敷き、女性を抑圧し、国状は劇的に退化・悪化していると弁明しています。日本のメディアでも欧米にならった報道が垂れ流しです。ここに足りないのは、地元アフガニスタン人に対するエンパシー（相手の立場になって状況や心理を想像し共感する力）です。自分がアフガン人なら今何をどう感じるのか、どんな未来を希望し、そのためにどれほどの我慢を覚悟しているか、を想像する視点です。

私たち日本人は二十世紀に大きな戦争を体験し、戦後七十五年間その反省を求められ、被爆の恐ろしさと戦争反対の教育を受けてきました。それなのに他国で無謀な占領が終わったことを、その国民の気持ちになって喜べないのはおかしい。エンパシーを駆使して、アフガニスタンという国家を日本に当てはめて、あるいは自分をアフガニスタンの一般市民に置き換えてみてください。二十年間も自国を占領していた超越的な外国部隊が出て行く安堵感を、四十年以上も続く爆撃がついに終わる喜びを、察してみてください。

## 交錯する文明の地

近代に至るまでどの地域・国家でも、覇権争いの歴史はありました。地政学上、文明が交錯する地であったアフガニスタンは、めまぐるしく権力の交代が起こり、二十世紀以降、立憲君主制になったり共和制になったり、大統領がいたり宗教国家になったりと、安定政権が出来た時代がありません。一九七九年にはソ連軍侵攻があり、紛争は泥沼化して十年間も続きました。その間、ソ連軍がアフガニスタンに落とした爆弾の数は、第二次世界大戦で全世界が使用した爆弾の数より多いのだそうです。アフガニスタンの国土は日本の一・七倍です。一九四五年の東京大空襲では、多い場所で一平方メートルに三つの爆弾が落とされました。一国の一都市に一日だけ落とされた爆弾でさえ、あれほど凄惨な結果をもたらしたのに、第二次大戦で全世界が使った数より多い爆弾を、自国に十年間も落とされ続けたらあなたはどうしますか。

一九六〇年代後半に米国アリゾナ大学のウィリアム・ポドリッチ教授が、ユネスコの招きでアフガン教育大学に二年間招聘された時の記録写真が残っています。一九六〇〜七〇年代のアフガニスタンはおおらかで、男女ともに教育や就労の機会があり、カブール大学の卒業式では少なくない女性が角帽を被り、男女一緒に嬉しそうに卒業を祝う様子が伺えます。街ではレコード屋が流行り、女性は豊かな黒髪を隠さず、膝丈のスカートや袖なしのシャツを着て、ハイヒールを履いて颯爽と歩いています。諸民族の血が混ざる女性たちは目が覚めるほど美しく、エキゾチックで、同じ画面にはその美を隠すために頭からすっぽりブルガをかぶった女性も写っています。ハーパーズ・バザー誌[1]は、一九六八年にアフガニスタンのイスタリフ地方のファッションを紹介しました。翌年にはヴォーグ誌も特集を組んでいます。カラフルな衣装を着たモデルたちは豊かな黒髪を持ち、背が高く、中央アジア系の顔をしています。煙草を吸ってポーズをとる背広姿の男性大学教授も写っています。大学の生物実験では、白衣に身を包んだ男女が真剣に顕微鏡をのぞいています。背景にはリヤカーを引くバシュトン民族の衣装を着た労働者や、路上の物売りも見えます。田舎の風景はがらりと変わり、人々はロバやラクダで運搬・移動しています。ヒジャブを緩くかぶり、膝丈スカートに黒タイツを履いた女子高生の映像には、「アフガニスタンの男女は高校まで義務教育を受ける」と添え書きがありました。祝日に新調した服を着て、家族で外出する市民の様子も見えます。こんな時代がつい五十年前のアフガニスタンにありました。

## 他人の靴を履く

日本のメディアには「男女一緒に教室で学べなくなった」と批判が並んでいますが、その真偽や経過は別にして、頭を落ち着かせて世界の現実を見てください。

中東で最も自由な国と思われているＵＡＥでさえ、現在でも小学校から大学まで、男女共学ではありません。[2]近隣諸国（クウェート、オマーン、カタール、サウジアラビア）なども同じです。中東・イスラーム諸国では、男女別学教育は何も不自然なことではありません。それに対して文句は出ないし、退化した教育方針だという批判もありません。それ以上に、世界の統計を見ると、男女別学教育を続ける国家では、共学制をとる国家よりも女性の初等教育・高等教育就学率は高くなっています。三ヶ月前に大学を卒業した我が家の次女も、幼稚園から大学まで公立校でしたが、「男女共学システムが羨ましい」と訴えた事は一度もありませんでした。つまり「抑圧している」と勝手な想像をするのは外部の人間だけで、内部の人間は違う意見を持っているのかもしれない、と想像する力が必要です。

アフガン新政権の報道官（スポークスマン）は英語がとても達者だから、きちんと教育を受けているだろうし、女性の教育を阻んで豊かになれた国家が世界に一つもないことだって知っているでしょう。ここで問題なのは女性が教育を受けることであり、そこに男女共学制度を無理やり持ち込む必要はありません。しかし実際問題として、資金不足で村に一校しか建てる予算がないなら、男子校が先に建てられるのは世界の歴史では普通のことでした。米国は二十年間のアフガン占領に二五〇兆円もかけたそうですが、いったい国民に何を残したのか。それだけあれば学校をどんな僻地にも建てられ、二十年間分の教師の給与を払え、二十歳となった子どもたちは教育を受けられていたはずです。

私たちは自分の心地よい靴を脱ぎ、アフガン人の靴を履いてみて、初めてエンパシーを働かせることができます。一方の靴はスタイルもよく、新品で綺麗で光っているかもしれない。他方の靴は埃だらけで穴があき嫌な臭（にお）いを放っているかもしれない。しかしそこに自分の足を入れてみなければ、問題や苦悩や期待を感じることはできません。履いて初めて私たちが知らなかった現実も見えてくるものなのです。

アフガニスタンで女の子を学校へ出せない理由を私はあれこれ想像します。子どもの就学が一時停止する理由の多くは、環境が整わないからです。治安が悪く政権が安定しないうちは、親は子どもを外に出しません。戦闘の可能性がある町で婦女子を自由に歩かせる家族はいないのです。命の方がずっと大切なのだから。就学が止まるのは残念であり、今後の人生を左右する一大事だけれど、国が内戦になればどうしようもありません。中東であれだけ教育程度、生活水準の高かったレバノンやイラクが、二十一世紀にどのように瓦解したかを私たちは目の前で見ています。

## 教育の変化

「女性の教育を阻んでいる」といった短絡的な説明も、よく状況を理解しないといけません。一九九五年から約二十五年間、ＵＡＥで五人の子どもを就学させながら、私はそれこそ驚くような教育環境の変化を経験しました。それは水道も電気もない後進国からスタートし、五十年間かけて教育も試行錯誤を続けた軌跡とも言えます。時代に翻弄され、大国の思惑を押し付けられ、利益をむさぼる勢力に影響を受け、今でも完ぺきなものではありません。

たとえば長女の小学校では一時期、欧米教育を取り入れて、国語や算数の授業を削ってまでダンスや音楽を教えていました(3)。その数年前には良妻賢母をめざして料理や家庭科を教えていた時期もありました。公立学校に通った娘たちは、（時間割にはあるのに）体育の授業を一度も受けなかったし、音楽や芸術の授業は小学校まででした。二〇〇一年の米国同時多発テロ以降、宗教教育を抑制するため米国の厳しい監査がＵＡＥ教育機関に入るようになってからは、ＵＡＥ人の校長と並んで米国人の校長を各学校に着任させ、２校長制度が始まりました。米国人校長は三年間ずっと監視・報告を続け、ＵＡＥ国家の主権を侵害するような時代もありました。ラマダーンと重なったために夏休みが四ヶ月間もあった年もあるし、二学期制度から三学期制度に移行した年は、冬休みが一ヶ月以上もありました。息子の高校はアラビア語から急に英語教育に移行したために、数学を四則計算からやり直す始末だったし（私は息子を転校させようと何度も試みた）、紙の教科書から電子の教科書に変わったときは、カバンは軽くなりましたが、宿題の提出時間や方法が厳しくなって、機械操作に弱い生徒は退学していきました。

それでも子どもたちはまともに育ったし、スポーツ選手や芸術家にはならなかったけれど、大学できちんと学位を取りました。近視眼的に見ると、音楽や体育が禁止とか女子教育が制限とか、年間五ヶ月間も休み（教育の一時停止）とか、重大事件のように感じるかもしれませんが、大きな目で見れば大した問題ではありません。国が安定し、人々が飢えずに基本的な教育を受けられるなら、遅々とした歩みでも社会は発展していきます。社会が発達すれば自然に音楽もダンスも詩作も芸術も、そして子女教育もいずれ発展していくものです。開校初日からすべてを完璧に揃えられる国なんてあり得ません。

## 一日で先進国にはなれない

ＵＡＥは一九九五年にＯＤＡ卒業国[4]となり、一九九八年から（統計上は）先進国に仲間入りしました。今では大金持ちが贅沢に暮らすと錯覚されていますが、全国の公立校の通学バスに冷房機がついたのは二〇〇三年のことです。それまでは、中古の黄色いバスに運転手用の小さな扇風機（たいていは壊れている）があるだけで、生徒は窓を開けて乗っていました。午後二時の帰宅は灼熱の時間帯で、外気はオーブンの熱風そのものです。家に着く頃には髪から靴の中まで汗だくでした。通学バスは各家を廻るため、学校から二百メートルしか離れていない我が家までも四十五分もかかりました。最後の生徒の家までは一時間半はあったはずです。今のＵＡＥの若い親なら、冷房機のないバスに子どもを決して乗せないでしょう。しかし過渡期だったあの時代は、特に問題ではありませんでした。

我が家のある地域は造られたばかりの新興住宅街で、まわりはすべて砂漠でした。二〇〇三年まで舗装道路はなく、すべての道は砂地でした。ある日、幼稚園に通う次男の帰宅があまりに遅いので、迎えに行くと、バスのタイヤが砂に埋もれてレッカー車で引っ張っている最中でした。幼稚園児は全員バスに乗っており、真っ赤な顔をしてぐったりしている子どももいました。私は怒り狂い、なぜ園児を降ろして室内に戻さなかったのか、なぜ各家庭に連絡しなかったのか、なぜお金持ちの国が通学路くらい舗装道路にしないのかと、帰宅した夫に猛烈に訴えました。しかし国によって時代によって、安全基準は様々です。タイヤはすぐに砂から出ると思って園児を降ろさなかったのだろうし、モバイルやアプリもない時代に各家に電話連絡するのは大変でした。なにより冷房機が行き渡っていない時代には、通学バスに冷房がなくても危機感が薄かったのです。

幼稚園は五軒先だったので、歩けばいいと思うでしょう。しかし徒歩通学は禁止でした。たとえ学校の正面に住んでいても、付き添いがいない限り、女生徒や低学年生の徒歩通学は認められません。こう書くと「社会全体が未熟で、住民の安全基準も未熟で、環境が整わず、女性が独立する権利（習慣）を阻んでいる。教育によって安全意識（環境整備）が高められたら、女性の独立精神も育まれ、徒歩通学も認められるはずだ」と日本人は予測するかもしれません。しかし実際には真逆のことが起こりました。

夫が幼少の七〇年代までは、車を持つ人は少なくて道路も整備されていなかったために、誰もが歩いて生活していました。炎天下だって女性も集団になってどこへでも歩きました。他に選択肢はないからです。八〇年代になり地方まで石油の恩恵が届き始め、舗装道路は少しずつ拡張していきました（九〇～〇〇年代）。女性が簡単に運転免許を取れる時代になると（二〇〇〇年代以降）、徒歩通学は全面禁止となりました。インフラが発展すれば安全意識も変わり、行動範囲が広がると安易に考えない方がいい。他国では安易な予測と真逆のことも起こるのです。

## 民主主義と人権

私は人権について考えます。アフガニスタンに民主主義は育たない、タリバーンに人権という概念は通用しないといった報道がなされていますが、頭を冷やして考えれば、戦時下の世界すべてに人権は通用しないのです。人権を唱えていたら戦争には勝てないから。負けた側の人権は消滅するから人権を得るには勝つしかないのに、始めから人権を考えていたら勝てはしない。つまり戦争と人権は相容れない概念です。人権を平和な国で珈琲を片手に唱えるのは簡単です。しかしあなたの国が戦時下にあったら、「人権は常に勝った側が得る」という真実を知らずにはいられない。だからまず勝たねばならないのです。

米軍撤退のとき、カブール空港で米軍機にしがみついて振り落とされた人間を映像で目にした人は多いでしょう。あの機会に出国を試みた多くが、十代～三十代の男性でした。彼らはタリバーンに殺されるから、あるいは自由を制限されるから米国に逃げたかったのではなく、米軍機に乗れるなら最高に手軽な難民申請の機会だったからです。貧しい国、格差の激しい国、生来の身分制度が温存されている国の若者は、豊かで努力が実る可能性の高い地で働くのが夢です。その地で追い出されずに働き、家族を呼び寄せるためには、まず自分が市民権を得るしかない。そのため二十一世紀になってアフリカ諸国、西アジア、中南米など、世界中で国籍取得ビジネスは花を咲かせています。それには莫大な投資と年月が必要で、貧しい人は怪しい難民申請団体（闇の人身売買団体）に金を払って、ぎゅうぎゅう詰めのコンテナに詰められ遠路を行くか、戦火をくぐって難民船に乗るしかありません。お金以上に命を賭けなければならないのです。

カブール空港に押し寄せた多くは、一攫千金のような難民申請を試みた人々でした。「人権」を占領の最たる大義名分にしながら、米軍機は未来ある若者を振り落として飛び立ちました。おまけに機内には軍人と同じに席を与えられた軍用犬が座っていたというのだから、米国にとって結局アフガン人は犬以下だと証明したようなものです。

## 飴とムチ

私たちはエンパシーを働かせる必要があると言いました。アフガニスタン人が今一番求めているものはなんだろうか、それに近づける政権はどれだと考えているだろうかと。爆撃が四十年間も続き、物心ついてから破壊と占領と汚職しか知らない世代が育ってしまったら、あなたは祖国に何を願いますか。汚職にまみれた自国民が、無力の自国民から搾取する社会構造になってしまったら、どうやって社会を変えられるのでしょう。占領が終わるのは簡単だけれど、汚職と賄賂を絶ち、順法精神を取り戻すのは至難の業です。とりあえずは何を犠牲にしても「秩序と規律」を取り戻したい、占領軍が飴としてぶら下げていた自由と人権を、そのまま継続させると安易に約束する政府ではなく、汚職を厳しく取り締まり、順法しない人間に容赦なく罰を加え、誰一人の例外も認めず秩序を回復していく政府をあなたは求めないでしょうか。「そんなこと日本じゃ絶対に起きないから想像もつかない」と諦めないで、放り出さないで、アフガン人になって考えてみてください。ただ想像して共感するだけでいい。

アフガン新政権の報道官は言いました。

「私たちに列強諸国は必要ない。今後はアフガン人がアフガニスタンの発展を担っていく」

それは理想論かもしれない。しかし気持ちはわかります。プライドのある独立国家や民族は、最後の一人になろうとも闘うことを止めないものです。ドバイ首長はかつて著書で同様のことを呼び掛けました。

「この地域外の人々や指導者たちにはっきりと宣言しておく。変化は我々の手の中から始まる。この退廃を止めるために外部の超大国の力は必要としない。内部の力だけが必要なのだ。周囲の多くの国々を退廃させた憎しみや不寛容に打ち勝つのだ。内部からの力で(5)」

## 求める自由の違い

私は三十年間中東に生き、現在のUAEでさまざまな恩恵を享受しながら、すべてが自由ではないことを承知しています。たとえば言論の自由、政府に対する抗議、首長家への批判、宗教の冒涜、他者（特に女性）の名誉を汚す行為などは中東では許されません。許可のない集会は一切開かれず、思想的な運動もストライキも禁止です。

法的な規制はないものの、アラブ民族には社会的・心理的な「女性の行動規制」があります。アラブ女性には行ってはいけない場所（危険な地域、夜間帯、異性だけの集まる場所、自社会とはルールが違う他社会＝例えば飲酒する社会など）が無数にあるのです。宗教的な背景もあるし、厳しい自然環境、世俗的な思い込みの影響も強い。かといって、環境が改善し社会が発展すればそうした場所へ行けるようになるかというと、そうはならないことは前にも書きました。

加えて、そうした行動規制からくる人間関係の制限・限界もあります。男女別行動をとる社会では、友情や旧交なども含めた男女間の関係を維持するチャンスは存在しません。欧米人は当たり前のように夫婦揃ってパーティに出たり他夫婦と食事するというのに、私たち夫婦は結婚以来、同年代の夫婦と一緒に食事をしたことはほとんどありません。今の私には旧友以外の友人男性は一人もおらず、今さらどうやって同年代の男性と友情を築けるのかもわからない。

しかしだからといって私は口を塞がれ、自由を奪われ、我慢に我慢を重ねて生活しているわけではありません。東京で享受していた楽しく明るく愉快な男女混合生活を随分と手離したけれど、今の人生においては二次的、三次的な優先順位です。国家、社会、コミュニティ、ひいては家庭が安定しなければ、個人の優先順位など存在できないことを知っているからです。

何かを得る代わりに何かを手離すのは、この世の鉄則です。二十一世紀の湾岸中東は危ういバランスを抱えて、近代の国際舞台にようやく出てきました。それまでは大国の植民地として、あるいは植民地政策にも漏れるほど過酷な辺境の地（原油発見の前まで）として、見過ごされてきました。今世紀になり、かつて芳醇な国土と豊富な資源、長い歴史と高い教育レベルを誇っていたはずの大国（イラク、チュニジア、レバノン、シリア、エジプト、ベネズエラなど）が、つまらぬ因縁（「大量破壊兵器を持っているかもしれない」、「独裁政権が長い」、「犯人を匿った」、「化学兵器を使った」など）をつけられて目の前で瓦解していくのを、私たちは見てきました。多少の不自由や難点に目をつぶることがいかに重要か、骨の髄までわかっています。世界に存在するたくさんの民族や集団は、得られるものと得られぬものとの危ういバランスの中で、自分の脚で立ち頭で考えて納得して生きているのであり、すでに多くを持つ国から「あれが足りない、これは不十分だ」とゴリ押しされて、そのバランスを崩される必要はないのです。彼らには彼らの流儀があることを、私たちはもう知らなければなりません。

アフガン人は今、何を得るために何を手離す覚悟でいるのか、私は想像を巡らせます。毎日メディアから溢れてくる貧困や女性の就学就労の否定、娯楽禁止などは、本当は大したことではないと感じます。第二次大戦後の日本だって貧困も餓死も混乱もありました。家族や身分を無くして橋の下に住む子どもたちに、就学の機会はありませんでした。多くの困難の中でたくさんのものを犠牲にして、私たちは今の日本を築き上げてきたのではないでしょうか。諦めて手離す代わりに、未来のために最も大事なものを必死で守り築いてきたのではなかったでしょうか。

## 二人の青年

去る八月十六日、タリバーンが首都カブールに無血入城した直後に、私たちはソーシャルメディアでおもしろい映像を観ました。カブールの街で働くサウジアラビア青年が、仕事仲間（アフガン青年たち）と撮った街の様子です。これはアラビア語圏でかなり視聴された映像でした。

「ほら見て見て！　これがカブールだよ。二年間住んでいたけれど、今日僕は初めてモバイルで街の様子を撮ることができる。（モバイルのような）贅沢品を持っていると、すぐ政府軍の奴らがきて取り上げ、金をむしり、武器で脅し、やりたい放題だったからね。一度も街を映すことは出来なかったんだ。ほら、あれはね（と映して）僕が経営する喫茶店だよ。とても美味しいお茶を出すんだ。ねぇ飲みに来てよ！　もうすぐタリバーンがやってくる。あぁ良かった。これでもう誰もピンハネしない、金を巻き上げない。泥棒したらタリバーンは手を切っちゃうからね。悪いことをしたら鞭打ちで、重犯罪者なら死刑だ。誰も容赦しない。これでやっと規律が戻ってくる。よかった！　よかったよ！」

　青年はくるくると回りながら街の様子を撮り、手を叩き、アフガン帽を振り回して仲間と小躍りしていました。

　その直前の八月上旬、アルジャジーラ報道局(6)がカブールの街で若いアフガン青年を取材していました。彼は小さな食堂に勤める若者で、ときどき店内のステージでアフガン音楽を演奏していました。米軍が荷物を滅茶苦茶に詰め込んで慌てて出ていく様子を、手をばたつかせて横目で見ながら、焦燥と苦渋と諦念に頭を振り顔を歪めていました。そしてカメラに向かって早口でこう言いました。

「音楽だってダンスだってもう禁止だ。せっかく習っていたギターも捨てなきゃならない。タリバーンが来る前に店の飾り（ライトが点滅するギター）を取り外さないと壊されちまう。いったいどうしてこうなったんだ。カブールは第二のドバイになるんだと思っていた。なってほしいと願っていた。

アメリカがそうしてくれると信じていた。ドバイのように自由で幸福で、希望に向かって努力できる夢の街になると信じていた。こんなに待ったのに。こんなに犠牲を払ったのに。それなのに、それなのに……」

この二人はアフガニスタンの若い世代を象徴しています。片方は、占領軍の甘い幻想に洗脳され、つかのまの自由を得ていた青年。武器を背負い徒歩で戻ってきた厳しい宗教政権に恐れ慄き、明日をも知れぬ恐怖に顔を歪めています。もう片方は、汚職と賄賂と占領に口をつぐんで我慢していた青年。歪んでいた顔を空へ向けて、やっと大きく深呼吸しています。彼らだって白か黒ではないでしょう。どちらもグレーで、生き残るために賄賂も渡しただろうし、他者を踏みつけたり汚職を見て見ぬふりをしてきたはずです。しかし、どちらも現在のアフガニスタンに生きる青年で、明るい未来を切望し、自分の夢を叶えたいと心から願っています。遠い地に生きる私たちは、ただ彼らを応援するしかありません。批判や否定、煽りや思い込みを排除して、ただ彼らの靴を履き、彼らの描く未来を夢想するしかないのです。

この二人の映像は私の脳裏に強く焼け付いて、しばらくは忘れられない姿となっているのでした。

（二〇二一年九月）

註

1．Harper's Bazaar 米国の有名なファッション誌で、一八六七年の創刊以来、世界の女性ファッションを牽引してきた。

2. 二〇一八年の教育改革で公立小学校は三年生まで共学となる。

3. その時に多くの親が「ダンススクールに入れたわけじゃない！」と怒って子どもを転校させた。

4. 世界開発援助委員会（ＤＡＣ）が定める開発途上国のリストから外れた国のこと。先進国の仲間入りをする第一歩。

5. ムハンマド・ビンラーシド著『幸福と積極性』より。

6. カタールに基地（ベース）を置く中東メディア。

# 第5章

# コロナ時代を生きる

コロナ下でも礼拝が解禁になったマッカのカアバ神殿。（2021年5月）

# 思い出の詰まった八月

## 押し寄せる記憶

一九九〇年に私が乗船した「世界青年の船」は、総務庁（現内閣府）が主宰する国際交流プログラムです。世界中の若者が集まり船上生活を送りながら、互いの文化や社会への理解を深めるものです。船上生活は三ヶ月間で、[1]その年はアラブ、ヨーロッパ、北アフリカ、西アジア地域から十二ヶ国、男女合わせて一七〇名、加えて日本人百名が選抜されて乗船していました、アラブ人を見たのはあの時が初めてで、体格がよくて髭を生やし、厳しい表情をした男性たち（女性は二名だけ）は恐ろしく年配に見えました。しかし下船する頃には、彼らが情に厚く、涙もろく、我慢強い人々だとわかっていました。その船には十一名のクウェート青年も参加していました。

「青年の船」プログラムはにっぽん丸で世界を廻る。

一九九〇年八月二日は、中東で「湾岸戦争」が始まった日です。船のプログラムが終了したのは、そのわずか四ヶ月前。心打ち解けた同世代の仲間が、突然に戦争に巻き込まれたショックは、私たちに大衝撃を与えました。

今と違って携帯電話（モバイル）もコンピュータもなく、情報源はテレビかラジオの時代でした。当時二十代だった私たちがテレビを観るのは、帰宅した夕方以降に限られていました。友人が捕虜になったのか亡くなったのか、難民として逃げおおせたのか、何も知らず連絡もとれないまま、日本で祈るしかありませんでした。連絡手段といえば、切手を貼って郵便局から出す手紙しかなく、郵便局へ行くと「今は手紙なんてクウェートへ届きませんよ」と当たり前のことを言われて帰ってきました。

その頃まだ恋人だった夫は、クウェート侵攻後に国際電話をかけてきて、「UAEにも難民が押し寄せている。篤志家が提供する空きアパートに難民家族をあてがうボランティアをしているんだ」と言いました。

「難民」なんて七〇年代のベトナム戦争の時に聞いた言葉で、あのお金持ちで豪奢で我儘なクウェート人とは結び付きませんでした。船上でもクウェート人は最もお金持ちで居丈高で命令調で、船の食事時間やキャビンの振り分け(2)に対して、管理部に最も不平を言った国民でした。船内勤務の美容師さんが、「男性の散髪代は千円なのに、最も小さい紙幣である千円をさらにチップでくれる人たち」と形容していました。しかし中東では、先に原油が発見され発展していたクウェートが、貧しかったUAEやカタールに学校や病院を建ててくれたので、非常に尊敬されている国でした。

夏を過ぎ侵攻から一ヶ月も経つ頃、夫は再び電話をしてきて、

「多国籍軍に志願する」と言いました。アラブ連合軍に参加し、クウェート解放戦に従軍すると。

私は驚いて言いました。

「クウェートとイラクの戦争でしょう。なんで国籍の違うあなたが遠い場所へ行って戦争するの」

その頃の日本はバブル真っ盛りで、戦争や占領、難民などという言葉とは無縁の生活でした。

「恋人が出征するかもしれない」と周りに言うと、派手な格好をしてキビキビ働く友人に、「はぁ?」と顔を覗き込まれ、どこぞのお伽噺か冗談（ジョーク）かと疑われたものです。私の心は塞ぎ、浮かれた街並みを見ても心が弾まず、ぼんやりしていたのを覚えています。

その頃、イラクのサッダーム・フセインが科学兵器を使うと噂が流れていたので、出征する夫に送ろうと、私は東京でガスマスクを探しました。当時は一般人がそんなものを購入するルートは皆無で、自衛隊オタクか宗教カルト団体だけでした。グーグルもない世界で、新宿駅の公衆電話に置いてあるイエローページをめくり懸命に検索しました。しかし調べようもありませんでした。自衛隊に武器を卸す企業に勤める親友が、こっそり特別に購入できるか訊いてくれました。料金は五万八千円だったと記憶しています。

国際電話で「それを買ってあなたに送ってあげるわ」と言うと、夫は、

「いらないよ、軍需製品なんて郵便じゃ届かないし、きみが怪しまれるだけだ」と言いました。

当時東京で働いていた私は、給料をはたいて購入しようか本当に迷いましたが、結局は止めまし

た。落ち着いて考えれば、出兵するときに自分だけ助かるガスマスクを持って連隊に入れるわけがないからです。まったく恋は盲目だと自分ながら思いました。

翌年、湾岸戦争はあっさりと終わり、夫は出征することはありませんでした。その三十年後に、私たちの息子が兵役に就いているとは夢にも思いませんでした。

## 変容していく兵役

ＵＡＥでは二〇一四年から兵役が始まり、すでに七年目を迎えます。初年度は期間が九ヶ月間でしたが、イエメン戦争が長引くにつれ十二ヶ月間に、そして十六ヶ月間に延長されました。十八歳から三十歳までの国民男性は必ず参加しなければならず、重篤な病人以外に抜け道はありません。アラブらしいのは、家系が絶えると困るので、一家に跡継ぎが一人しかいない場合は、戸籍を提出して兵役免除となることです。しかしその戸籍も毎年提出しなければなりません。一年経てば歳の離れた弟が生まれる場合もあるし、父親の第二夫人が腹違いの弟を生むかもしれないのです。父親の名前を継ぐ弟が生まれれば、兵役の義務はすぐに発生します。また病気や怪我がある場合は、生まれつきの障害でない限り、軍医からの診断書を毎年提出しなければなりません。身体が回復すれば、同じように兵役の義務は生じます(3)。

二十八歳の長男は、今年一月に召集されました。通常は高校卒業時に呼ばれますが、二〇一四年以前に高校を卒業していた者は、呼ばれる時期はわかりません。軍隊は、同じ時期に息子全員が兵役でいなくなってしまう家庭や、若い男性職員が多数いなくなってしまう職場をつくらないように、人員を調整しながら招集します。長男は本当は昨年召集されたのですが、特別許可で一年延期になりました。二〇一八年にスポーツのアジア大会で日本のサッカーチームが準優勝したからです。日本語が堪能な長男は日本チームの通訳をしており、日本が負ければお役御免で兵役に就く予定だったのですが、勝ち進んで優勝決定戦までいったので、兵役期間にかかりました。もし日本が優勝すれば、祝賀会も表敬訪問も通訳がいなければ難しいため、スポーツ省から特別に兵役の延期願いが出されました。おかげで息子はイエメン戦争が最も過激だった時期から外れることができました。

今年一月、頭髪と爪を一ミリの長さに切った長男は、兵役キャンプへと向かいました。携帯電話はもちろん使用不可で、最初の三週間の訓練では、家に帰ることも連絡を取ることも許されません。息子から初めて受けた電話では、冬の砂漠は手足が凍るほど寒く、太陽熱発電(ソーラー)の温水器では間に合わず、最初の三人分しかシャワーの湯が出ないと嘆いていました。しかし日が昇れば当然ものすごく暑く、耳の上部が焦げるほどだそうです。この気温差はいかに若い青年でも苦しいようでした。

## コロナ禍と兵役

新型コロナウィルスが次第に蔓延していく中、長男は三月初頭に、何の知らせもなく突然帰宅しました。それから自宅待機が続き、四月には本来の職場に戻るように指示が出ました。と思ったら五月末に再び召集されて、キャンプへと戻りました。軍隊ではすべてにおいて計画や場所を事前に教えることはありません。呼ばれたら行き、帰らされたら戻るだけ。それも訓練の一環です。親としては「じゃあまたね、元気でね」と送り出し、いつ来るかわからない次の連絡を待つばかりです。兵役中といえども、戦況が悪くなれば本物の戦地に駆り出されることもあるため、自宅待機になったのは却(かえ)ってよかったと私は思っていました。八月の今は別の部署で職業訓練を受けています。

一方、三男は高校を卒業した年に兵役を終え、すでに予備兵として登録されています。予備兵は年に一度、二週間の補習訓練に参加する義務があります。時期は夏と冬があり、仕事や学業の都合で希望が出せます。冬に行けるならまだしも、真夏なら大変です。最近の日本も夏は気温が高く四〇度を経験しているでしょうが、中東では当たり前に五〇度になります。地表はオーブンの中を歩くような熱風が流れ、砂やアスファルトに触れると安物の靴は溶けてしまいます。水道から出る水は熱湯で、シャワーを浴びれば火傷します。そんな砂漠の奥地で行われる軍事訓練はまったく生き地獄です。かつてこの生き地獄は若い三男をすっかり変貌、退廃させてしまいました。

その三男がある日突然、UAEの大学を辞めて米国留学すると言い出したとき、私は強くは反対しませんでした。知らぬ間に入学試験に合格(パス)し、奨学金も得ていたらしく、とりあえずやる気を出したことに喜びました。外科手術を二つも受けて身体を直し、兵役から三年の変節を経て米国に旅立てるほどの心身を取り戻した喜びは、親として言葉ではとても表せませんでした。

その米国では二〇二〇年の三月半ばまで、コロナは対岸の火事でした。徐々に感染が拡がり始めると、UAE教育省は全世界にいる自国民に帰国命令を出しました。呑気に構えて帰国したがらない三男を宥めすかし、泣き落として、やっと空港封鎖の直前に滑り込みで帰国させました。帰国すれば兵役の補習訓練に行かなければなりません。外出禁止令が解けた七月から訓練は再開し、三男はすぐに招集されました。重い装備を抱えて渋々と、しかし粛々と、息子は軍事キャンプへと出かけて行きました。

湾岸戦争が終わって三十年経ち、果たして世界は良くなったのか悪くなったのか――。

三十年前、私たちは意気揚々と船に乗り、世界から集まった同世代たちと、どのような未来を築きたいかを熱く語り合い、知識と友情と思い出を財産に自国へ戻っていきました。私たちの世代はそれから世界で何を残してきたのだろうかと、我が息子たちを軍事施設に送り出しながら考えます。もしかしたら私たちはただ古い敵を手離し、新しい敵を作っただけなのかもしれない。子育てやローンなどに神経を奪われているうち、理想を握った手を緩ませてきたのかもしれない。安穏と快楽を知り、深く考えることを止めてしまったのかもしれない。そうでなければ、なぜ私の息子たちが予備兵となって、こんな地獄の窯のような砂漠で闘う準備を整えているのか。私たちはいったいどんな努力を怠ったのだろうか――。

軍服の胸に刺繍された息子の名前に指をあてて、私は考え続けています。

## 原爆投下から七十五年

一九八〇年代初頭、交換留学制度を使って私が在籍した米国の高校には、「二十世紀の社会」という社会学の授業がありました。それは二十世紀に起こった世界中の問題について学ぶ、高校三年生の必修クラスでした。数日ごとにテーマが変わるために深く掘り下げる内容ではなく、全体像を知識として習う程度でしたが、米国人が感じる二十世紀の特出した出来事の羅列は興味深いものでした。大恐慌、ワイマール共和国、スペイン内戦、ベトナム戦争、カンボジアの虐殺、ホロコーストなどなど。

その一つに「原子爆弾」があって、ロシアやドイツの物理学者との開発競争、ビキニ島での実験や、広島・長崎に落とされた種類、放射線の影響などが紹介されました。そのクラスにいた唯一の日本人が私で、「ピカドン」の意味を訊かれました。三十代後半だった若い教師は、「第二次世界大戦を終わらせるために、米国は原爆を使った」とは決して言いませんでした。それよりも、ソビエト共産党のアジア南下を怖れて急いでいたこと、真珠湾攻撃の報復を名目に、新型爆弾の人的影響を調査したかったのだと、はっきり言いました。クラスでは米国だけが持ち得ている悲惨な写真をいくつか見せられ、圧倒的な軍事力と科学的な探究心を淡々と説明されました。

それから数年経ち、私は日本で「東南アジア青年の船」に乗船しました。これは前述した「世界青年の船」と類似の青少年国際交流プログラムで、東南アジア諸国と日本の青少年の文化交流を目的とします。この船にはフィリピン、シンガポール、マレーシアをはじめ、七ヶ国の青年二五〇名ほどが参加していました。戦争で敵味方に分かれた東南アジアの人々と、文化学術的な活動・交流を通して互いの理解を深めるもので、乗船期間は約二ヶ月。各国の寄港地ではホームスティを含む交流活動がありました。

船内活動では多様なテーマの討論（ディスカッション）があり、当然ながら、太平洋戦争の影響を語らずにお互いの歴史は語れませんでした。戦後四十年経ち、参加青年たちは親が戦闘に参加した世代というより、祖父の弟か年配の叔父あたりが出征した家庭環境でした。そのため自由かつ気楽に戦争について語れたのですが、同世代の日本人に「原爆投下は戦争を止めるためにやむを得なかった」と言う人がいたのには驚きました。あれほどの暴力を「仕方なかった」と完結する自虐心を疑いましたが、多くが日本の被支配国だった東南アジアの人々に向かって言い切る無神経にも呆れました。とはいえ個人の意見だから「そう思う人がいても結構」と私は思っていました。

しかし後になって、日本代表の発言者（スポークスマン）が決められ、その人以外は公の場で意見を言えなくなってしまいました。「一人ひとりの意見が違うといけないから」という、よくわからない理由です。私にしてみれば各自意見が違うのは当たり前で、Aさんは原爆投下を仕方ないと思っても、Bさんは戦争犯罪だと主張してもいいはずです。全員が選抜試験に合格して乗船したのだから、自論を言う権利はあると主張しましたが却下されました。今の日本も同じでしょうが、同調圧力や管理欲求は船の中でも当然のようにありました。そんなわけで自分の意見を思うように言えぬまま、「原爆投下はやむを得なかった」と主張する人と一緒に、その後も船に乗り続けなければなりませんでした。

## 広島にて

二〇一六年夏に、海外からのお客様を広島原爆記念館に案内しました。慈善活動で一緒に仕事をしたUAE人とサウジ人で、東京にできたばかりのイスラーム文化交流会館の開館式に出席するため、訪日していました。ムスリム諸国の大使や宗教法人の最高位の方々が出席した式典は、本来なら日本にとっても大きなニュースになっていいはずが、当時の天皇陛下（現上皇）の「お言葉」があった日で、日本中が仰天し、全国紙のほとんどはその記事に埋め尽くされていました。

東京での式典のあと、私は彼らを京都と広島へ案内しました。彼らは被災者を救援する専門家ですから、どの観光地よりも広島訪問に興味を持っていました。

八月の暑い日、混雑する客の合間を縫ってやっと原爆記念館から出た時に、彼らが言ったことは興味深いものでした。

「展示がきれいですね。全然悲惨なところがない。科学的に学術的に原爆投下を見せています。米国から圧力がかかっているのですか」

「いえ、そんな圧力はないと思いますよ」と私は答えました。

「現代の日本人は悲惨なことが嫌いなんです。悲惨な展示をしたら誰も来なくなります」

「日本人が清潔好きでお洒落なのは、街を歩いていてもよくわかります。でも、それとこれとは別問題です。世界で原子爆弾を一般市民に落とされた国は他にないんですよ。圧力に屈して黙りこんだり、大国が押し付ける理由や報告だけを次世代に伝えていると、次世代はそれを常識と思って育ちます。日本はそれでいいのですか。といっても米国の圧力には勝てないものだけれど……」そうUAE人は言いました。

その横でサウジ人は、

「入館料が二百円っていうのが解せません。六リアルでしょう。缶ジュース一本の値段ですよ。なぜですか」

「小学生でも入れるように、低く設定しているのかも知れませんね」と私は答えました。

「館の維持費が二百円で補えるなんてまず有り得ないから、国が援助しているのでしょうが、仮りに補えるとしても、なぜ入館料を二千円に上げて、そのうち千八百円を被爆者の治療費や生活援助に回さないのですか。被爆者はもう少数しか残っていないでしょう。老齢の彼らのために、平和で豊かになった時代の人が払うのは当たり前のことです。原爆投下は日本のせいという考えはおかしい。グローバルな世界では、他の世界においても人間の犯した過ちや、くだらない研究心の結果で犠牲になった人々のために、全世界が支払うべきです。研究成果はいまや共有されて、人類の財産になっているんですからね。自分の払う入場料の九割が被爆者の援助になるとしたら、世界中の人は喜んで支払うはずです」と言いました。

「しかし、日本にはちがう考え方があるのだろうね」とすぐにUAE人が続けました。

「東日本大震災の際に中東諸国が援助を出そうとしたとき、嫌な経験をしたのはチャリティ関係者なら誰でも知っている。援助はいらないし自力で復興できると主張して、日本は寄付を受けとるのをさんざ渋ったし条件も出してきた」と、アラブ人たちは秘密を分け合うように笑いました。

「被災した者に対して厳しい国家は珍しい。それは日本人の特異性なのですか」

私たちから少し離れていた若いサウジ青年が近づいてきて言いました。

「ねぇ、こっちに来て。公園で被爆者が体験談を語っています。聞きましょうよ。とても重要なことですよ。展示品を見るよりずっと説得力がある。僕は今まで十五分も聞いていたけれど、暑くて水を飲みに戻りました。それにしても、なぜあんな暑い中で高齢の人が敷石に座って話すんですか。記念館の中に専用の部屋を用意すればいいのに。あれじゃ高齢者はもっと参ってしまいます」

私は言葉を失いました。これが経済大国第三位である日本の復興の秘訣、「自己責任」の正体です。アラブには自己責任という概念はありません。すべては神様が各自に与える運命で、個々人はそれを背負って生きるだけです。公園の敷石で話している高齢者が自己責任で被爆し、自己責任で回復への辛い長い年月を過ごし、自己責任で暑い真夏の屋外で体験談を語っていると、私は口が裂けても彼らに言えませんでした。言えば、私がそれを認めていることになります。

何故こうなったのでしょう。日本は戦後に奇跡のように復興し、皆が基本的な福祉を享受し、理不尽な政治的苦悩や圧力を受けている人はいないのに。日本のように責任を国民に丸投げして奇跡的な回復を遂げる国と、過酷な運命を個人の責任には決して帰着させない、経済的にも技術的にも自立できないアラブ諸国と――。あぁそうでした。彼らと一緒に仕事をしながら、どちらが正しいか間違っているかを決して判断しないのが慈善事業だと教わったのでした。目の前にいる人たちを救う、それだけだと。

## 牡蠣弁当と塩アイス

私は八〇年代初頭に、高校の修学旅行で広島原爆記念館を訪れた時のことを思い出しました。あの頃はまだ戦後三十五年くらいで、多くの被爆者が生きておられました。館内には悲惨な写真や遺物が多数あり、それらは入館から退出するまで呼吸すらできない程に、ずらりと並んでいました。特に被災地を再現した舞台では、茶褐色のライトに照らされ、皮膚と衣服をだらりとぶら下げた被爆者が、ゾンビのように歩いている模型があり、ドカーンという投下音、人々の叫び声、阿鼻叫喚がバックに流れて、地獄図そのものでした。

展示を見たすぐ後に、広島名物の牡蠣弁当が配られて、弁当を開けた途端に私は公園の植え込みに吐いたのでした。それほど、あの頃の展示は悲惨な状況をはっきり表現していたし、弁当にあった醤油ダレのついた牡蠣は、まるで肉塊のように新鮮だったのでした。あれは人生でもう二度と見たくないと確かに思った展示でした。人生で二度と見たくないと誰にも思わせる展示をする勇気を、だから原爆は決して使ってはいけないと主張する底力を、私たちはお洒落とキレイの裏側に置いてきてしまったのでしょうか。

それから四十年近く経ち、戦争は七十五年前になりました。原爆を投下した国の大統領が折った折鶴を飾る記念館は、オシャレですっきりして、原爆投下は米国の戦争犯罪だと自由に言える世の中になり、戦争の影響で長らく後進国だった国々からも大勢の観光客が訪れるようになりました。記念館周辺のどこにも牡蠣弁当は見つからず、その代わりに、私は広島名物だという「塩アイスクリーム」なる珍物を客に振る舞いました。サウジ青年はインスタグラムで記念館をバックに、「珍しい塩アイス！」と世界中の友人に配信し、瞬時に何十ものいいね！をもらって大満足していました。何かを捨てて何かを得るのは世の常だと思いながら、アイスを片手に、私たちは記念館を後にしたのでした。

## 八月の記念日

八月中旬、私の携帯電話(モバイル)にケーキの写真が送られてきました。フルーツを大盛りにしたトッピングに「二周年」と文字があり、長女からでした。

長女が結婚してから二年も経つかと思うと、光陰矢の如しです。五人の子どもで初めての結婚とあって、つま先から髪の毛までテンパっていた私が、ガラクタ屋敷を片付け、枯れ枝の絨毯と化した庭の芝生を引っこ抜き、運送屋もこれほどかと思う量の家具を捨てて、我が家に八十名の招待客を迎えたのが、二年前の八月でした。

アラブの結婚には、双方の家族で結婚を内定する「フトバ」、法律上の入籍をする「ミルチェ」、公にお披露目する結婚式の「アルス」と三段階あります。そのうち最も重要なイベントであるミルチェは盛大に祝われます。花嫁の家を何千もの電球で飾り、大きなテントを建てて招待客を迎え入れます。テントは男性客用で、女性客は主に家族だけが家に来ると言われ、呑気な私は「そうなのか」と信じていました。

しかし人数にかかわらず、家は掃除しなければなりません。当時の我が家は荷物だらけ。大学の寮を引き払って次男と三男が持ち帰った荷物と、日本留学を終え船便で送られてきた長男の荷物と、外国の長期研修から長女が持ち帰った冬服と、義母が突然同居することになり客間から移動した荷物が、あらゆる場所に天井まで積まれていました。きれい好きな私は膨大な荷物を見るたびにゾッとして、秘かに「家出したい」とまで感じていたのでした。

結婚式のため電飾で飾られた我が家と満月。

そんな状態なのに、婿の父親と夫は「ミルチェは二週間後にする」と勝手に決めてきました。それを聞いた私の慄きといったら！　二週間後なんて明日と同じくらい近いじゃないのと叫ぶ心を抑えて、

「この家を片付けるのがどれだけ大変か知っているよね」と尋ねました。夫はニコニコ笑って、「ちゃんと皆で協力するさ」と返事しました。しかし相手はアラブ人です。そう簡単には信用できません。

その日からのストレスは大変なものでした。家を見渡せば「あぁどうしよう」という気持ちばかり先行します。荷物や家具の移動は掃除の第一歩でしかありません。その後に壁紙や絨毯の張り替えが始まって、終われば家具を戻します。それからカーテンや壁の飾りつけ、皿やカトラリーの準備があって、同時進行で茶や菓子の用意があります。二週間で足りるわけがないと思うのは日本人の私ひとりで、この程度の唐突な来客などアラブ人にはものの数ではないのでした。一般家庭に五十人前後の客が来ても大事件ではない。援けてくれる親族や隣人は多いし、かき集めたらメイドも二十人くらいは集まります。しかし我が家には頼れる人はおらず、メイドも一人きり。日本人の母がいかに力不足だとしても、代わりの母を持ってくるわけにもいきません。娘は「ママだけが頼りなのよ」とうまい事を言いますが、私の頭は壊れた機関車のように警笛を鳴らすばかりでした。

その期間、私を突き動かしていたのは「祝い事を延期してはいけない」という思いだけでした。結局、私は独りで働き（夫は男性用テントの準備をしていた）、大車輪で家を片付け、壁紙もソファも椅子も大急ぎで張り替えました。正気を失わないように朝から何度もシャワーを浴び、血圧を抑える薬を飲み続け、深呼吸を繰り返して、壁に貼り出した仕事メモを猛烈な勢いでこなしていったのでした。

寝る暇もなく怒涛のような二週間を過ごした後、娘は美しいドレスを着て、幸せいっぱいの花嫁になりました。当日、親しい親戚だけだったはずが近所の人まで八十人も家にきて、素敵なおもてなしどころか、誰がどこに座っていたかもわからぬほどの大混雑ぶりでした。

しかし終わってみれば、大変だったという漠然とした記憶と幸せな印象しか残りませんでした。そう夫に伝えると、

「よくやった。きみの最大の功績は幸せな記憶しか残さなかったことだ」と言われ、あぁそうですかと腑に落ちたのでした。

## 幸せを紡ぐ努力

私は中東に三十年も生きて、世界が幸せなことばかりではないと身を以て知っています。苦しい生活を送る人は大勢いて、お金や石油では得られないものがたくさんあって、辛い経験をしているはずなのに謙虚でない人はゴマンといて、声や態度の大きさだけで押してくる民族がいて、物質的に恵まれているのに妬みや恨みを振りまく人が、隣りにもその隣りにもいます。

この三十年間に私の家にもたくさんの苦しいことがあったし、後悔や無念は拾いつくせないほど地面に落ちています。しかし、苦(にが)い思いを刻み残して生きるのは賢い選択ではない——ということも学びました。

イスラーム世界では、人間は神から〝自由意志〟を持つことを許されました。人間より先に神に創造された精霊（天使）は、自由意志を持たず神の命に従うだけの存在です。同様に、自然も木々も山々もその目的のために作られ、使命（自然は環境に則した姿を現し、木々は光合成を続け、山は堅固に安定して立つ）に忠実であるだけの存在です。けれども人間は、神の命に従う以外の自由な意志を持

つものとして創られました。

神が人間を創ろうとしたとき、天使たちはこぞって異議を申し立てました。「あなたは地上で悪を行い、血を流す者を置かれるのですか」と。それでも神は人間の祖先であるアーダムを創りました。そして〝地上における神の代理人〟として、人間に信託を与えました。信託とは、地上世界をその終焉まで運営していく責任です。神は人間に創造性を与え、美しいものと醜いもの、神聖な部分と俗世の部分、善と悪、能力と無力、高慢と絶望などを同時に持ちうる資質と、それを選択する意志も与えました。

ユダヤ教とキリスト教の流れを汲みながらも、イスラームでは人間は「神に選ばれし優越的な存在（ユダヤ教の選民思想）」でも、「禁断の実を食べた罪深い存在（キリスト教の原罪思想）」でもありません。もっとずっと普遍的な人間性を持ち、生まれながらにして弱い存在です。人間に創造性があっても、神のそれに比べれば微弱なもので、人間は自分の力だけで完璧にはなれないし、導きを知らぬまま正道を進めるわけでもありません。その道しるべとなるのが啓典クルアーン(4)で、神が人類を導いていくものなのでした。

近くの国では意味のない戦争をしていて、自国の国境線を守るわけでもないのに、遠い国まで駆り出される若い兵士たちがいます。湾岸戦争から三十年が経ってみれば、最悪で最強だった敵国が知らぬ間に仲間となって隣りに座るウルトラQを味わうことになりました。それは、地下に石油が見つかり世界に追い付こうと踏ん張りながらも、二十一世紀の現在でさえ、超大国に首根っこを押さえられている小国の現実をよく表しています。おまけに新型ウィルス統制で行動の自由は減っていくばかり。戦争、占領、侵略、破壊、奴隷制、難民、人身売買など、人類が解決すべき問題は山積みしているけれど、それでも私たち人間は、これからもいくらだって、どんな風にも、未来を変えていくことはできるのです。

罪や悪ばかりを注視して人類の築いてきた美しく力強い創造性を忘れてはいけません。宇宙にロケットを飛ばし、アルゴリズムを発見し、天然痘を撲滅し、家族や他人を愛する心を紡いでいる人間の創造性を、戦争や破壊といった記憶で台無しにしてはいけない。それは悪魔の誘惑に負けることです。ほんのわずかでも美しい記憶に感謝して生きる選択肢があるのなら、人を恨み世界を憎んで生き続けるよりずっと幸福になれることを、私たち自身が強く肝に銘じないといけません。

私たちには自由意志がある。自分の周りの小さな世界を美しくも醜くも変える力を持っている。なぜなら人間は選択する力を与えられたから。私たちの手中にある最強の武器の力を疑ってはいけない――。厳しい統制下で外出もままならぬ夏に、思い出に浸りながら私は考えていました。

（二〇二〇年八月）

註

1. 現在は一ヶ月半の船上プログラム。

2. 国籍の違う三人が一つのキャビンを共有するのが船内ルールだった。
3. 二〇二一年から一人っ子が理由の免除はなくなった。
4. 崩壊せずに世界を運営し続ける。

# 錦を飾る

## 入院

五月の早朝、階下から呼ばれて外に出ると、メイドが長男に支えられて勝手口に立っていました。左手でドアのハンドル、右手で息子の腕をつかみ、身体を丸めて吐いていました。驚いて「何か変なものを食べたの?」と訊くと、荒い息で「何も」と答えます。メイドはいつも十時過ぎに朝食をとるので、吐いた物はなんだろうと思いました。

部屋に連れて行って休ませ、汚れを片付けにいきました。半時間もして戻ると、胸が苦しいからと枕を三つも敷いて寝ています。話を聞いても食当たりではなさそうで、嫌な予感がしました。義父が心臓を患ったとき、「人と立ち話していたら、突然前のめりになって吐いた」と聞いていたか

さまざまな国籍の人が仕事を求めてUAEに来る。

らです。狭心症は心臓が締め付けられて胃の中にある物を絞り出すらしいから、それではないかと疑いました。夫に連絡するとすぐに病院に行けというので、長男と二人で抱えて救急病院に行きました。

カリーファ病院は各首長国に一つずつ建てられた国営病院です。最新の設備が整い、医者と看護師が患者より多いほどの大病院です。ウンムアルクエインは人口が少ないので患者数も少ないはずが、昨年以来、他病院からコロナ患者が回されていつも満員です。心臓発作の急患以外は受け付けないと言われていました。

急患室では六人くらいの看護師がメイドの手足や心臓に器具を取り付けて、検査を始めました。書類を書き終えた息子が来る頃には調べ終わり、医者が、

「心臓の〇×血管が九二％詰まっています。バイパス手術が必要ですね。ここでは手術できないので、救急車でラッセルハイマの病院に行きます」と言いました。

躊躇する間もなく救急車は出発し、私はそのまま家に戻りました。コロナ禍で入館制限しているし、病院に行っても出来ることはないからです。家でメイドの着替えや洗面用具を整えて、午後に行く長男に渡しました。

## 前兆

我が家のメイドは身長一五〇センチもない小柄でありながら、体重は七三キロ。顔も風船のよう

に膨らんで、さながら玉が転がるように歩きます。働き始めた一年半前は六三キロで、それから一〇キロも増えました。ときどき彼女の腹をつつき、

「少し痩せなさい。米を食べずに魚を食べたら」と私が言うと、

「家系なんですよ。歳を取るとあたしの家族はみんな太る」と大真面目に返事しました。

大皿に盛ったご飯を手でガシガシと食べるのが喜びで、近所のお婆さんたちに毎日お菓子やジュースをもらうから、甘いものにも事欠かない。紅茶のカップに六杯も砂糖を盛るので、家の砂糖はすぐ底をついてしまいます。最近は男性用2Lサイズのシャツを着ても横皺ができ、腹に浮き袋をつけているような姿でした。

敷地内に建てた義母用の別宅には、メイド部屋もついています。老人のいる家庭は老人専用のメイドを雇っており、声がすぐ届く隣の部屋で寝起きします。

義母が不安がらないようにメイドが入院したことを告げると、

「ありゃ太りすぎだ。いつもお菓子を口にしてたからね」と言いました。

その日から家事はすべて私の肩に負わされました。最も困ったのは義母の世話です。食事や排泄やシャワーは自力でできますが、目がよく見えません。毎日決まった時間に決まった食事を決まったスタイルで、義母専用の大皿に盛って届けなければなりません。目が見えない分だけ猜疑心も強く、誰が作った食事か、どの皿に誰が盛ったか、と疑いだしたらキリがなく続きます。義母の疑念を右から左へ聞き流せる能力が必要で、年増のメイドはその点では上級者(エキスパート)並みでした。

## コロナ禍の帰国

午後にメイドを見舞った長男は、朗報を抱えて戻ってきました。手術が成功し心臓は正常に機能して、三日もしたら退院できること。それを聞いて安心しました。しかし病気になったメイドはすぐに帰した方がいい。家族全体が精神的に参ってしまうからです。

長患いのメイドがいるマダムの気持ちは複雑です。家事を助けてくれるために雇ったはずが、反対になってしまう。メイドに給与を払いながら食事も掃除も洗濯も自分で担い、おまけにメイドの世話までしてやらねばならないのです。前のメイドが椎間板ヘルニアになったときも、二ヶ月間も面倒を看たのは私でした。なぜ二ヶ月も滞在させたかと言うと、医者が二週間安静にすれば治ると言ったからです。しかし二週間経ってもメイドは起き上がりもせず、苦しい痛いと訴え続けました。運搬や屈伸のない軽労働（洗濯物を干す、シンクで皿を洗う、庭の植物に水を撒くなど）を頼んでも、痛がってすぐに部屋に籠ってしまいます。そのうち近所のメイドに指示して自分に食事を持ってこさせたり、洗濯を手伝わせたりして、のらりくらりと二ヶ月間を過ごしました。いない方がよほど気持ちが落ち着きます。そこで今のメイドにも航空券を探し始めました。しかしこれが驚きの連続でした。

二〇二〇年五月末の時点では、コロナのデルタ株が蔓延するインド周辺諸国（インド、バングラデシュ、パキスタン、スリランカ、ネパール）へは、ＵＡＥから飛行機が飛びませんでした。スリランカのコロンボ空港は、五月三十日までは公式に封鎖です。しかし六月一日に空港が開くと発表もないまま、オンライン上では六月以降のチケットが売られています。こんな状況で売るなんて詐欺行為なのに！

私は複数の旅行会社に電話をかけて訊きました。良心的な返事は、

「コロンボ行きのチケットは扱ってないんだよ。いつ解除になるか誰もわからないから」

「まだ買わない方がいいよ。ネットで買ったら金は戻らない」

ひどい返事は「まず買っといて、あとで変更すればいいいさ」というもの。

次の問題は自主隔離費用です。スリランカに入国する者は二週間の自主隔離が義務付けられています。それは日本のように緩いものではなく、空港から指定されたホテルに直行して収容されます。ただし全容は明らかではありません。前月に隣家のメイドが帰国した時、ドバイ空港のカウンターでいきなり「自主隔離費用」を請求されたと聞きました。二週間分のホテル代と三食代を含む四千ディラハム（約十四万円）を出国前に支払わないと、たとえチケットを持っていても飛行機に乗れないと言われたそうです。隣家の主人は空港で予期せぬ十四万円を請求され、もちろん貧しいメイドに手持ちの金はないから、仕方なく払いました。コロナ以前、コロンボ行きの航空券はたったの一万五千円（片道）だったのに、今や六万三千円に跳ね上がり、加えて十四万円の隔離費用を払わないと帰国させられないなんて！　航空会社はチケットを売るとき、そんな話をおくびにも出しませんでした。まるで詐欺です。

## 知らぬと損するカラクリ

そこでスリランカ大使館の労働担当官に電話しました。ＵＡＥには貧しいスリランカ人も多数いるはずで、自主隔離費用を全員が払えるとは限りません。そう訴えると、おもしろいことがわかりました。

① スリランカ国営航空のチケットを買えば、同時に軍事基地にある（自主隔離専用の）民宿に予約できる。それは無料である。

② その他私営の航空会社でチケットを買うと、無料民宿の予約は出来ない。

③ スリランカ国営航空のチケットは、国の事情で封鎖が延長された場合、手数料わずか二千円程度ですぐ変更できる。

私はスリランカ航空に電話して、迷わず最初のチケットを予約しました。格安チケットは現金で先に払ったもの勝ちです。電話の相手はアブダビ支社だったので、アブダビに住む息子に頼んですぐ支払いに行ってもらいました[1]。

数日後、コロンボ空港は六月七日に封鎖を解除と発表がありました。私のチケットは八日の便だったのでひと安心し、六日にメイドをＰＣＲ検査に連れて行きました。

帰国の前日、息子がアブダビから持ち帰った航空券を調べると、「国営民宿の予約済」とはどこにも書いてありませんでした。不審に思ってスリランカ航空に電話すると、同じ女性はなんとこう言いました。

「あなたが買ったのはドバイ発でしょ。それじゃ国営民宿は予約できないの。ちゃんと言ったじゃない。アブダビ発の便でないとダメなのよ」

実際には彼女はそんなことは言いませんでしたが、ここで争っても仕方がない。私が聞き逃すはずはなく、車で二時間もかかるアブダビ空港へ行く面倒を考えて、同じ条件ならとドバイ発を買ったのです。

「疑うならドバイ支社に訊いてごらんなさいよ」と言うので電話すると、ドバイ支社には全く違うことを言われました。

「軍事施設内の国営民宿？　何ですかそれ。そんな話は聞いたことがない。どんなチケットでも自主隔離施設はＵＡＥ側からでは予約できません。搭乗客はスリランカで施設の空きを見つけてから入居するのよ」

「それじゃドバイの搭乗者は全員、施設の予約がないまま飛行機に乗るわけね」

「そう。そしてコロンボ空港に着いてから空いた施設に予約を入れるの」

「アブダビ支社の人はそうは言わなかったわ」と食い下がると、

「アブダビの事情は知らないけど、ドバイ客は誰も予約はできないのよ」

ふうむ。ということは、ドバイ客は空港カウンターで自動的に強制的に十四万円を払わなければ飛行機にも乗れないのです。旅行代理店も航空会社も電話口ではそんなことは言わず、空港についてから知る驚きの強制販売システムになっている。「ふざけるな！　いったい誰が儲けてるんだ」と叫ぶ心を抑え、私は電話を切りました。

すぐにアブダビ支社にかけ直し、

「アブダビ発のチケットを買うと、本当に無料の国営民宿が予約できるのね」

「そうよ」

「ちゃんとチケットに書いてあるのね。アブダビ空港についてから請求されないでしょうね」

「大丈夫よ」

「それじゃ、アブダビ発の最初のチケットを買うわ」と言いました。

「今なら六月十日に三席だけあるわよ。手数料六〇ディラハム（約二千円）を払ったら変更できるけど、どうする？」

オンラインで銀行送金すればアブダビに行かずに済みますが、振込先の精査に四時間もかかり、[2]その間にチケットが売れてしまったらもう席はありません。仕方なくまた息子にアブダビ支社に行ってもらいました。

電話を切る前に、「ドバイ空港で強制的に十四万円を払わされるなら、あんたの会社に手数料を払った方がずっと安上がりよね」と言うと、電話口の女性はふふんと笑うだけで答えませんでした。アブダビ支社もドバイ支社もこの機を逃さず客から最大限の金を搾り取り、分け前をもらうシステムになっていたのでした。

## 帰国準備

六月八日に再びメイドをＰＣＲ検査に連れて行きました。検査費は一回六五ディラハム（約二千三百円）。昨年夏に比べたらはるかに安くなりましたが、[3] それでもメイドと運転する息子に二回ずつ払えば馬鹿になりません。おまけにアブダビに入国する人間は、数えて四日目、八日目と連続して検査を受ける義務があり、怠るとモバイルに「検査未終了」と赤い警告が届くのです。なぜ検査を連続して受ける義務があるのか誰にもわかりません。検査が感染防止にならないことは、すでに全国民が知っています。同じ国内でありながら国境（くにざかい）を超えるたびに検査代を払い、越えたら越えたで数日おきに検査代を払う――いったい誰が儲けてるんだ！　という憤りがむらむらと沸きます。

手術の成功を聞いたあと、私はすぐに次のメイドを探し始めました。いかに元気になろうとも、心臓を患う人間を契約期間の最後まで雇う気持ちはありません。生きて元気なうちに家に帰してやるのが義務です。それなら一日も早く新しいメイドを雇う方がいい。

入院中に私は次女と二人でメイド部屋を大掃除しました。三畳ほどの部屋に天井まで荷物が積んであり、足の踏み場もありません。次のメイドを住まわすには、とにかく一切合切を外に出すしかない。迷信からか枕の下にニンニクが置いてあったり、唐辛子をぶら下げていたり、黒布を寝台に巻いていたり、「こんなものまで」と思うようなガラクタもありました。それらを出して掃除機をかけ、娘は洗浄液がなくなるまでトイレを掃除しました。タイルが茶色でなく緑色だったのを、私は五年も経って初めて知りました。離れが建って以来、三人も入れ替わったメイドはただの一度も自分のトイレを掃除しなかったのでしょう。

二〇二〇年になって、ＵＡＥ内務省は国内に数多ある人材派遣会社を、ようやく組織化し傘下に収めました。それまでは各社がそれぞれの国から勝手に人材を募り、勝手な料金で斡旋してきました。二十一世紀になってますます横行する人身売買を阻止するため、また泣き寝入りしてきた雇用主と使用人の双方を守るため、政府はやっと新たな法を整備したのです。

かつてのシステムはこうでした。雇用主は人材派遣会社に家庭内使用人（メイド、ドライバー、看護師、ナニーなど）の斡旋料を払い、雇い始めから二ヶ月の保証期間をもらいます。その期間は使用人の交換（不健康、労働を拒否、逃走、女性なら妊娠などで働けない場合）を保証してもらえました。しかし保障期間が終わるとどんな支障が出ても交換できず、斡旋料も払い戻されません。人身売買の組織はそこに目を付けて、「二ヶ月経ったら逃げてこい、もっといい仕事を紹介してやる」と使用人を騙し、同時に雇用主を裏切り、ぼろ儲けしてきました。

このたびの新しい法規制では、二年分の契約期間は最後まで保証されることになりました。たとえメイドが一年で働かなくなっても、残り一年分は別のメイドと取り換えられるか、斡旋料の半額が戻るようになったのです。紹介料に百万円も払っていたら、本来なら当たり前のことでした。

## メイドの斡旋

我が家が人材派遣会社に出したメイドの条件は、三十五〜四十三歳くらいでアラビア語が話せて、アラブ料理が作れる人。しかしコロナの影響で、インド、スリランカ、ネパール、ウガンダ、ケニアなどは入国停止で、人材は限られていました。

「いいと思う人がいたらすぐに雇うんだ。このご時世では迷っていたらすぐに無くなってしまう」と夫に言われ、毎日緊張しながら探しました。条件に見合う人がいると、連絡先をもらって相手国にまで電話をかけ面接（インタビュー）をしました。

最初に連れてきたメイドは一日だけ雇ってダメだとわかり、紹介所に返しました。次のメイドは三日いて「帰りたい」というので返しました。メイドにも選ぶ権利があり、働きたくない家庭なら最初から断るよう教育されています。その三日間は朝から晩まで仕事を教え、掃除機や洗濯機の使い方から食器の場所まで説明し、普段の何倍もの仕事量でした。それでも長期的にみて助けより苦労の種になる人材なら、思い切って返すしかありません。

たった一日だけのメイドでも、ＰＣＲ陰性証明がないと戻せないと事務所に言われ、十時間以内に結果が出る私設の検査所に一六〇ディラハム（五千六百円）を払いました。国営の検査所なら安いけれど結果は三日後で、結果を待つ間にも、働くことを拒否したメイドに日当の百ディラハムを払わなければなりません。それを考えたら私設検査所の方がまだ安いのです。

この二人の試用期間に七万円以上の実費がかかりました。人材派遣会社に斡旋料の全額を払わないと、試験的にでも家に連れ帰ることは出来ません。メイドが気に入らなければ斡旋料は全額戻すと言いますが、消費税で三万円、事務処理料で二万三千円、ＰＣＲ検査と日当で二万一千円を引かれました。いったい全体どこで誰が儲けているんだろうと力が抜けていきます。しかし諦めてはいけない。高額を払うなら二年間気持ちよく共存できるメイドを雇うべきだと考え、安易に妥協するのは止めました。再びさまざまな人材派遣会社から送られるリストを吟味し、インタビューする日々が続きました。

## 帰国準備

手術から三日後、メイドが退院してきたときに、

「おめでとう。命拾いをしたね」と私たちは握手で迎えました。メイドは涙を流し、

「あたしの父も母も祖父も叔父も、四十代のうちに心臓発作で死んでます。でもあたしは生き残りました。医者に二度目のチャンスはないと脅されましたよ。もう油モノは食べません」

そして最後にこう付け加えるのも忘れませんでした。

「医者は三週間は絶対安静だと言いました。寝ているだけですよって」

メイド部屋を掃除したとき、私は義母の家にあるテレビを壁から外しました。メイドがインド映画にのめりこんで、昼でも夜でも観ていたからです。昼食のあと部屋で休み、夕方には母屋に戻っ

てくるはずが、テレビに夢中で六時になっても七時になっても離れから出てきませんでした。玄関のベルが鳴るたびに呼びに行くと、メイドはいつも義母のソファに陣取って、お菓子を片手に映画を見ていました。夜も九時過ぎには部屋に戻りたがり、夕食の片づけを終えて庭木に水を撒くはずが(4)、映画観たさにサボってやらない。義母のソファはメイドの体重で歪み、体臭が染みつくような感じでした。だから私は義母に断って、テレビを壁から外してしまいました。

また携帯電話もキャンセルしました。スリランカの家族性なのかもしれませんが、どうやってお金が続くのかと疑うほど、メイドは朝から晩まで誰かと電話していました。通話中は注意力散漫で、掃除機をかけたままずっと立ち話をしている、庭の箒をしまわずに戻ってくるなど、仕事はおろそかになります。心臓発作の朝から、緊急連絡先として教えていた私の携帯には、ひっきりなしに電話がかかってきました。

「従妹ですが電話が通じません。何かあったのですか」

「病状を詳しく教えてください」

「今日の具合はどうですか」と朝から晩まで質問される。私は呆れて全員をブロックし、姉一人だけを選んで、

「毎日あなたに病状と写真を送るから、家族で共有してください。誰もこちらに電話しないように」と言い伝えました。あんなに電話がきたらメイドは休むこともできません。

退院してきたメイドはテレビと携帯電話がないことに不満を言いましたが、

「あんたは安静にする必要がある」と私に言われ、黙って部屋で休むようになりました。私にしたら当たり前です。家事全部を引き受け、食事の世話から何から全部やってあげて、給与も払い、そしてメイドはテレビ・電話三昧なんてふざけるなと言いたくなります。

## 荷詰めなら大丈夫

数日後、「家に荷物を送りたい」とメイドが言うので、運送会社に連絡しました。国外輸送サービスは三択あり、一立方メートル、一・五立方メートル、三立方メートルのいずれかの木箱を購入します。各箱は重量に関係なく輸送費が決まっており、そこに入るだけの荷を詰めることができます。帰国予定の半年前に病気になったので、土産品を買う機会がなかったためか、メイドは私と娘が離れの外に出したガラクタ品を持って帰ると主張しました。

「こんな中古品を送るより、スリランカで新品を買った方がずっと安いわよ」と言っても聞きません。一立方メートルの箱を買うと言うので、

「輸送費は持っているのね」と確認しました。注文したあと我が家に払えと言われても困ります。それだけではありません。

「自分で箱に詰めるのよ。大丈夫？　友達に手伝ってもらいなさいよ。私は手伝いませんからね」と伝えました。すでに家事全部を背負う私は、メイドの荷造りを手伝う気などありません。メイドは荷物の話になると俄然と元気になって、買い物リストを私に渡してウキウキしていました。そり

ゃあ誰でも帰国は嬉しいものです。

フライトの日が近づくと、体調を見て買い物に連れ出しました。まずは帰国する日に着る服です。ブラウス、スカート、下着、靴、髪留めと上から下まで新調しました。それから自主隔離期間に着る服を三セット。洗面用具、クリーム、髪油、サンダル。もちろん私が払います。買い物ついでにチョコレートや石鹸を買いたがるので、

「あんた、金持ってきたの？」と訊くと、ないと答えます。さもありなんと思い、

「じゃあ三百ディラハムを貸すから、自分で好きなものを買いなさい。あとで給与から引くからね」と渡しました。私が払えば際限なく買うので、先手を打たねばなりません。スーツケースは家にある古いものをあげると言うと、新品がいいと主張し、月給の四分の一もするスーツケースを買いました。

驚いたのは、それから数日後、絶対安静の身だと主張するメイドが、自ら木箱に入って荷を詰めていたことです。近所のメイドに手伝わせろと言ったのに、灼熱の昼間に汗をだらだら流して独りで詰めていました。友達と喧嘩したのかと訊けば、

「あの人たちはバカなんですよ。ちゃんとできないから頼むのはやめたんです。明日には運送屋が来るし、早くやらないと」

「運送屋はこっちの準備ができてから呼ぶんだよ。無理して今やることはないじゃないの」

部屋に戻れと命令しても聞かないから放っておきました。

翌日もその翌日も、入らなかったものが木箱の外にあるので、「まず大きいものを入れ、次に重いものを入れ、その隙間に小さいものを詰めなさい」と忠告しました。あらかじめ靴やカバンの中に香水瓶やローション、石鹸などを詰めて容積を減らすこと。液体や溶けるものは別袋に入れること。それを聞いてメイドは無我夢中で荷詰めを繰り返すのでした。最後に運送屋を呼ぶと、慣れたもので、閉まらない箱の蓋でも物凄い力でハンマーを打ち付け、クレーンで持ち去っていきました。運送費はしめて八百ディラハム（二万八千円）。メイドの月給の七割でした。

「あんた、医者から絶対安静と言われてるんでしょ。皿は洗えないけど荷詰めは出来るの？」と何度も喉から出かかりましたが、呑み込みました。腹に据えかねるといっても相手は病人です。病人を苛めても何を得るものでもない。

## 国家の恩恵

買い物でも荷詰めの最中でも、メイドはことあるごとに、「手術は無料（フリー）でした。マダムはお金を払う必要がありませんでした」と繰り返しました。あたかも彼女が何か特別な工作をして、私がめでたく手術費を払わずに済んだかのように。

そのたびに無視していましたが、何回も続くと腹が立ち、

「フリーフリーっていうけどね、手術に必ずお金はかかるのよ。私たちの代わりに国が払ってくれ

たのであって、手術費は三万六千ディラハム（一二六万円）だったんだよ」と言いました。

ＵＡＥ国家は人道的措置として、命に係わる急患を救急車で運んだ場合の治療費は請求しません。しかし全員とは限らない。メイドを救急車で送った後、心臓バイパス手術はいったいいくらかかるのかと私は考え込みました。しかしその時は手術以外の選択肢はなく、一刻を争う状態だったので、半分は払う覚悟をしていました。その後、我が家の陳情を受けて病院が人道的な手続きして、どうにか国家が支払ってくれたので本当に助かりました。しかしそんな気持ちはメイドには通じません。人道、陳情、免除、恩恵などの難しい英語はわからず、気になるのはスポンサー自身が払ったかどうかだけで、それ以上の想像力はないようでした。何をどう説明しても「でもマダムは払わなかったでしょ」と返事するだけでした。

出発当日は飛行機に持ち込む荷物の整理です。飛行機に預ける荷物は三〇キロ、手荷物は七キロまで。重量超過（オーバー）でないか、持ち込み禁止物を持っていないか、同時に家から何か盗んでいないかを調べるため、どの家庭でも必ず最後の荷物検査をします。後ろ暗いことがなければメイドも当然のように受け入れます。

荷物は九キロも重量オーバーでした。手荷物は十四キロにもなっていました。スーツケースを開けさせ、再び詰め直していきます。カバンの内ポケット、ポーチのジッパー、服のポケットまで検査して、「これは機内に持ち込めない」、「これは手荷物に入れなさい」と整えていきました。メイドは始終苛々して不機嫌な顔を見せましたが、長年一緒に暮らしたメイドでも所詮は他人なので、私は怯みません。重量超過で金を払う段になると、メイドはせっかく詰めた荷の一部を平気で空港のゴミ箱に捨てていきます。だから不要な冬服やジャケットなどは最初から持つなと言いました。何度も詰め直してようやく減らし、鍵をかけて家の外に出します。今度は手荷物を必要なものと空港で捨ててもいいものに分けさせると、メイドは声を荒げました。

「あたしは疲れてるんですよ。マダム、いい加減にしてください」

あまりに失礼な物言いだったので、検査を終えると私は出ていき、所持金やパスポートを肌身に着けて持ち歩くよう忠告はしませんでした。

## 従業員との別れ

メイドが帰国するのと同時期に、夫の工場で長年働いたバングラデシュの男性も帰ることになりました。操業したばかりでラインがまだ一つしかなかった小さな工場に、彼は十八歳でやってきました。栄養が足りないのか弱々しくて小柄な青年でした。それから十六年間まじめに働き、昇進して運転免許も取り、現場の主任になりました。その間に郷で結婚して子どもを二人もうけ、家族と離れてＵＡＥで働き続けて、とうとう親の介護で帰国することになりました。彼は三人兄弟で、兄二人も中東で働いているので、自ら帰る決心をしたそうです。真面目で正直な青年で、工場内でも珍しく私が携帯番号を教えた相手でした。

別れの挨拶に来る日に、彼の娘たちにドレスを買いました。バングラデシュは服装工場がたくさんあるので、安物では喜ばれません。奮発して綺麗なドレスと可愛い人形を買いました。家族にお菓子を買って帰るように現金も渡しました。青年は私の家の玄関先で感慨深そうに言いました。

「マダム、私の人生の多くはボス（私の夫）のおかげです。ボスは私にたくさんのことを教え、一人前の男にしてくれました。初めてＵＡＥに来た時、私は十八歳の読み書きもおぼつかない少年でした。それから仕事を覚え、読み書きを覚え、機械の操作を覚え、修理も出来るようになりました。今は運転免許も車も持っています」

「ただ私の結婚生活はわずかで、隔年ごとに二ヶ月間の休暇で帰るきりで、娘たちの成長もなかなか見届けられませんでした。親も歳を取ってきたし、一度帰国して人生をいろいろ立て直したいんです。決して仕事に不満があったわけじゃありません」

そして彼は続けました。

「私が働き始めた日、こんな弱々しい少年じゃ荷は運べないしちゃんと仕事ができないって周りの人は笑いました。その時マダムがやって来て、プラスチック製品なんて軽いわよ、この子の体重が四十キロだって、十キロの箱が持てたら十分じゃないと庇ってくれたのを、今でも覚えています」

はぁ、そんなことを言ったかしら。こちらは覚えていないのですが、もし言ったのなら当時の彼にはきっと大きな励ましだったでしょう。私は二十歳くらいで出稼ぎに来るバングラデシュ青年の多くが、二十一世紀においても非識字であることに当時は驚いていました。貧困家庭にとって準備費や仲介費が多大にかかる出稼ぎは、一族の中でも最も健康で若く、賢く忍耐強く、異国でも諦めずにしっかり稼ぐことができる人間が選ばれます。愚鈍や不健康、挙動に問題ある人間、高齢者、そして精神的に弱い人間は選ばれません。一族で金をかき集めて異国へ送り出すほどの「期待の星」なのです。それなのに、選ばれた青年の多くは非識字でした。英語もよくわからず、片言のアラビア語だけで、衛生観念も低い。先進国で教育を受けた自分の基準からしたら当然至らぬ人間に見えるのですが、それでもその人は一族の期待の星であることを忘れてはいけないと思っています。一族の未来を背負い、異国で苦しい思いを抱えながら働く人たちが、誰かに温かい言葉をかけられる機会があってもいいいはずです。

## 錦を飾る

彼の娘たちに土産物を買いながら、私は自分のメイドにも何か買ってあげようかと考えました。しかし俗世の人間である私の心はそのたびに揺れました。手術代は無料（フリー）でしたよ、私は絶対安静です、スーツケースは中古品なんか要りません、帰国するんで近所を廻って喜捨をかき集めてきます、それで最新型のスマートフォンを買うんです、搭乗日はまだですか、あぁ早く帰りたい、と繰り返す我が家のメイドに何を贈りたいのか、自分でもわからなくなります。夫や息子たちの前では哀れな病人のごとく振る舞い、荷詰めを手伝う隣家のメイドをバカにして、あれもこれも買って欲しいと私に要求し、家の飾り棚にある皿や器をもらってもいいかと平然と訊くメイドに、そして自分の帰国準備には余念がなく、家事をいっさい手伝わないメイドに、何かを贈る義務があるのかと迷ってしまいます。腹が立ち、呆れ、無視しようと努め、早く空港が開いて帰国してくれないかと願うばかりです。

それでも——。

それでも忘れてはいけない厳然とした事実があると、私は自分に言い聞かせます。こうした貧しく苦しい人々の献身の上に、私たちの安逸や幸福や繁栄が成り立っていることです。彼らの献身なくしては世界の経済や社会は廻らない。ちょうど今、私がこの大きい家の管理や大家族の世話や義母の面倒に溺れそうになっているように。彼らがいなければ一日だって覚束ないのです。

だからどんなに(私たちの基準で)相手が未熟で怠惰で気に入らなくても、彼らが故郷に戻るときには、その〝凱旋〟を手伝ってあげなければなりません。腹立ちや心の葛藤を脇に置いて、彼らが故郷に錦を飾るのを援けるべきなのです。それが出来るのは私たち雇用主だけなのだから。雇用主が長年の献身に感謝し、たっぷりと下賜品(とでも言うべきか。くだらぬ物から高価なものまで)を渡して、その家族や親族や近所にお裾分けできるほどの量を持たせてやるのが錦なのです。

そうしたとき、私は若い頃に観た『蒲田行進曲』という日本の映画を思い出します。主人公の小夏はただの大部屋女優で、人気スターの男優に妊娠させられ捨てられて、故郷へ追い帰されます。ところが汽車で故郷に戻ってきた小夏を、村中の人々が村の出世頭、大スターとして、横断幕を張り旗を振って駅で出迎えます。小さな村にとっては重大事件であり、東京へ出て一旗揚げた大スターの帰還なのです。

私は、犯罪を犯したわけでもないメイドや従業員を、出て行った時と同じ姿で、土産物を持たずにみじめな様子で故郷に帰らせたくはない。異国に出稼ぎに行けるのは人生でも一度か二度の機会です。病気になった我が家のメイドが再び異国へ出稼ぎに行くことはありません。今後は一族の他者が行くのを見送るだけです。メイドにはこれが最後の凱旋――だからどんなに腹立つ相手でも、どんなに哀れな相手でも、愚かでも、やはり新調した服を着せ小金を持たせて帰らせたい。それが私の雇用主としての矜持です。

心臓バイパス手術から十七日後に、メイドは無事に帰国しました。厳戒態勢の空港でちゃんと入国できたと聞いて、本当に安堵しました。家族のために働いてくれた人が最後に棺桶で出ていくなんて事態にならずにホッとしました。めでたしめでたしです。

## 後日談

この話には後日談があります。メイドはなんと帰国便の中で泥棒に遭い、所持金を大方盗まれてしまったそうです。コロンボ空港についたらさっそく携帯電話のチップを買って電話してきて、私はがっかりしました。最後の月給とボーナスを含めた所持金は、彼女の今後に大きく役立つはずのお金でした。興奮して涙ながらに連絡してくるメイドの話を半信半疑で聞きながら、私はその後に受信拒否（ブロック）しました。彼女が興奮するのを避けたかったし、私には考える時間が必要でした。

メイドが我が家に来た初日に、私たちは給与や条件について確認し合いました。

「最後のボーナスを出すのは二年後、つまり二十四ヶ月間の最後の日まで勤めた場合だけよ。途中で辞めて帰るならボーナスは出しません。だから最後まできちんと働いてね」と約束を交わしました。前述したように、雇用主は百万円近くもかけて二年間の雇用契約をします。雇用が一ヶ月短くなっても損失です。どんな出稼ぎ者でも二年契約の最後が近づくと、帰国で頭がいっぱいで、きちんと働かなくなります。最後の日まで勤める人間はそれだけで貴重なのです。私は夫と話し合って、今回の場合はボーナスをほぼ全額出すことに決めました。心臓発作を予測することは誰にもできないからです。

その貴重な金をバッグから抜き取られたと言うのだから、こちらも腹が立ちました。たった四時間半のフライトで、眠ったわけでもトイレに行ったわけでもない座席で、どうやってお金を抜き取られるのか。大金を所持しながらなぜもっと警戒しなかったのか、注意を怠らなかったのか、私にはわかりません。我が家を出る前に、金とパスポートは首から下げて肌身離さずに行くようポーチまで用意してあげたのですが、暴言を放ったので渡しませんでした。

電話では、「右隣に座ったバングラデシュ労働者に違いない、反対隣りの女性の携帯電話を借りて、姉と話している間に抜き取られた」と主張します。デルタ株(5)を怖れてまだ直行便が飛んでいない国の労働者は、コロンボ経由で周辺諸国へと帰国していました。コロナ規制などは表向きだけで、座席はぎちぎちに詰まっていたそうです。それなら座席番号から割り当てて捕まえればいいし、スリランカ着ならば相手も自主隔離の民宿に二週間はいるはずです。すぐ逮捕できないのは、金を盗まれた証明ができないか、メイドの嘘話かのどちらかです。通話で夢中になるとろくに仕事をしなかった姿を思い出して、馬鹿だねぇと思うばかりです。また最後の日に砂をかけるように出て行った自業自得です。土産物を詰めたスーツケースは無事ではあるものの、故郷に錦を飾る気合いは半減してしまったでしょう。

その後、メイドは私に電話してこなかったし、私も電話をしませんでした。マダムとメイドの関係は、しばらく離れたあとに心を落ち着けて思い出さないと、関係が近すぎて感情が勝り、愛憎や感謝をうまく表現できません。今頃金銭的に困っているかもしれないし、あるいは嘘話がバレて舌を出しているかもしれない。雇用主としての義務を果たしたから、これ以上何かをしてあげる必要はありませんが、忘れた頃に小金を送ってあげようとちらりと考えました。

こうした一連の出来事を経て、「コロナ禍で一体だれが儲けているんだ！」と恨み言をいう気はなくなりました。感染防止にもならないＰＣＲ検査を住民は都度都度やらされて、怠ればモバイルに赤い警告が来るほど一元管理されていても、国家に支払った金はこうして貧しいメイドの命を救うためにも使われる。そうでなければメイドは命を取り留めることは出来なかったし、私たち雇用主はわずか一、二年いるだけの労働者を救うために巨額の支払いをしなければなりません。貧しい労働者は雇用主が払うことを期待して、自国での身体検査をいい加減に済ませ、契約期間のうちにさまざまな身体の不調を訴え、検査をしたがり、治せるものは何でも治していこうとします。病気が発覚してそのまま働かせていたら人権問題に発展するし、入院したら緊急事態でもない限り、雇用主が全額を払わなければなりません。そのため二〇〇〇年以前にはなかった〝健康保険〟という概念が、国内に浸透していったのでした。

雇うのも難しいし雇わないのも難しい。他人の境遇を想像するのも難しいし、それに沿って慈悲を気持ちよく出すのも難しい。私たちはいつだって俗世の人間なのです。ただ『蒲田行進曲』にあった駅の歓迎場面はよく私の脳裏に蘇り、できるなら一生に一度の錦を飾らせてあげられる雇用主でありたいと、常に私を戒めているのでした。

（二〇二一年七月）

註

1. ドバイ—アブダビ間は国境封鎖中で、ＰＣＲ陰性証明がないと越えられなかった。
2. 銀行口座が怪しいものでないと精査するのに数時間かかる。それだけ資金洗浄が横行している。
3. 二〇二〇年コロナ初期のＰＣＲ検査は、一万三千円以上もした。
4. 昼間の水道水は熱湯なので、夜に撒くしかない。
5. 新型コロナウィルスのうちデルタと名付けられた病原体。

# 幸福をさがす

## 季節の変化

あっという間に師走だと驚くのは毎年のこと。ＵＡＥでは冬になっても気温が下がらず、年末年始の行事もないので季節感がありません。現在の気温は昼間二六度、夜間には十七度くらいでしょうか。真夏との気温差が二〇度以上もありますが、寒くならないから冬の実感がありません。

灼熱が収まりつつある八月後半に、私たちは庭の一画に畑を作りました。畑といっても土ではなく砂で、スイカの種を植えてみました。収穫できたのは十月です。それもたったの一個。その後に枯れた蔓を始末して、野菜を植えたのが十一月。その収穫はまだ終わっていません。

最近、世界中で起こっている局地的な降雨が、砂漠の国にも頻繁に起こるようになりました。強

夕暮れのモスクの写真。

い雨が突発的に短時間だけ降って、住民を驚かすのです。昔はよく子どもたちに、「あなたの学校で雨が降ったら、うちにも雨が降るのよ」と言ったものです。子どもたちは雨を知らないから、自分の上だけに神様が特別に水を落としてくれると考えていました。ところが最近の局地的な雨は、我が家のあるサルマ地区の北側には降らないのに、南側にはシャワーのように降り注ぎます。サルマ地区はたかだか四キロ四方で、ほんの少し車を走らせたら、すぐ町はずれについてしまうというのに。こんな局地的な雨を何度か経験して、もう昔のようなことは言えなくなりました。

また近年は、雨が降るのが冬とは限らなくなりました。冬の雨は長く続き、地表にまで到達して雨なりの風景を私たちに見せてくれたものです。夏に雨が降っても、地上に着く前に乾ききったり、地面に落ちる瞬間にジュッと音を立てて蒸発するので、雨の風景にはならない場合が多かったのです。しかし今はそんな中途半端な雨は見られなくなりました。降るなら住民を危険に晒すくらい強烈に降り、地面に川をつくります。というわけで、雨による季節感もますます無くなっているのでした。

## 怪我つづき

今年、私はたくさんの怪我をして、コロナがなくても家から出る機会は多くありませんでした。

昨年末に日本で左足の甲を痛めました。大きなプロジェクトを始める準備で連日歩き回っていたら、ふと気がつくと歩けないほど足が痺れていることがありました。ＵＡＥに戻ってセラピーを受けるうち、コロナ感染が拡大して公的医療機関が大編成されていきました。セラピーの外科処置室は、病院の別館から院内に移され（別館は隔離病棟になった）、中央病院、専門病院へとまわされ、予約はどんどん後回しになって、緊急性がないから休診となりました。

七月には階段から落ちて大怪我をしました。茶を載せた盆を手に下りていたら、最後の段を踏み外し、三〇センチの段差を落下して捻挫しました。転んだ拍子に茶や牛乳をかぶって、ひどい有様でした。一昼夜氷で冷やし続けても（コロナで病院には行けなかった）、しばらくは立つのも歩くのも無理でした。四つん這いで移動していたら、膝が赤く腫れてワニ皮のようになってしまいました。

今年の我が家はとても大事な行事が詰まっていて、本当なら怪我をしているヒマはありませんでした。息子が結婚し、娘が出産したのです。早く健康体に戻らなければと慎重に生活していたつもりなのに、九月には足先を軽くぶつけて、足の指にひびが入りました。ネットで調べると、足指の骨折はよくあることで、治療法はなく、ただ隣の指と一緒にテープで巻いておくことだと書いてありました。半信半疑のまま半月もそうしていたら、やっと普通に歩けるようになりました。最近はようやく怪我の連鎖も止まったかと願っていますが、まだまだ年末までは気を緩められません。

## 新型ウィルスの登場

今年一年、世界中の誰でも同じでしょうが、コロナの影響で私たちの生活は一変しました。

ＵＡＥで最初のコロナ患者が見つかったのは、一月二十五日。中国の武漢からの観光客でした。

しかしまだ危機感は薄く、三月初頭までは数日おきにひと桁の新規感染者数でした。ところが三月中旬に五十～九十九人となり、月末からは連日の三桁台で、四月半ばには五百人を超えました。人口が九百万人の国にすれば大変な数字です。

　国では次々と感染対策が発布されていきました。

三月一日から保育所と幼稚園はすべて休園。発表は二月二十九日で、働く女性にどれだけカオスを与えたかは計り知れません。三月八日からは全学校が一週間の休校となり(1)、翌週からは一斉にオンライン授業が始まりました。三月十七日にはＵＡＥへの入国ビザの発給が停止(2)。二十三日に国際空港は四十八時間以内に封鎖と発表されたのに、実際には一日前倒しで二十四日未明に封鎖されました。そして二十六日からは外出禁止です。

　このように突然大きな規制が発布され、準備する間もなく施行され、違反した者には容赦なく厳罰と高額な罰金が科され、この一年ずっと市民生活は多大な影響を受けてきました。しかし驚いたのは、これに対して怒る市民がいないことでした。困っている人間は大勢いるのに怒る人間はいない。それは首長制という政治体制(3)もそうですが、部族制の原理(4)と、個人の自由と権利を主張してもどこにも行きつかないという砂漠の思考が働いていたからだと思います。そこには当然、困ったら国が何とかしてくれるという安心感（ぶら下がり思想）も困っている他人を許容する社会の在り方も存在します。実際、空港封鎖でトランジット客が六百名も、空港内に留め置かれましたが、その面倒はちゃんと政府がみていました。立派なホテルが用意され、三食を提供され、空港が再開した四月中旬（つまり一ヶ月間も！）には自国へ送り帰されました。教育庁もわずか一週間で全国の生徒にラップトップを支給し、全家庭に高速ネットを接続するなど、不可能を可能にしたとしか思えない素早さです。この時期、私は沈黙し続け、実に多くのことを考えさせられました。

## 支配体制が守るもの

ＵＡＥは非常に強い監視社会です。街のいたるところに監視カメラがあり、二十四時間まわっています。四月から六月まで続いた都市封鎖の間は、高速道路に何十と置かれた速度計測機（ねずみとり）が通過する全車両のナンバーを撮影し、外出許可のない車には高額の罰金が科せられました。(5) 全車両を撮影するなんて元手がかかりすぎる、交通警察もどれだけヒマなんだ！　と普通なら思います。でもそれに対して声を挙げる人はいませんでした。

マスクをし忘れても罰金は十万円です。滅多に外出しないため、私はたまに出るとマスクをし忘れ、車まで取りに戻ることが何度もありました。ほんのちょっとの距離（外部にある駐車場からアパートまで）でも、わずかな時間でも、マスクを顎にかけていても、見つかったら罰せられます。

もしその場で十万円の手持ちがなかったらどうなるのでしょう。すでにクレジットカード社会となったＵＡＥで、一般市民が現金をそれほど持ち歩くとは思えない。捕まった人は警察に出頭して罰金を払うのか、ＩＤカード（身分証明書）に記録されるのかはわかりません。ＵＡＥはすべてのシステムがＩＤカードに連動しており、個人情報が書き込まれていきます。病院の予約も銀行業務も郵便配達に至るまでIDカードは必要で、カードを端末に差し込んでからプロセスが始まります。そこに罰金を書き込まれたら、払うまで社会生活ができないことになります。こんな状態では誰だって外に出るのが億劫になるでしょう。

外出禁止令とともに政府が発布した罰則を書き出すと、次のようになります。ディラハムはUAE貨幣で、日本円に換算するときは約三十倍と思って下さい。

**罰則概要（二〇二〇年三月二十九日十五時時点）**

・自宅検疫の指示を受けた者がその指示に従わなかった場合：罰金五万ディラハム
・政府の消毒措置に違反した企業または施設管理者：罰金五万ディラハム
・医療施設を不必要に訪問した場合：罰金千ディラハム
・当局の医学的検査受診の指示を拒否した場合：罰金五千ディラハム
・自宅から不要不急の外出（真に重要な出勤または必要物資の購入目的を除く）をした者：罰金二千ディラハム
・集会、会議、公私の祝賀の場に招待・主催した者：主催者には罰金一万ディラハム、参加者には罰金五千ディラハム
・感染国からUAEに入国した者が当局の予防措置に違反した場合：罰金二千ディラハム
・市場、道路、および一時的に閉鎖されていない公共の場所の規制に関して、適切な健康対策を講

じなかった場合：罰金三千ディラハム

・車の乗車人数制限（一台の車に四人以上）を超える運転者：罰金千ディラハム、運転手を含めて三人までの乗車は問題ない

・慢性疾患、風邪、インフルエンザの症状がある人が屋内で医療用マスクを着用していない場合：罰金千ディラハム

・社会的距離を維持しようとしない人：罰金千ディラハム

なお違反を繰り返していることが判明した場合、罰金は二倍になり、三回目の違反を犯した場合には、連邦検察局の緊急危機検察庁に移送。

これがあなたの町の規則なら、どう感じるでしょうか。上記のようなことが書かれた回覧板が廻って来たら、あなたは自治体代表者の家に怒鳴り込んでいきませんか。

「怒る人がいない」という事実は、ＵＡＥ社会の在り方と、アラブ人に対する私の印象をその後大きく変えることになりました。

## 次男の結婚準備

二十四歳になる次男が六月のある日、何の前触れもなく「結婚することにした」と私たち夫婦に言いました。自粛期間中に結婚したいから、省けない家族同士の儀式(6)を早く進めて欲しいと頼みま

す。小さい頃から自分のことをほとんど話さない次男は、大学入学も卒業も、就職も退職も再就職も私たちに相談せずに決め、結婚相手も自分で探してきました。

しかしこんな生活状態ですから、私は息子の話にもすぐには動き出しませんでした。

怪我の状態が少しよくなった八月上旬、私は嫁になる人から電話をもらいました。

「私の家はいつでもいいですから、早く来てください」と急かします。アラブの求婚（プロポーズ）は常に男性側から女性側へと決まっているので、嫁になる人に急かされるなんて驚きましたが、現代はそんなものかもしれない。好きも嫌いも美味しいも不味いもろくに表現しない次男が相手では、これくらいはっきり物を言う人の方がいいと思いました。

「じゃあ、次の木曜日に」と約束して、私と娘たちは急いで準備を始めました。お嫁さん候補はアブダビ首長国の内陸の町、アルアイン出身です。

新型ウィルスの流行が始まってからというもの、同じ国にありながらアブダビ首長国はすっかり外国のようになってしまいました。二〇二〇年六月、突然、アブダビ国境に大きな検問所が出来て(7)、ＰＣＲ検査の陰性証明がないと越えられなくなったのです。しかも陰性証明が有効なのは四十八時間だけ。四十八時間を検査実施の時間から数えるのか、結果が発表された時間から数えるのか、誰にもわかりません。医学的に考えれば検査から四十八時間ですが、当人にしたら結果通知からしか対応できないのでした。

いつも長蛇の列ができている公共ＰＣＲ検査所は、結果通知は三日後かもしれないし二週間後かもしれないといい加減なことを言います。有料の検査所は翌日には必ず通知すると約束したので、私たちはそちらに行きました。検査は一人三七〇ディラハム（約一万四千円）もかかり、私と娘二人の三人で四万円以上も払いました。通知が来るまでの間、菓子屋に電話して、大きな器にチョコレートを山盛りに飾ってもらい、花屋に電話して、女の力では抱えられないほどの花束を注文しました。花嫁の家は車で二時間半もかかるので、八月の灼熱でチョコレートが溶けたり花が萎れないよう、しっかり準備しました。

## 国境封鎖

九月になっても隣国オマーンの国境が開かないのは大問題でした。七月以降、オマーンには感染者が溢れかえり、UAEは国境を固く閉ざして、どんな事情でも入国させませんでした。花嫁の父親はオマーン領の別宅に住んでおり、[8]すぐ隣にあるUAE領のアルアインに来ることができません。

アラブの結婚は、婿側の女性家族が花嫁を見に行ったあと、男性家族が嫁側の男性家族に正式に求婚に行きます。これがフトバと呼ばれる婚姻の内定式です。フトバでは男性同士が挨拶し、条件[9]を話し合って、婚約金や準備金の額を決めます。二十一世紀にもなって親兄弟が干渉するなんて女性の自立を侵害していると感じるかもしれませんが、反対に、これは女性を守る重要なステップと考えられています。男性に騙されて泣き寝入りする例は古今東西どこにでもあります。しかしアラブの結婚はこうした二重三重の段階を経て、双方にたくさんの証人が関わるために、結婚後に「話が違う」となることを未然に防いでいるのです。

九月半ばを過ぎてとうとう国境が開き、花嫁の父親がオマーンから到着しました。それも簡単ではありませんでした。陸路は開かぬまま、空路だけが開いたのです（空港は一元管理しやすいから）。隣町ゆえ運転すれば二〇分の距離でも、飛行機では最低十時間もかかります。別宅からマスカット空港まで車で四時間、待機に四時間、[10] フライトは一時間半、そしてアブダビ空港からアルアインまで車で二時間。解禁されたばかりのフライトは超混雑で、予約もなかなか取れませんでした。やっとの思いで取ったら、予約した飛行機は飛びませんでした。そんなことが二度三度続き、ある日業を煮やした父親は、車で国境まできて、無駄になったたくさんの航空券を握りしめ、検問所で大声で文句を言い続けました。とうとう根負けした軍人が入国させてくれたのだそうです。こうした苦労があったために、私たちはこの機会を逃さず、父親到着の翌々日にフトバをすると決めました。

急いでPCR検査を受けた夫と息子たちが結果を待っているうちに、また悪い噂が広まり始めました。空港を開けたために感染者数が爆発的に増えたので、再封鎖するというのです。そうなったら次はいつ入国できるかわかりません。フトバの後にはミルチェという婚姻の儀式が控えています。ミルチェは婿、花嫁の父、花嫁の三者が結婚契約書に署名し、二人の証人も署名する正式な婚姻です。こうなっては「もっと簡略化しよう」と両家の意見が一致し、フトバとミルチェを同時に行うことになりました。

## パンデミックの効用

ＵＡＥで結婚契約を結べるのは、ムタウワと呼ばれる宗教家兼法律家で、特別な国家免許を持っています。[11] コロナ初期には、そのムタウワを確保するのも困難だと言われていました。ムタウワは保守的な考えを持ち、自粛期間中に安易に外出してくれる人は少ないのでした。

急に婚姻を行うことになって、驚いたのは私です。フトバには贈呈品が必要ありませんが、ミルチェには必要です。宝飾店や高級時計店などへ探しに行くチャンスも時間もありません。それでも形だけは整えなければなりません。私たちはいそいで銀行からまとまったお金をおろし、息子は贈呈品を揃え、飾りつけ（花やリボンで台の上に豪勢に飾る）を施し、私は車に乗り切れないほどの菓子や花を注文して、九月にやっと夫たちをアルアインへ送り出しました。

もちろんそれまでに、夫や次男は花嫁の父親と何度も電話で話はしていましたが、両家の初対面が婚姻日となりました。その頃は最も自主規制が厳しい時期で、ひと部屋に六人以上が集まってはいけない規則になっていました。我が家側から

コロナ禍ではたった6人の結婚式。

は四名（夫、次男、長男、長女の婿）、嫁側からは二名（父親と弟）の計六名が、花嫁宅の客間でマスクをつけて二メートル間隔で座り、ムタウワに連絡しました。ムタウワは映像で応接間に六名しかいないことを確かめてから（花嫁は隣の部屋に控えていた）、やっと花嫁宅にやってきました。

そんなわけで花婿の母である私さえ、婚姻式には出席しませんでした。記念写真に写っているのは六名だけ。おまけに花嫁の父の手首にはリストバンドがつけられていました。[12]これが典型的なコロナ自粛期間の結婚です。二〇一八年に結婚した長女の式には客が千名も来ましたが、次男は六名。婿は結婚式と新婚旅行に何百万円も払いましたが、次男にはこうした莫大な費用は必要ありませんでした。準備したのは婚約金と結婚準備金[13]、贈呈品と新居だけです。この落差を何と捉えるか。

夫いわく、

「必要な段階を経て、祝福を受け、合意の基に結婚したんだ。何も欠けてない」

そして事実、UAEでは新型ウィルスの蔓延以来、結婚が大流行していて、今まで経済的にできなかった若いUAE男性が我も我もと結婚しているのでした。[14]

## 長女の出産

長女は第一子の出産を十月に控えていました。長女夫婦はアブダビで勤務しており、新型ウィルスの感染拡大からは、ずっと在宅勤務でした。初めての出産でいざというときに連絡がきても急には国境を越えられないので、私は十月半ばにアブダビに移住しました。夜は夫の借りているアパートに寝泊まりし、昼間は娘と一緒に過ごします。

長女は引っ越したばかりで、部屋の隅にはまだ段ボール箱が山と積まれていました。大きなお腹の娘を手伝って荷をほどき、家を整えるのに数日かかりました。娘といえども他人の家なので手を加える気はなかったのですが、使いにくくて家事ができませんでした。娘は整理整頓が苦手で、出産準備品も滅茶苦茶に袋の中に詰め込まれていました。ベビー服も哺乳瓶も何をいくつ買ったか皆目わからない。二人で数え直して不足分を買い足しました。こんな時期には簡単に買い物にも出られないので、半年先くらいまでの服も揃えました。あれこれ準備していたら瞬く間に一週間が過ぎ、予定日の二日後に娘は健康な子どもを生みました。

四半世紀前に比べて、病院は素晴らしく近代的な設備に変わっていました。懐かしさであちこち見学したかったけれど、産科病院は厳戒態勢で、館内を歩き廻ることはできませんでした。病院の入り口は患者用と来客用に分かれ、救急外来も別でした。玄関は二重ドアで、外には屈強な男性警備員が、中には女子格闘家(プロレスラー)のような警備員が目を光らせています。最初のドアを通ると受付があり、来客はめざす病室を訊かれます。付き添いは一人だけ許されていて、病室に先客がいれば館内には入れません。エレベーターも来客用と患者用に分けられ、来客は玄関からまっすぐ病室へ行く道しか歩いてはいけないのでした。昼間は私が、夜は婿が交代してつき添いましたが、警備員は一日に二度ずつ病室をまわって、室内にいる人数を確認するほど厳格でした。

その厳戒態勢の病院から出る時、めでたく無事に退院する安堵感よりも、外の世界に出ていく緊張感のほうが勝っていました。車に乗ってアパートのドアに着くまで、私たちは浅い呼吸を繰り返し、緊張で黙りこくっていたのでした。

## 何かを成す必要はない

今年一年、私は何を成し遂げたか思い出そうとしたら、特に思いつきませんでした。「毎日新型ウィルスに対処していた」と思うだけです。次々と発布される規制や法令は待ったなしで、罰則は震えるほど厳しく、罰金は目を疑うくらい高額で、緊張感は大変なものでした。右に転んでも左に倒れても、躓(つまず)いても引っ張られても対処できるよう心構えをするのは、まるでスポーツをしているようなスピード感でもありました。

日本でインターンシップを予定していた次女が行けなくなったことも（一月）、私が主宰する文化センターの活動を次々キャンセルしたことも（二月）、兵役を務める長男が砂漠の奥地からいきなり戻ってきたことも（三月）、米国留学している三男が空港封鎖の三時間前に滑り込みで帰国したことも（三月末）、三週間続いた都市封鎖(ロックダウン)も（四月）。

今年の前半は、広大なフィールドを全力で走り続けながらバスケットボールをしていたような感じでした。地球（感染）は恐ろしい早さで回転し、ボール（新しい発令）は止むことなく空気を切って飛んできました。バスケは全然得意じゃないし、ボールなんか本当は受け取りたくないのに、目の前に飛んでくれば受け取る以外にありませんでした。地平線からせりあがってくるゴールポストは高さもまちまちで、リングの穴はあまりにも小さく、それに向かって全力で飛び上がって、ボールを投げ続けなければなりません。全神経を集中してもボールはなかなか入らず、ゴールポストは流れるように背後に消えていってしまいます。他の人はどうしているんだろう。みんなちゃんとボールを入れてるのかしら、と見渡すヒマもありませんでした。

そこに都度重なる私の怪我があって、次男が結婚し、娘の出産が近づきました。感染しないように極度に緊張しながら毎日を過ごし、家の用事をすべて放り出してアブダビに移住し、出産が終わって家に戻ればもう年末になっていました。

「今年は何もしないまま終わっちゃった。一年が飛ぶように過ぎた。もしかしたら世界中の人が皆、そうなのかもしれないね」とつぶやいたら、夫は力強く否定しました。

「今年はたくさんの使命（ミッション）を完遂したじゃないか。怪我や病気もあったけれど、大きな被害（ダメージ）ではなかった。息子を結婚させて、娘の出産も終えて、家族のメンバーが増え幸せがたくさん来た」

私は目の前の空気を見つめて言いました。

「そうだね、そう納得しなければいけないね」

怪我で歩けない数週間を過ごしたとき、私は長いこと温めていたテーマで本を書きました(15)。それはアラブ人が、ムスリムが、人生の幸福をどのように捉えているかについてです。

私は、彼らがこの苦しい期間になぜまったく怒らないのか、なぜ苛立たないのか（商売が全くダメになってしまった若い青年たちまで）、嘆かないのか、訴えないのか、不思議でした。

経済が大打撃を受けたのはＵＡＥも他国と同じです。ドバイの主産業である観光業と不動産業は壊滅的なダメージを受けました。レストランや美容室は軒並み閉まり、日本のような公的補助などありませんでした。でも彼らは黙り続けました。

お気楽で先のことを考えないのではない。石油の金を当てにしているのでもない。かといって口を閉ざし貝のようになっているのでもない。恐怖に縮み上がっているわけでもない。ただ声を挙げることはしない。自由を突然に奪われても、儲けの道を一瞬で絶たれても、罰金を科されても文句を言わない。苦しい状況を抱えながら臨機応変にさっと変化できる。この根底にあるものは何だろうかと。

私の夫は若い起業家たちのまとめ役をしていて、何百人も参加するオンライン組織の管理人をしています。コロナが始まって以来、そこで交わされる嘆きや苦しみは本当に哀れなものでした。何百万円も投資してやっと開けたお店が都市封鎖で何週間も閉鎖している。客は来ないのに店の賃貸料は取られ、従業員の給与は払わなければいけない。先は見えず、どこからも補償はなく、動けないので畳むこともままならない。若い起業家たちの商売（スタートアップ）のほとんどは、二〇二〇年の前半に閉じてしまいました。残ったのは借金ばかりです。でも彼らは一様に「命を取られたわけじゃない」と納得しています。この強さと潔さと楽観性はどこからくるのでしょうか。

## 神に生かされる

何世紀もの間、砂漠の民にとって「生き続けていく」ことこそが大事な目標でした。ちょっと気を許せば灼熱で死んでしまいます。怪我をしたら治す術がない。置いてきぼりをくったら生き残れない。部族の中には弱者もいれば妊婦や子どももいます。足が強くて速い人は遠くまで行けるけれど、ろくに歩けない老人だっています。ラクダやロバが座り込んでしまえば、鞭でいくら打ったところで前に進みません。砂嵐が起こり、灼熱は止まず、隠れる場所はなく、どこにも水はない。そこに個人のスピード感、達成感、大きな目標などを求めたら、部族全体が大変な被害を被ってしまいます。そんなことをしてはいけないのは、遊牧民なら誰でも知っています。だから無理を唱えません。

遊牧民の使命は、人間だけでなく財産も含め、部族を拡大することでした。なぜなら人数が多ければ多いほど、厳しい環境を生き抜く可能性が増えるからです。多くの雑多な人間が持つ最大公約数の知恵と力を使うことで、砂漠の民は何世紀も生き延びてきました。

また一瞬で変わってしまう気候（砂嵐や鉄砲水など）のために、一週間先や来月のことを考えるよりも、首長が唱える命にその場で俊敏に従う訓練を積んできました(16)。厄災の責任を首長だけに求めず、たとえ首長の対策や方針が間違っていたとしても、それは部族の運命だと受け入れる覚悟も養ってきました。

ムスリムにとって人間それぞれの命運は、生まれながらにしてその人の額に書いてあるといいます。神は一人ひとりが生まれる時代、場所、環境、地位、長さなど、すべてを予め決定して命を授けます。役目を持たないで創られた人間は地上に一人もおらず、それゆえ神がその命を預けてから召すまで、何かしらの意図があると信じています。神の持つ（宇宙の運営という）緻密で壮大な計画を人間は知ることはできないし、知る必要もありません。知ろうとすること自体が神の領域を侵す行為です。（神によって）自分に授けられた運命は、ただ受け入れ、そして生きていくだけ。個人の運命だけでなく、人類の行く末も、地球の未来も、すべてを神は計画しています。

## 崇高な目標は必要ない

神は人間に何かを成せと示唆することはありません。役目（経済活動）を完遂しろだの、目標（経済指標）に近づけだのと命じることはないのです。神が人間に命じた毎日の仕事とは「祈ること、感謝すること、そして助け合うこと」だけなのでした。

夫が管理している若い起業家たちの組織では、おもしろいことに、それぞれが苦境にいながらも助けあっています。火事に遭った店には、声を掛け合って何万ディラハムも援助が集まりました。苦しい飲食店がケータリングを導入するとき、社用車を一ヶ月間無償で貸してあげた人もいました。ムスリム社会では苦境にいる人が施し（援助）をもらうのは恥ではなく、豊かな人が援助を出すのは傲慢でもない。それは誰もが〝運命は自己責任ではない〟と知っているからです。また運命は一瞬にしてひっくり返ることが往々にしてあり、自分の運命が〝終身制〟だと考えないからです。それゆえ、現在の状況に感謝して援助を出すことを厭わないし、もらう方も恥じることなく、「もしできるようになれば、次は必ず自分が」と考えるのです。

『地上において起こる厄災も、また彼らの身の上に降りかかるものも、一つとして我（アッラー）がそれを授ける前に、書物の中に記されないものはない』（クルアーン鉄章22節）

この力強い運命論を、ウィルスの恐怖が世界中に吹き荒れる中で、実に多くの人から聞きました。我々には神がいる。神はすべてをご存じで、神の計画（書物）に間違いはひとつもなく、従ってこの厄災も神の計画の一部である。自分や世界の命運は神に委ねられている。神に命じられた仕事をやるだけで、あとは神に任せればいいのだと。

## 急ぐことはない

新しい年を迎えるというのに我が家はてんで片づいておらず、玄関の飾りも出産祝いのバルーンがしぼんで引っ掛かっているばかり。娘たちが自分の家に帰った途端、新しい本の校正に全精力を注ぎ込んだので、私は今、魂を抜き取られたように疲れています。掃除を年内に終える予定はもはやあり得ない。

都市封鎖で何ヶ月も家にいる間に、三男と次女が家のあちこちを修繕する計画を立てました。そのため世界中から注文した物品（壁紙やペンキやパイプなど）が、本人たちが不在（娘も息子も大学の寮に戻ってしまった）のままバルコニーに積まれています。いい季節になのに物置となったバルコニーは使えず、私は埃と砂を被った山積みの箱を見て見ぬふりをしています。

野菜を植えた畑は、毎日あれだけ水をあげたというのに何一つ実らず、蔓は乾いて針金のようになってしまいました。先日、それをウサギ小屋につくり変えました。仔ウサギがたくさん生まれて、野放しにしておくと、猫がすぐ殺してしまうからです。やりかけの仕事、潰してしまった畑、物の溢れるバルコニー、描きかけの絵、何もかも終えられないまま今年は終わっていきます。

大きなため息をつく私を見て、夫は笑うのでした。

「きみは感謝することを忘れている。今年、たくさんの人が病に怯え、苦しい目に遭った。行動を制限され、監視され、罰金を科された。世界中の人々は恐れ、怒り、当たり散らし、法を犯し、他人を傷つけた。でも僕たちは淡々と生きている。人間は何かを成すことより、生き続けていることにずっと大きな意味があるんだよ」

イーグルにのる夕暮れのモスクを描いた絵は、夕日があたる壁の部分だけ、白いまま残っています。くすんだ背景に黄金色を描き加える一番大事な段階（と自分では思っている）なのに、心が落ち着かないまま手を付けていません。今年のうちに、未来の希望とも思えるその陽の当たる部分を、私はどうにか上手に描き終えたくてしょうがないのに。

夫は私の不安を払拭するように、空白を指さして、

「明日やればいいさ」と言いました。

「急ぐことはない。アッラーはちゃんと明日を運んでくれる。僕たちがどんな今日を過ごし、何を成そうとも、何も成さずとも、明日はきちんとやってくる」

私はイーグルの前にぼんやり座って、二日後に迫った新しい年にすべてを委ねることにします。神様にはきっと意図がある。私たちを導く確実な理由がある。新しい年はもうすぐ必ずやってきて、私たちを未来のどこかへ導いてくれる。だから私は今年を感謝して終わらせなければならない。何も残念がることはない。不安がる必要はない。

私は筆を置き、自分が今年授かったものを一つ一つ思い出して、二〇二〇年を静かに手離していこうと思っています。

(二〇二〇年十二月)

註

1. UAE政府はわずか一週間で全国の生徒にラップトップを配布し、全家庭に高速インターネットをつなげて、オンライン授業を開始した。
2. それ以前に発給された査証も無効化された。
3. 首長を頂点にトップボトムの支配体制。
4. 部族の長老を信頼して全員が付いていく集団。
5. 三千ディラハム=約十万円。

6．アラブの結婚は家同士、部族同士のつながりを深める儀式となるので、簡略化は出来ても省力は出来ない。
7．アブダビに向かう主要道路に検問所ができ、通行止めになった。銃を持った軍人が警備につき、PCR検査の陰性証明がないと通れなくなった。主要道路以外は砂漠で、一般車ではとても走れない。高さ五、六メートルもある真っ黒な鉄筋の検問所はまるで魔法のように、一日で出現した。
8．一九七〇年代に国境線が引かれたとき、その周辺にいた住民は、それこそ親子、兄弟でも国籍が分かれる羽目になった。
9．いつ結婚し、どこに住み、独立した家を持つか、花嫁が学業や仕事を続けるかなど。
10．コロナ中は感染防止の厳しい条例があって、空港では四時間以上待つのが原則だった。
11．大多数の宗教家は法律家としての国家免許を持たず、婚姻契約は結べない。また一般的な民事を扱う裁判官や法律家は、宗教家の免許がないので結婚契約を結べない。
12．外国からアブダビに入国した者は、位置情報がついたリストバンドの着用が義務づけられていた。入国から二週間、行った場所がすべて追跡されるシステムになっていた。
13．新生活のために用意する衣服や装飾品のために、花婿は婚約金とは別にまとまった準備金を花嫁に渡す。
14．二〇二〇年三月から披露宴は禁止となり、公共結婚式場はワクチン接種所として使われていた。
15．『アラブには自殺、イジメ、老後不安はない――ムスリムにならう幸福の見つけ方』国書刊行会二〇二一年。
16．だからこそ現代のウィルス対策の規制や罰則にも耐えられたのだと思う。

# 第6章

# 建国五十周年

建国の父シェイク・ザーイド。部族長として部族を率いて踊る。(UAE ナショナル・アーカイブ提供)

# 建国五十周年

## お祝い

十二月二日はＵＡＥの独立建国記念日でした。建国から五十年という誇らしい節目で、政府は何年も前から準備を進めていました。本来は昨年に行われるはずだった万博が延期となり、ちょうど五十周年に重なったために、さらに力を入れていました。年頭から火星にロケットを飛ばし、争っていた国々と復交し、(1)世界に先駆けてワクチン接種率九割を達成し、それにより万博を開催し、めまぐるしい一年でした。政策に一貫性があり、昨年よりずっと安定した感があります。すべてが万博と五十周年記念のために仕組まれたとわかるため、「あぁ、これなら庶民も頑張らなければ」という気にさせられました。

40周年の建国記念パレード。車も自分も着飾って大変なお祭り騒ぎだった。2011年。

私がこの国に来たのは三十年前で、来てすぐに二十周年を祝ったのを覚えています。日本は戦時中に皇国建国二千六百年を祝ったと記憶していたから、二十という数字に拍子抜けしました。私のそんな感想に、

「国家という形になったのが二十年前なだけで、ずっと前から人間は住んでいたさ」と夫は言いました。

夫が生まれたのは連邦国家ができる前のＵＡＥで、アラビア海沿いに百から二百戸の小さな集団（コミュニティ）が点在していた時代でした。そのうちウンムアルクエイン首長国は、長い干潟が豊かな海の幸をもたらしていて、貧しい人間も少なかったようです（極貧の人がいなかっただけだと私は思う）。シャルジャとラッセルハイマ首長国は、古くから海洋民族として活躍していました。東海岸のフジャイラ首長国は独立集団というより東海岸にある遠方村落の扱いでした。一方、ドバイは漁業よりも商売が盛んで、イラン人やインド人が船でやってきて取引に勤しんでいました。能力があればどんな出自でも重用されたので、怪しい人間も含めて人口流入の激しい地でした。石油が発見される前のアブダビは他よりももっと侘しい村落で、働き盛りだった義父たちは、アブダビに家や土地をもらえると言われても断るくらいの場所でした。もともと国境という概念は薄く、義父がダウ船でカタールやクウェートまで出稼ぎに行っていた時代（一九四〇～六〇年代）は、身分を証明する一枚の紙きれで通用したそうです(2)。

義父の世代の人に聞くと、苦労話は山ほどあります。特に義母方の叔父（一九四〇年代生まれ）は

十代後半から二十代にかけて、よくトラックの後ろに詰め込まれてサウジに出稼ぎに行ったそうです。果てしない砂漠で重機もないままシャベルで砂を掘って掘って掘って、昼は砂漠に建てたテントで眠り、夜に作業を繰り返し、何百人もの労働力で少しずつ地下にパイプを埋めていきました。それが電線を埋めるパイプであることは全く知らなかったそうです。電気を見たことがないから当然です。数ヶ月後に電線を引き終えて、遠い町にいっせいに電灯が点いたとき、若い叔父は腰を抜かしたのでした。

ウンムアルクエインに水道を引いた七〇年代も、同じように苦しい手作業の労働がありました。それに比べ「自分は幸運な世代だった」と夫は言います。就学年齢の頃には男子小学校があり、鉛筆と紙と教科書が配られました。ナツメヤシの枝でできた家に住み、本どころか家財道具を保管する場所も習慣もない生活で、「本を配られる」のがどれほど画期的だったか、私にはなかなか想像できません。「そこからなんと遠くまで歩いてきたことか」と夫はいつも回想します。

## 萎(しぼ)む喜び

五十周年記念だと勢いづいて、私は式典(セレモニー)を楽しみにしていました。花火もすごいのがあるに違いない、万博開会式にも勝るショーがあるはずだと期待していたら、一日何もないまま過ぎてしまいました。本当ならメディアに情報が載っているのでしょうが、今やＵＡＥで新聞という媒体を読む人はいません。(3) またネットですぐ再生できる時代に、放映時間に合わせてテレビを見る人もいません。情報がどこにあるのかわからず、子どもたちに「ネットだよ」と言われて探すと、アラビア語で書かれたサイトにはかろうじて花火の時間がありました。しかしアブダビ八時、ドバイ八時半とあるだけで、詳しい場所が書かれていません。ここら辺だと目星をつけてネットで地図を開けると、すでに通行止めになっていました。

ならば人の少ないウンムアルクエインで花火を見ようと意気込んでいたら、六時十五分に家に戻った次女が、

「もう花火を見てきた。おもしろかったよ」と言うではありませんか。

日暮れが五時十五分としても、花火を見た娘が六時に帰宅しているなんて。

「本当なの。早すぎない？」と言いながら、見そびれてがっかりでした。

花火を諦めてテレビの前に座り、次々とチャンネルを回しましたが、式典の映像は見つかりませんでした。どの番組も収録済みの映像で、司会者が住民に感想を聞いているばかりでした。

今日という日が終わりに近づくと、私は夫を呼びつけて、

「せっかくの五十周年なのに何も見つからない。何かが間違ってない？　早く私を花火に連れて行って。長いことと今日を楽しみにしてたんだから」と半ば命令口調で訴えました。

夫は私の要求からは逃げられないと思ったらしく、「インシャッラー」と快い返事をして連れ出してくれました。

シャルジャの湖畔（ラグーン）に着くと、夕涼みの家族連れで一杯でした。文化都市を自称するシャルジャな

ら必ず式典があると思ったのに、警備員は、

「今日は何もないよ。花火だってしない」と言うではありませんか。

　おかしい、そんなはずはないと、もう一度息子に調べてもらうと、ドバイのムンザール浜で七時四十五分に花火があるというので急ぎました。しかし対岸まで来ても、火花どころか音さえも聞こえませんでした。再び調べて、八時に花火があるというマクトゥンム橋へ。その距離一キロでありながら渋滞にはまり、八時を過ぎたところで、ハイウェイの前方に線香花火ほどの火花が弾けるのが見えました。

「あぁ見えた、よかったねー」と義務を果たしたように言う夫に、形だけは感謝しましたが、見えないよりはマシ程度のものでした。

　建国四十周年を思い出せば、あの活気と連帯意識はどこへ行ったのやら。中学生だった息子や娘が学校の指示で行列（パレード）にかり出され、赤や緑の帽子を被り旗を振って、町の中心街を練り歩きました。国旗の色に飾られた街路樹や信号の下を人々がのろのろと歩き、装飾された車がクラクションを鳴らし、行列は知り合いに会うもんだからしょっちゅう止まり、たかが数百メートルの道を一時間もかけて行進したものです。十年経って世界はなんと変わってしまったのでしょう。コロナだから人が集まらないのはわかります。しかし花火や祝賀の案内がネットでしか見つからず、それも不正確かつ不十分で、行列も行進もない。行けば行ったで通行止め。そして周りには、勝手な時間に勝手な場所で祝えばいいと思う人で溢れている――そんな状況で私の五十周年への意気込みは分断され、

すっかり萎えた記念日となってしまったのでした。

## アップデート

五十周年を迎えて、ＵＡＥ政府は五十の重要な改革を行うと決めました。その一つがペーパーレス（完全な紙書類廃止）の行政です。いずれ世界が紙廃止の方向に動くのは確かですが、ＵＡＥは世界に先駆けて完全な電子システム化へと舵を切りました。

実はＵＡＥでは十年以上も前から「Ｅ政府（ガバメント）」と称した全省庁の一斉電子化が進んでいました。その途上で世界はスマートフォンの時代になったので、そのまま「スマート政府（ガバメント）」に移行しました。今ではすべての申請や登録がオンライン、それもスマートフォンで済むようになっています。

教育現場では、二〇〇九年に次男の工学系高校が先陣を切って、各生徒に端末を与えて授業を始めました。公立学校では次女が卒業（二〇一六年）したあと、端末での授業が始まりました。つまりコロナ前には教育の電子化はかなり進んでおり、そこにコロナ禍がきて、最後に残っていた対面重視の現場（小中学校の教育）や、行事（裁判所での結婚や相続手続き）などがオンラインに移行したのです。

それにしても電子（オンライン）行政に組み込まれることは、慣れない世代にとっては戸惑いが多い。電子（オンライン）言語も学ばねばならないし、途中で止めたら最初からやり直しだし、時間制限もあるし、慣れるまでには学習や時間が必要です。

「これほど性急に旧システムが排除されていくなら、世代交代は必須だね。いずれ紙で育った世代は退(しりぞ)かされ、能力をアップデートできない人は働けない社会になっちゃうね」

そんな私の嘆きとも不満とも聞こえる感想に、五十年間の激変にもまれてきた夫は言いました。

「何も驚くことはない、UAEはずっとこうだったさ。変化はいつだって急激で不可逆だ。きみは時間が逆戻りすると、あるいは停滞すると期待している。しかしそんなことは不可能だ。昔の価値にこだわっていてもしかたがない。世界では誰でも常にアップデートし続けなければ生き残れないんだ」

私がUAEに来た一九九〇年、わずかに歳上の世代には、教育を得られなかった人々がたくさんいました。彼らが急激な近代化に溶け込めずに戸惑っていたのを、私はこの目で見てきました。彼らは愚鈍でも怠惰でもなく、反対に大変な働き者で芯の強い人々でした。それゆえに自説を曲げず、シンプルな原理の家電さえも信用せず、冷蔵庫をつけっ放しだと中身が傷む、冷房機をつけっ放しだと健康を害する、などという説をまことしやかに信じている人々でした。それも当然で、つい数年前まで生きていた石器時代のような生活には、まったく別の能力——環境にあるさまざまな事象を総括して、自然の機微を察知し、部族に降りかかる生命の危険やダメージを極力避けること——が必要だったのです。そうした人々は文明の利器を使いこなせないという理由で、多くの舞台から退出(リタイヤ)を余儀なくされました。労働社会から少しずつ疎外されていく彼らを見ながら、「状況がこうなってしまってはリタイヤもやむを得ないだろう。順応できない人間はどうしたって最前線にはいられない」と感じていました。それほど大きなギャップがあったのです。そして今、五十の新しい政策を見ながら「もしかして自分も」とぼんやり思うのでした。

## 重大な変化

いまUAE住民を最も悩ませているのが、十二月七日に青天の霹靂(へきれき)のように発表された「週末の変更」です。それまで金土曜日だった週末が、来年から土日曜日に移行し、金曜日は半ドンになるのだそうです。つまり世界に先駆けて、週末が二日半になるのでした。こんな重大な変更をたった三週間前に発表すること自体、いつもながら驚かされます。

一九九〇年代、週末は金曜日の一日だけでした。子どもたちは小さい頃は週六日間、学校に通っていました。それから週末が木金曜の二日間になり（一九九九年）、それが金土曜日に変更（二〇〇六年）されました。しかしどんな時でも今のような大問題にはなりませんでした。ムスリムにとって大事なのは金曜の集団礼拝で、その日さえ休日ならば、どの日が休みになろうと大きな変化はなかったのです。

このたび週末が二日半と半日分長くなるため、省庁の一日の労働時間は七時間から八時間、私企業の勤務時間は八時間から九時間に増えました。金曜日は規則で四時間労働のみです。時間帯よりも大きな問題は金曜礼拝です。今までは金曜日にゆっくりと身だしなみを整えてモスクに行くのが習慣でしたが、出勤日になると礼拝には仕事場から直行することになります。そのため政府は礼拝時間を一時間遅らせて、午後一時十五分から一斉に行うと決めました。これは信仰深い人々にとっては大事件です。神の定めた礼拝時間を国家の都合でずらしていいはずがなく、礼拝の精神的・物理的な準備、ニーヤ（礼拝を始める前の心構え）、ウドゥ（体を洗い浄めること）といった精神統一の過程を端折ることになりかねない。そして「職場から駆け込んで間に合えばいい」ものになってしまいます。心構えや準備を妥協せよと国家に強制されているようなものです。

誰にとっても驚きだったのは、この政府発表が連邦最高評議会(4)で決められた決議ではなかったことです。発表の二日後や三日後に、「○○首長国では政府の決定を支持する」という記事がメディアに掲載され始めました。国家にとってこんな大事な変更を、最高評議会で承認されないまま発表したのなら、国の連帯を断ち切る地雷になりかねないと感じました。五十年前の連邦国家建国の条件は、どの首長国にもある程度の自治が認められ、首長たちはそれぞれ一国の元首として、平等な立場で合議をもとに政策が決定されるはずでした。

案の定、シャルジャ首長国は政府発表から二日おいて、「シャルジャ政府は週末を金土日曜の三日間とする」と発表して世間を驚かせました。建国から四十九年間も元首を務めるスルターン首長は、どの首長や皇太子よりも長く国家に奉仕してきました。常にイスラームを政策の中心に置き、アラビア語を教育の中心に据えて、アラブ文化の発信地として地道な活動を続けてきました。首長にしたら、金曜日が休息日ではなくなる時代が自分の治世にくるとは予測もしなかったのでしょう。そのため苦肉の策として、労働日を週に四日間、週末を三日間に変えました。性急で急進的な国家づくりに物申すことができるのは、今やスルターン首長をおいて他にはいません。

週末変更の決定だけはあるものの、どの企業もまだ検討不足です。労働時間の減少に応じて給与を減らすことは難しく、一日の労働時間を延長したり、年間の休日を減らす動きも出てきました。学校に至っては、帰宅後にオンライン授業で補習するか、夏休みを短くするなどの選択肢も出てきています。これではいったい何のための週末延長なのかわかりません。

## 価値の転換

五十の政治改革には、今までのＵＡＥの価値観を揺るがす法律が導入されました。

まず飲酒が自由になりました。今までは首長国によって違いはあるものの、イスラーム国家として飲酒はご法度で、外国人の異教徒に限って酒類（アルコール）を購入できる許可（ライセンス）制度がありました。ライセンスはその人の宗教、職種、役職、給与などに則して発行されていました。例えば、ＵＡＥ国民は全員がムスリムですから誰にも発行されず、外国人でもイスラーム教徒には発行されません。異教徒で安定した職があれば許可の対象となり、高給を取る人ほど多くの量が購入できました。中所得者ではある程度の量しか買えず、貧しい労働者ならほぼ許可はおりませんでした。楽しみの少ない労働者が酒におぼれたり、無許可の安い酒で健康を害したり、酔って喧嘩や殺傷沙汰を起こすのを防ぐためでした。このライセンス制度のおかげで、労働者が酒に給与をつぎ込み、さらなる貧困や借金苦を背負うこともなかったのです。しかし、このたびの撤廃がＵＡＥの安全をどのくらい脅かし、誰を幸福にして誰を不幸にするかはまだわかりません。

また新しい法律では、外国人の離婚や相続の手続きは、それが発生した国の法に従えばよいことになりました。例えば、インドで結婚した夫婦が離婚するとき、現在UAEに居住していようと、インドの法律に則して離婚できます。しかしUAE国内で結婚した場合は、外国人であろうとUAE民法が適用されます。

相続分配に関してはシャリーア法[5]に基づいているので、北アフリカ、アラブ諸国、西アジア（パキスタン、インド、バングラデッシュなど）出身のムスリムなら、それほど違いはありません。

しかし欧米諸国の法律は大きく違います。今までは、出稼ぎ先（UAE）で不慮の事態が発生した場合、当人の財産は（UAE国内のみならず外国にある資産も）UAEの裁判所でシャリーア法に基づいた民法で裁かれていました。UAE内の財産なら納得できるにせよ、外国にある財産にまで適用されたら困ります。実際に財産が存在する国（多くは当人の出身国）の法律を超越することは出来ないはずで、多くの混乱を生んでいました。そこで欧米人達は自国の在UAE大使館で「遺言状」を作り、保管してもらってきました。不慮の事態が起きた場合に大使館から裁判所に提出してもらい、出身国の法律と遺言に従って相続できるように手続きを踏むのです。遺産を相続した人間が異国人の異教徒、加えて未成年であったりすると、身元保証人は誰か、成人年齢は何歳かによって相続は大きく変わるため、当人の出身国の法に任せることで統一されることになりました。

発表後に大きな話題となったのは、「未婚の男女が同棲しても罪に問われない」法律が導入されたことです。それまでUAEでは、未婚の男女が同居することはイスラームの家族観に反するとして、犯罪として扱われました。(6) どんな宗教のどんな出自(バックグラウンド)の人間も、「UAEに住む限りはUAEの法に従う」ことが大前提で、欧米や日本で当たり前になっている結婚前の同棲を抑制してきました。しかし今後は合法となるらしい。法律改正の理由を「住民の生活基準をアップグレードするため」とありますが、意味不明です。私の子どもたちが公立校で厳しく教わってきたイスラームの価値観を、今後、政府はどうやって擁護していくのかと不安になりました。

同居が発覚してもほとんど罪に問われないのだから、合法になっても変化がないと思うかもしれませんが、問題はもっと先にあります。「同棲する男女に子どもが生まれたら、子どもは合法か」と法律相談には質問が殺到しました。UAEで出生届を提出するには婚姻が大前提で、両親の名前やその宗教、祖父母の名前まで克明に記されます。新しい法律では未婚の男女に生まれた子どもの身分(ステータス)への言及はなく、法律家は、

「現在までに公表された新法では、未婚男女の同棲について言及しているだけである。婚姻関係がなければ子どもの父親が確定できないため、出生届やパスポートの申請ができるかどうかは不明である。気を付けるように」とズッコケるような回答をしています。

今までの価値観を揺るがすような改革が続き、今後も大きな政策発表が五十に達するまで行われるはずで、何とも心落ち着かない年末となったのでした。

## 感謝の気持ち

それでもこの五十年間を思い、私が滞在した三十年間を振り返っても、「よくぞここまできた」という気持ちに溢れます。半世紀を無事に迎えるためにどれだけの努力と犠牲を払ったのかは肌で感じ取ることができます。江戸時代だけで二六五年間という長い歴史を持つ日本なら、五十年なんてあっという間だと思うかもしれません。しかし米国だって建国から二五〇年にも満たないし、湾岸やアフリカ諸国の多くは二十世紀半ばの独立からまだ半世紀です。世界を見渡せば、国家や安定した政権が五十年間続くことは簡単でないとわかります。吹けば飛ぶように小さなＵＡＥが、石油以外の大きな産業がないまま今も踏みとどまっていられるのは、ひとえに神の采配なのだろうと想像するしかありません。

五十年間の変化の最も顕著な点は、もちろん物質的な豊かさです。夫が生まれたときには電気も水道もなく、病院も学校もなく、教育を受けた人がほとんどいない「未開の砂漠民」であったのが、今では石油収入（オイルマネー）によって多くの国民が人間的な環境に生き、高度な教育を受け、手厚い医療を受けています。どの首長国にも立派な庁舎があり、大病院があり、幼稚園から大学までの教育機関があり、舗装道路があります。どんな僻地にも地域医療を担う小さな医院（クリニック）が存在します。首長国をつなげるハイウェイは国を縦走し、港湾施設、変電所、淡水化プラント、高速ネットの環境も整備されています。人々はコンクリート製の家に住み、冷蔵庫や冷房機を持ち、安心して子どもを産み育てることができて、石油収入の恩恵が行き渡っているのを感じます。激流の中で多くの犠牲を払ってきましたが、得たものに十分な価値があるのなら無駄にはなりません。だからこそ、わずか二世代程度の短期間にこれだけの変遷を黙って呑み込むことができたのでしょう。

## 趣向を深める自由

二〇一〇年を過ぎてから私が一番顕著に感じているのは、物質が満たされた後に来る「個人の精神生活の豊かさ」です。知識が増えたために行動範囲が広がり、趣味や趣向が深まり、伝統的な男女分業の分け目が交錯して、生活の許容度が急速に拡がりました。それは私の主宰する文化センターの活動でも実感しました。

たとえば、二〇〇八年から毎年主催してきた「日本文化サマーキャンプ」があります。三日間のキャンプは日本文化をテーマにした講義とワークショップで構成されます。いつも人気が高いのは「巻き寿司」のワークショップ。炊飯器で炊いた白米で寿司飯をつくり、現地調達できるさまざまな具を巻いて作ります。最初の数年は参加するのは女性だけでした。人前で料理をする（それも女性と一緒に！）なんてとんでもなく恥ずかしいという意識がUAE男性にありました。二〇一二年になって初めて男性が参加し（高校生の男子が大学生の姉と参加）、年若い青年はカンドゥーラの袖をまくって（普通は女性の前で肌を見せない）上手に寿司を巻きました。それ以後は男性が増え続け、二〇一四年からは男性専用テーブルが必要になりました。一〇年代も後半になると、隣のテーブルにいる女性たちに臆せず、白いカンドゥーラの上にアニメ柄のエプロンをつけて、真剣に慎重に寿司を巻き、細心の注意を払って皿に盛りつける、〝こだわり〟の男性が増えてきました。

また二〇一〇年以前に不思議だったのは、せっかく寿司作りを習っても、食べて帰る人がいなかったことです。巻くのが楽しいだけで、食べることには興味がないようでした(7)。多くの参加者が自分の作った寿司をゴミ箱に捨てて帰るのを、私たちは不思議な思いで見ていました。「お正月イベント」も同様で、せっかくお雑煮をふるまったのに、餅だけゴミ箱に捨てるのでした。大根や人参は食べますが、餅のような見知らぬものには決して手を出さない慎重さと頑迷さを、当時の若者は持っていました。

それがこの十年間で急激に変化し、新しいものでも簡単に受け入れ、多くの場面で中味や質まで問うようになってきました。かつては茶道なら、礼儀正しく座って挨拶し、器を正しく回せれば満足していたものです。アラブ人は餡の味に慣れていないため、茶菓子もなめるだけ、茶器を見ても「ふーん」程度でした。ところが今は茶菓子もぺろりとたいらげ、茶器の模様に見入ったり意味を探ったり、季節やグレードを尋ねたり、掛け軸に注目したりと深くこだわります。

書道のワークショップには、近隣だけでなく東海岸や他の湾岸諸国から遠路はるばるやってくる参加者も増えました。姿勢や筆の持ち方にこだわり、インクをつける案配、筆の下ろし方などを詳しく知りたがります。以前のワークショップなら、ただ紙に好きな文字を書くだけ、という程度で満足する人が多かったのに。ワークショップの構成を新たに練り直す必要を感じながら、「あぁ、とうとうUAEも『衣食住足りて』という境地に至ったのだ」と実感したものです。

## 他者の趣向を認める

二十一世紀になると、さまざまな専門職や領域に挑戦する若者が増え、紹介され始めました。性別、年齢、出自などを超えて、未知の領域で突出した能力を発揮していきます。まず登場したのが女性航空機パイロット、そして女性軍用機パイロット、女性F1レーサー、男性コック、男性ファッションデザイナーなどが注目されました。生業以外の趣味の領域もどんどん広がり、楽譜が読めないのにショパンの難しいソナタを弾く女性や、フィギュアスケーター、バレリーナも注目されました。フジャイラ首長国では年若い体操（ジムナスティック）選手も活躍しました。以前なら、観衆の前で足を挙げ広げする動作（スケート、体操、バレーなど）は、決して歓迎されることはなかったのに。極め付けは、中国の国家主席夫人（歌手）の前でオペラのアリアを歌うUAE男性も登場したことです。

そして私の主催する日本語教室にも、趣味として日本語を学ぶ人が増えました。UAEでは日本語の習得によって収益（給与）が上がったり、職業上の利点が増えることはありません。日本語を勉強するのは、旅行目的か趣味だけです。仕事でそれなりに成功している男女が、「アニメや漫画が大好きだから」と堂々と理由を述べて日本語を学びに来るのです。かつて存在した多くのステレオタイプのタブーを破って、自分自身の心に正直に趣味を追求し、人前で披露し、仲間と共有する喜びを享受できる時代になりました。がむしゃらに努力する国興（おこ）しの時期を過ぎ、そうした幸福な時代がようやくきたというのが、建国五十周年を迎えた私の一番の感想です。

## 明日へ繋げる

二十一世紀となり建国五十年を迎えて、UAEに住む人々はこう考えています。

「世界には天然資源を持つ国は多数ある。資源だけでなく、広大な国土、温暖な気候、教育ある人材、十分な人口を持っている国も多くある。それなのに指導者(リーダー)がどこかで間違えて、世界最貧国になったり(イエメン、ベネズエラ、エチオピアなど)、内紛で滅茶苦茶になったり(シリア、パレスチナ、アフリカ諸国など)、欧米諸国につぶされたり(イラク、レバノン、リビアなど)、後進国から抜けられない国(エジプト、ヨルダン、パキスタンなど)がたくさんある。国を創り上げるのには何十年もかかるが、壊れるのは一瞬である。どんな因縁をつけられようと、誰に批判され煽られようと、国民が団結して国を支援する気持ちを失ってはいけない。新興国がいまだに独立国家として立ち、生産活動を続け、住民が自分なりの幸福をつかみ、家族を育む環境があるうちは、それだけで成功なのだ。人間は完璧な存在ではないし、その人間が行う政治は完璧にはならない。指導者を信じ、行政上の小さな失敗や、理不尽な政策にも多少は目をつぶり、従う方が賢明だ。自由と権利を追求してテロや紛争や干渉に隙を与えるより、国家を存続させるために協働するほうがよほどいい」

この五十年間、世界の歴史に刻まれた中東の重大事はたくさんありました。石油危機、土地争奪、宗教による王政打倒、株価暴落、超大国の侵略と占領、テロの台頭、難民問題――。そのたびに没落していった国はたくさんあります。今から五十年後に国が存在しているかもわからず、国民が離散しているかもしれず、極貧に戻って他国の援助だけで暮らしているかもしれません。そんな可能性はないとは決して言いきれないのです。「生き残る」という大きな目的を達成するためには何が必要なのか。五十年間の荒波にもまれてきた国民は、慎重な態度と柔軟な姿勢を崩さず、静かに未来を見つめています。

二〇二一年の大晦日になってもコロナはちっとも衰えず、私の周りでは、若く元気だった生徒がワクチンの副作用で亡くなり、長い時間を共有した友人が病死し、突然の喪失が続きました。こんな小さな国なら誰もが似たような状況でしょう。明日が普通に来る保障はどこにもない。しかし私たちには「明日を信じて待つ」以外の選択肢はありません。不安に駆られても、悲嘆に暮れても、今日という日は終わります。どんなに苦しい日であっても必ず終わるし、太陽が昇れば新しい日となり、月が経てば新年は明けるのです。不安に身を任せるよりも、周りの人間を労わり、小さなことを許し合い、信頼し合って明日につなげていく方がずっと賢明であることを、二〇二一年は私に教えてくれたのでした。

（二〇二一年十二月）

## 註

1. カタール、トルコなどと国交を回復、二〇二〇年にはイスラエルと国交を結んだ。
2. 名前と出身地が書いてある紙で、怪我や死亡した時に、その方面の人に伝言を託すため用意されていた。
3. 人口の九割は外国人でＵＡＥの時事には興味が薄く、そのうち三割ほどの単純労働者には非識字も多い。
4. 七つの首長国の首長たちが合議制で決めていく政治機構（システム）。
5. ムスリムの財産分配はシャリーア法で七世紀から決められている。
6. 事実上は発覚してもあまり罪に問われたことはない。
7. 酸っぱい米や生の魚はゲテモノの範疇だった。世界で寿司ブームが起こっても、灼熱の国で生魚を調理し食べる人口は少なかった。

# ドバイ万博日記

## 万博開催

二〇二一年の十月一日からドバイで世界万国博覧会が開かれています。期間は六ヶ月間（一八二日）で、二〇二二年三月末に終了です。昨年中はコロナ禍もあって入場者数が伸びなかったものの、現時点（三月十日）では世界中から一七〇〇万人も訪れています。

開会したばかりの十月は気温が三五度もあって、行くだけでも体力が必要でした。十一月にはオミクロン株[1]が蔓延し、感染対策が厳しくなって、十二月には万博こそが感染源（クラスター）だと噂されていました。その後私は冬に風邪を引き、二月にようやくコロナ対策が緩和[2]され始めると、自分の体力も戻ってきて、万博にちゃんと行ってみる気になりました。

ドバイ万博のゲート

会場は砂漠の真ん中にあり、我が家からは九七キロも離れています。どんなに車を飛ばしても片道一時間はかかりますが、何といっても自分が生きているうちに、自宅から行くのが可能な場所で世界万国博覧会が開催されるなんて、そうそうあることではありません。一生に一度かもしれず、これを楽しまない法はないのです。

私と夫が最初に訪れたのは昨年十月初旬でした。二人でアブダビからの帰り道に、「ちょっと寄ってみよう。今日は練習だ」と入ってみました。開催時間は午前十時から午後十時までで、その時はすでに夜の八時を過ぎていましたが、駐車場から入場するまでコツをつかむ練習のつもりでした。

## 入場まで

四三八ヘクタールの万博会場で私たちがまず魅了されたのは、駐車場からバスに乗ってゲートまで行くスマートな移動システムでした。一般市民が停められる駐車場は三ヶ所あり、万博のテーマに沿って色分けされています。「機動（モビリティ）」駐車場は青、「持続可能（サステイナビリティ）」駐車場は緑、「機会（オポチュニティ）」駐車場は黄色です。会場は三弁の花びらの形をしており、その突端に三つのゲートがあり、花びらの外部を取り囲むように巨大な駐車場があるのでした。

それぞれの駐車場は舗装され、AからZまでの区画に分かれています。区画の駐車スペースは向き合う二列で一～四〇まで数字が振られていて、それぞれ六十台ほど停められます。つまり一つの駐車場だけで、アルファベット二六文字×四〇列×六〇台＝六万二千台も停められるようになっているのです。その他にＶＩＰ駐車場、ヘリポート、搬入専用駐車場、有料駐車場、障害者用駐車場、警察・軍用車駐車場、そして大型バス駐車場とあるから、これで迷子になったら大変です。

その対策にはちゃんと色と番号のシステムがあります。駐車場の列の端にはポールが建てられ、大きな掲示板に数字が書かれています。私が先日停めたのは、（Ｍ(モビリティ)）駐車場のＥ区画十二列目でした。だから駐車番号は青Ｍ－Ｅ－12。車を停めたら忘れずにこの数字の写真を撮らないと、あとで場所がわからなくなってしまいます。頭では記憶したつもりでも、万博には見たこともないような展示が溢れているので、後で思い出そうとしても興奮ですっかり抜け落ちてしまうのです。

駐車場の係員はＡ区域が埋まると入り口をコーンで塞ぎ、Ｂ区画に誘導します。最後のＺまで埋まると掲示板に満車ライトがついて、他の駐車場へ行くよう言われます。帰る車が出て駐車場が虫食い状態になると、空いた台数分だけ招き入れます。

各区画には五〜七ヶ所の巡回バス停留所があります。停留所まで最も遠い場所に車を停めても、百メートルくらいでしょうか。バスは四分ごとに頻繁に迎えに来て、ゲートまでの乗車時間は長くて七分。さらにバス降車口からゲートまでは、二百メートルくらい歩きます。ゲートの反対側にはバスの乗車口があり、客を降ろしたバスはそこに行って待機します。各駐車場で客をピストン輸送するバスの総数は三〇台くらい。それ以外にも三つの会場を巡回するバスもあり、優に百台くらいのバスが常時動いているのでした。

駐車代はもちろん無料です。ゲートのすぐ前に停めたい人は、有料パーキングを使います。料金は時間制限なしに一台九五ディラハム（約三千円強）。何万台もの自家用車と、百台以上のバスと、その三倍くらいはある電気自動車（バギー）が、広大な会場で機能的に動いている様子は、なかなか壮観でした。

「このシステムを編み出した人は素晴らしい！　どの民族や教育程度でもわかる使いやすいシステムだ。それだけでなく、機能優先や合理追求に慣れていないアラブの国で、実際に人々が困難なく使用できるようにしたことは称賛に値する」と夫はもろ手を挙げて大感激。

「このシステムを堪能するまで何回バスに乗ってもいいや」と上機嫌です。

万博の正門ゲートは、複合炭素繊維で作られた高さ二一メートル、幅十メートルもある巨大な門です。門と言ってもワイヤーを組んだデザインで、反対側は透けて見えます。

門をくぐり二百メートルほど歩くと電子ゲートがあり、入場券（チケット）とPCR検査陰性証明、ワクチン三回接種済みの証明を見せます。チケットは最初に入るときに顔写真を撮られ、以後、QRコードと顔写真を照合されます。手荷物とボディをスキャンすれば晴れて入場。車を停めてから実際に入場するまで二十分程度でしょうか。六十歳以上のシニア市民は入場無料で、館（パビリオン）に入るのにも優先権があります。障害者用の車椅子は無料で借りられ、自転車もスクーターも登録すれば使えます。五歳以下の子どもは、入場したらすぐに親の名前と連絡先が埋め込まれた腕輪（チップ）をはめられ、迷子対策が執られています。毎日何十校もやってくる学校訪問は、それぞれ担当者が付いて別の入り口から入場します。こうしたシステムを合理的に無駄なく無償で提供しているのは、目を瞠るほどでした。

## テーマと参加国

ドバイ万博のテーマは、「心をつなぎ、未来を創る（Connecting Minds, Creating the Future）」。サブテーマは（一）機動性　Mobility、（二）機会　Opportunity、（三）持続可能性　Sustainability　で、今まさに国際社会が最も注目しているテーマです。二〇二〇年に起きたひとつの疫病が要因で、世界の（機動性（モビリティ））は突然断絶されました。それ以来二年経った今でも、物流も移動も人的交流も停滞しています。将来、自国が機動性を失わないためにはどんな準備や環境が必要なのか、世界中が考えている最中でしょう。（機会（オポチュニティ））も同様だったかと問われれば、世界を見渡すと必ずしもそうではなく、旅行観光産業や航空産業は大打撃を受けましたが、医療・薬学、衛生関連、ＩＴビジネスなどはロケットが飛ぶがごとく伸びました。疫病をオポチュニティに変えられた国と出遅れた国が、今やはっきりと分かれています。

「どの危機にもチャンスは潜んでいる」とはドバイ首長の言葉です。危機をチャンスに変えるには、先見の明とリスクを恐れぬ力が必要で、新型ウィルス蔓延という禍（わざわい）をどう生かしたかが今後の国際基準となるでしょう。幾たびもの危機を乗り越えてきたドバイは、よほど肝に銘じて未来を見通す目を養っているらしく、その道では先駆者となっています。

(持続可能性)は、自然環境だけに注目されていますが、実はそれだけではありません。もともと世界には過酷な環境に生きる民族はたくさんいて、彼らにとって自然とは持続可能性（サスティナビリティ）を求める対象でした。湾岸中東の砂漠地帯は、近代の科学を用いてやっと人間が住める程度まで改善してきたのです。人類は過酷な自然と闘いながら生き延び、移動を繰り返し、文明は興ったり滅びたりしてきました。サスティナビリティの対象は環境も経済も天然資源も人材も含みます。いかに国家の財産を失わずに持続していけるかが課題なのでした。

ドバイ万博の参加国は一九二ヶ国。外務省が認知している国家は世界に一九六ヶ国だから、ほぼ全世界の国が参加しています。これだけ多くが出展した理由は、UAEのもつ地政学的な利点です。飛行機を何回も乗り継ぐならば、予算のない国は出展できません。ドバイからアフリカ、欧州、アジア諸国は近く、どんな小国へもエミレーツ航空は飛んでいます。英国やスカンジナビアの諸都市までの飛行時間は七時間、南アフリカのヨハネスブルグまで八時間、エジプトのカイロまで四時間、インドのムンバイは三時間。モスクワ五時間。北京八時間とすれば、その圏内に入る国家は優に百はあります。距離や移動時間はとても重要なのです。イスラームが興ったのは西暦七世紀、西はイベリア半島から東は唐にまで範図を広げたのは八世紀半ばです。そのエリアはまさしく今の世で飛行機で八時間以内に着ける国々――と考えれば、何も不思議はないのでした。

文化的な相互理解も参加を決める重要な手がかりです。中東においては、聖地マッカを中心にたくさんの民族、集団（コミュニティ）が古代から交易してきました。アラブと地続きであるアフリカ大陸への理解は深く、近代以前から歴史や宗教や言語を共有してきました。ここ一五〇年間にヨーロッパ諸国に蹂躙されるまで、アフリカ大陸が偉大な文化や社会を築いていたことを、アラブ人は歴史的によく知っているのです。表向きは敵のような顔をしている対岸のイランやイエメンとも、多様に入り組んだ深いビジネス関係と、切っても切れない血縁関係を維持しています。東欧を含めた旧共産主義諸国（カザフスタン、トルクメニスタン、ウズベキスタンなど）はもともとムスリム国家で、信徒の義務であるマッカ巡礼と同時に、交易は十四世紀間ずっと続いてきました。同じく地続きの西アジア（インド、パキスタン、バングラデシュなど）は、シルクロードを通じて長い交易関係にあり、人的移動も相互に行われ、現在も多くの人がドバイに住んでいます。海を隔てた東南アジア諸国（インドネシア、マレーシアなど）へは十三世紀にイスラームが伝播し、海洋交易はその頃から盛んでした。長い歴史的な交流がある地で出展するのは、そうした国々は心理的にまったく無理がありません。

　しかし、いかに距離が近く交流が長いといっても、だから来るとは限りません。開催国の「国威発揚」の影響が大きい。なにしろ世界の後進国の夢は決まって「第二のドバイになること」です。二〇一〇年の上海万博には一九〇ヶ国が参加しましたが、それは中国が世界での影響力（プレセンス）をますます強めている時期であり、諸国がその勢いにあやかろうと思ったからです。今回、距離的・心理的に最も遠い南米大陸や南洋諸島からも参加が多かったのは、ドバイの評価がそれだけ大きいからに違いありません。自分の力を試したい人間が、収入・機会（オポチュニティ）・幸福を求めて世界中から移動（モビリティ）してくる場所――それがドバイであり、「国威発揚」の勢いに乗ってそれぞれの幸福を探しに来ているのでした。

## パビリオン

毎日のように館(パビリオン)を巡っていると、展示に熱意のある国とそうでない国の差がよく感じられます。熱意の方向が違うのもわかります。若いエネルギーが溢れる国もはっきりわかります。万博にかけた熱意のボリュームを、その国の規模・経済力・人口・UAEとの関係などを調べて私なりに評価するのが日課になりました。もっと熱意を注ぐべきだと思う国もあり、熱意はあってもあきらかに勉強不足の国もあり、小さいながらも国威発揚を実感できる国もありました。

たとえば、なんともお粗末なのが英国館(パビリオン)。環境、保護、共生など注目すべき単語がブロックから飛び出すように造られた建築は確かに目を惹きましたが、中はがらんどうでした。産業や特産品の説明はポスター(文字)で、入口までの長い廊下に展示されていましたが、入場者が駆け足に歩く通路で、誰が立ち止まって細かい字を読むでしょうか。先進国・超大国である英国は、中東諸国を百年以上も保護領にして好きなだけ搾取してきたくせに、中東アフリカで初めて開催する万博への尊重(リスペクト)が感じられませんでした。

同様に拍子抜けしたのがカナダ館。大きな館に部屋が一つだけで、観客は円形の部屋に座り、三六〇度の映像を数分間見たら終わりです。産業の紹介も先住民の歴史も多民族国家の現状もろくにない。噂では、開催当時はもう一部屋あったのに、壊れたため閉鎖したそうです。六ヶ月間の万博期間中にどの館もかなり進化しているのに、壊れて後退したとは努力の跡がみられません。しかしまぁ中東との歴史も浅いので「こんなものか」くらいの感想でした。

米国はお家芸であった宇宙開発が中小国家にまで追いつかれて、館外にそびえるＮＡＳＡのロケットを見ても、火星探索機（チャレンジャー）のミニチュアを見ても、なんか物足りない。世界であれだけ威張っているなら、展示ももっと力を入れたらどうかと感じました。多様性を打ち出すためか、黒人の政治家キング牧師とハリス副大統領のスピーチが館内に響いています。観客はベルトコンベアーに載せられたまま見学します。つまりどの展示も短時間で聞き流せるほどの説明でした。十九世紀にベルが発明した電話機の横に、スティーブ・ジョブスが販売した初の携帯電話機が置かれていましたが、携帯電話もこれだけ短期間に普及すると「ついこないだ」のことで感動が薄くなるのは否めません。

いかにもお国柄が出ていたのは、ブラジル館とフランス館です。フランス館は敷地の半分がカフェで、おいしそうなケーキやパンが並んでいました。大きめのクロワッサンがひとつ六三〇円、コーヒーは八〇〇円もします。お洒落な演出でおいしいパンやコーヒーを売ることが一番フランスらしいと言えばそうかもしれません。自国産業は記憶にも残らない展示ばかりでしたが、もともと植民地産業が最も得意な国ならば当然です。万博の最終週には、直輸入したオートクチュール服が展示され、アラブ女性の心を躍らせていました。

ブラジル館はただの白い四角い箱でした。床に巨大なシートを敷いて水を張り、アマゾン河に見立てた粋な空間になっています。側面と天井の白い壁にアマゾンの大自然や大都会の街並みが次々と映し出され（昼間はまぶしくて見えないので映像なし）、水の上に浮かべたハンモックに寝転んで鑑賞できます。ステージでは音楽やダンスが爆音で流れ、珈琲豆とカラフルなTシャツが売られて、いかにもブラジルでした。

夜になると屋根から強力な光線ビームを夜空に放つ中国館は、ろくにアテンダントもおらず、展示もいい加減で、やる気がないのはすぐわかりました。月面着陸を記念して宇宙服や宇宙食を展示し、リニア新幹線やSUV車も置いてあるけれど、万博にかける意気込みは見えません。おまけにこの六ヶ月間で館はさらに傷んでいるように見えます。コロナ対策で鎖国しているから当然と言えば当然ですが、批判が来ないのにはちゃんとカラクリがあるのです。ドバイには十五年ほど前にできた巨大な中華街(チャイナモール)があって、万博の展示より千倍も多い、あらゆる産業製品が売られています。龍(ドラゴン)を模した全長一キロのモールには、三畳くらいの小店からステージ並みの大店まで四千軒も店があり、家電、工業製品、機械部品、衣服、装飾品、家具と探せば何でもあります。万博に力を入れなくても、商売は万全なのでした。

GCC諸国（クウェート、サウジ、カタール、バーレーン、オマーン）はそれぞれ大きなパビリオンを出しています。湾岸諸国は文化も産業も似通っていて、国別に特化するほどの違いはないものの、素晴らしい展示をしているのはサウジアラビアです(3)。観客はまず入り口で雨を模倣した空間に潤されます。中央の展示場では、近年発掘が進み観光の目玉になっている東北部の古代遺跡、聖地マッカを中心に栄えた交易の歴史、岩山の高地に不思議議なほど繁る緑などが素晴らしい映像で流れます。

地下の劇場では女性監督の作った映画が上映され、広い前庭では毎日民俗舞踊やファッションショーが行われ、観客を楽しませました。建築も一度見たら忘れられない奇抜さで、人だかりで見えない前庭のショーが、鏡張りの天井[4]に反射されて、遠くの観客にも見えるようになっていました。

広大な国土を持つオマーンは、多様な自然環境と動植物を展示しています。各展示を担った若い芸術家（アーチスト）も大きく紹介されて、人材や才能を育てようとする意欲がみられます。バーレーンはただの四角い箱の中央に布を垂らした館で、もう少し努力できなかったのかと感じました。カタールも同様にがらんどうの隅にステージがあり、わずかな展示とミニコンサートを催すだけでした。それでも突然国交を断絶され（二〇一七年）、わずか十四日間の出国猶予を与えたＵＡＥに対して、よく腹をおさめて出展してくれたと感じます[5]。国境を接するオマーンやサウジは、新型ウィルスに対する安全保障や衛生対策で、必ずしもＵＡＥと合致したわけではないのですが、万博の後半になったら国境を開いて、多くの市民をドバイに寄越してくれました。

## 立ち上がる国々

感銘深いのは、八〇年代には後進国・貧国と言われていた国々が、ここ三十年間で急激に成長し、貧困から脱していることです。アフリカ諸国しかり、東南アジア諸国、南米諸国しかり。グローバル化が進み世界がインターネットで繋がれ、誰でも情報を入手できる時代になって、若い世代は語学でも展示でも映像でも、それこそファッションや身だしなみでも才能を磨いています。

例えば、コロンビア館は最も人気の高いパビリオンの一つです。熱帯雨林（を模した植物）にそびえるモダンで白い館（パビリオン）には、たくさんの小部屋があり、それぞれが陽気で明るい映像・音響・ポスターで飾られています。若いアテンダントは流ちょうに英語を話し、粋なパナマ帽を被り、国旗と同色のアロハシャツを着て、エネルギッシュに現在のコロンビアを説明してくれました。かつては米国寄りの政府と革命軍ゲリラが激しく戦い、暴動や殺害や誘拐は日常茶飯事で、とても旅行に行く国ではありませんでした。五十年以上にわたる内戦がとうとう終結し、和平合意に署名（二〇一六年）したら、[6] 収束からわずか五年でこんな素晴らしい展示ができるなんて。「本当はこんなに素敵な国だったのか！」と目を瞠る思いでした。前庭には明るいラテン音楽が流れ、鮮やかな民族衣装の女性が特産フルーツ（パッションフルーツやマンゴなど）の搾りたてジュースを売っています。猛暑の中を並ぶ客が飲まずにはいられない演出にも才能を感じました。土産物屋には驚くほど精巧に作られた玩具が並び、インカ文明をデザインした金細工はどれも精巧で、先進国と同じほど高価でした。このような成長ぶりを見ると私は嬉しくてしょうがない。

先住民をあれだけ踏みにじってきた歴史を持ちながら、アメリカ大陸の国々では、今になって多様性（ダイバーシティ）を前面に打ち出しています。ボリビア館のポスターには、かつて埃だらけのボロ服を着ていた山岳民族が、美しいトレードマークの丸帽子と民族衣装で輝くような笑顔を向けています。パナマ館のポスターには、ジャングル奥地に住むグナ族が載っていました。パナマは私が若い頃ジャングル生活をしていた場所で、ある日突然、腰巻だけつけたグナ族の男性がバナナを三メートルくらい積み上げたカヌーで河口に現れ、私と交換しろと探検隊長に迫ったのでした。当時パナマ運河の経営権は米国が握っており、自国通貨はなく米ドルだけが通用する、どこから見ても隷属国家でした。しかし「一九九八年、米国による八十五年間の運河の運営権が終了し、パナマ政府に移譲」と展示にあり、開通から百年経ってようやく独自の道を歩み出しているのに感動しました。夫は土産物屋でパナマ産の蜂蜜をたくさん買い、私はグナ族の伝統刺繍モラのマスクを買いました。

## 困難は続く

苦難を抱える国家は多数あると実感させられたのも、万博の教訓でした。

開幕当初、イラク館は敷地の半分に建物があるだけで、展示は未完成でした。聞けば、担当者が予算ごと蒸発したそうで、空っぽのパビリオンは哀れでした。しかし六ヶ月間で盛り返して、最後には残り半分の敷地に大きなスクリーンが設置されていました。その映像にあったのは、有名なバビロンのイシュタール門（現在は在ドイツ）、サーマッラー遺跡の螺旋(らせん)状モスク、そして見たこともない桃の形をした青い建物でした。案内者(アテンダント)の説明を聞くと、観光案内のどこにも載っていないこの新しいモニュメントは、戦没者慰霊碑なのでした。それが人類の最も偉大な遺跡二つと同等に並べられていることに、私は驚きました。米国の因縁から始まったイラク占領（二〇〇六年）の犠牲者七十万人を慰霊するためかと思ったら、イラン・イラク戦争（一九八〇年〜八八年）が終わった一九八九年に完成したのだそうです。それだけ長く国難が続いているのかとため息が出ました。

シリア館の外には三メートルもある大きなハートが置かれていました。欧米諸国が現シリア政権の反対勢力を支援してから、すでに十年以上が経ちました。内紛は終わらず、シリアにあった強固な政権と国民意識は崩壊しました。しかしこの三月に万博を訪れたアサッド大統領を、ドバイ首長が国賓として歓待し、やっと雪解けとなりました。莫大な原油が地中海に発見（二〇一〇年）されてから、欧米の干渉が始まり、シリアも難儀の時代を生きています。

アフガニスタン館は展示が一つもなく、全部お土産屋でした。それでも、万博開幕のわずか二ヶ月前に政権がひっくり返り、以後もあれだけの苦難を強いられている国家が、こうして出展しているのだから偉いと思いました。土産物の多くは敷布や装飾品や小物で、中でも鮮やかなラピスラズリは目を惹きました。買う気はなかったのに、予想よりずっと安い値段に驚いて、私は耳飾り（ピアス）を買いました。

同じ苦難の中にいるのはミャンマー館です。万博に行く時、私はアバーヤ（黒いガウン）もシェーラ（髪を隠す布）もつけず、シャツにパンツに帽子姿です。どこから見ても観光客に見えるから、ミャンマーのアテンダント（兼、楽器奏者）は私が日本人だと知ると話しかけてきました。

「昔、日本に留学し高田馬場という街に住んでいました。知っていますか」

そして土産物をあれこれ選んでいる私に、スーチー女史と一緒に映った写真をちらりと見せ、小声で言いました。

「私は音楽家です。万博で演奏するため家族全員を一緒に連れてきました。もう国には帰らないつもりです。私の国はいい状況ではありません。万博のあとは米国に亡命申請するんです」

その言葉に驚きながら、思わず高価なビルマの竪琴を買ってしまいました。あぁ世界は留まっていない、常に動いているのだと感じました。

ベトナム館はアジア最初の宇宙飛行士だったファム大佐の写真を入り口の正面に飾っていました。戦後四十年間で見違えるほど綺麗になった女性たちが、鮮やかなアオザイを着て、たくさんの不思議な楽器を奏でてくれました。主に竹細工でできていて、身長より大きいものもあります。アテンダントたちは夕方になると衣装を着替え、ステージで歌いました。予算の少ない国々は、アテンダントが芸を披露するようになっていました。アフリカ諸国のほとんどは、民俗舞踊の時間になるとアテンダントが出払って一人もいない状況になっていました。多くの国が館内や庭に小さなステージを用意して、観客を楽しませてくれました。多数の島を持つインドネシアは毎日違う部族の舞踊を見せ、人材が豊かなのだと感じました。ブルガリア、ポーランド、アイルランド、ベラルーシ、ルーマニアは一日に何回もコンサートを開きました。

紛争が始まって一ヶ月のウクライナは、いつもと変わらぬ展示をしています。一階には小麦などの農産物、二階は文化や社会生活、三階にはＩＴ産業の展示があり、アテンダントは愛国心溢れる説明をしてくれました。戦争が始まって以来、世界中の人が書いた支援の言葉（メモ）が壁を埋め尽く

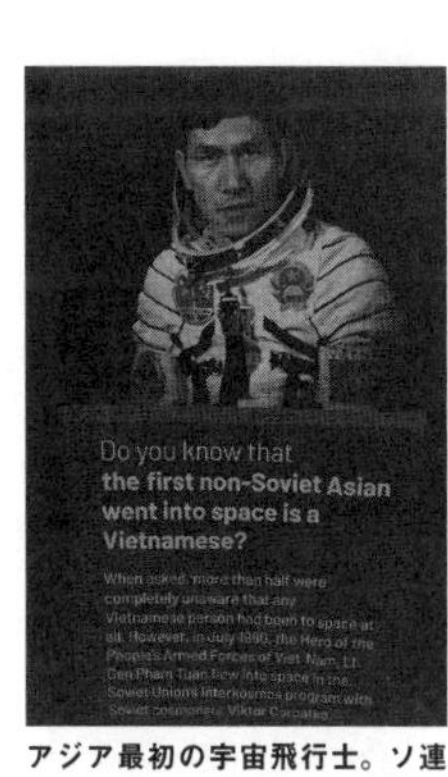

アジア最初の宇宙飛行士。ソ連の宇宙開発プログラムで1980年に宇宙へ行った。（ベトナム館）

していています。ポーランドの楽隊は支援を表して、民俗舞踊と音楽をウクライナ風にアレンジして披露していました。

一方、一度見たら記憶から離れない奇抜な建築と、良質の展示を見せていたロシア館にも変化がありました。戦争開始以降、入場制限を取り払ったのです。脳神経の働きとＩＴ産業を結びつけた圧巻のショーが始まるたびに客を入れ替えていましたが、今では途中でも客がだらだらと出入りしています。こうなると当初の規律と優雅さが失われ、どうでもいい展示のように見えてくるから不思議です。観客を炎天下に待たせたり人数制限をすると、どこにどう怒りをぶつけられるかわからないから止めたのだと私は勘繰っています。万博期間中に、このように戦争が始まるとは予想もしませんでした。

## 日本館のナゾ

素晴らしい展示でありながら、〝井の中の蛙大海を知らず〟そのままに勉強不足を感じたのは日本館です。

入館した観客はまずテラスに集合して装置（デバイス）をもらいます。出身地や年齢、人種などを入力すると、デバイスに野花が現れ、「野に咲く花を一輪飾ってお客様をお迎えするのが日本の習慣」と説明されます。これはなかなか粋な計らいです。いくつかの映像を見たあと、観客は天井から三枚の大きなスクリーンが下がる暗い部屋に導かれました。そこでアテンダントは、「歩き回って装置にポイントをゲットしてください」と促します。しかし室内は暗く誰に触れるかわからないので、慎重なアラブ人は壁際から動きません。アフリカや東南アジア、東欧のムスリムも、他者に触れる可能性がある暗がりを歩く習慣はありません。楽しそうに活発に動いているのはインド人や地中海人で、男女の行動範囲が重なる国や、人口が多く競争が激しい国、力で押せばまかり通る国の人々は、暗がりだろうが女性に触れる危険があろうが、自分だけの流儀を押し通します。暗がりを歩くのはスイス館も同じでしたが、一方通行の通路を蛍光ロープで囲み、完全な暗がりにはしませんでした。真っ暗にした場所を歩かせるなんて、アラブの国では絶対にやってはいけないことです。

生活用品を使った「見立て文化」の展示。（日本館）

日本館の一番大きな展示場には、「見立て文化」というおもしろい展示がありました[7]。生活の身近にある小物を使って大きな世界に見立てる——発想は面白いけれど、これが万博の神髄である「人類の未来へ向けて、自国の誇る技術や文化を発信する」ことにどう貢献しているのかは皆目わかりませんでした。二〇二一年の五輪（オリンピック）開会式で人気をさらったピクトグラムの芸[8]と同じで、趣味を極めた者が味わう自己満足の世界にしか見えませんでした。

それぞれの見立て模型はカプセルの中に入って、日本語の題（タイトル）の横に、英訳とアラビア語の翻訳がついていました。それは首を傾げるような翻訳でした。例えば、鏡を敷いて森と船を浮かべた模型には、こんな題がついていました。「鏡よ鏡、世界で一番美しいものは何？　この大自然です」。その英訳はただの「Reflection（反映）」です。木目の鉛筆を並べて農地に見立て、小さな農夫の人形を載せた模型の題は、「ノートはないけれど農地はある」。その英訳は「Cultivating（収穫）」。ビーチサンダルを並べて小さなゴルファーたちを載せた模型は、「三打で上がる、略してサンダル」。英訳は「Sandal Golf Club」です。模型の中央に橋と人が置かれ、その周囲に赤やピンクのボタンを並べて花畑に見立てた題（タイトル）は、「園芸がしゅげぇ（手芸）」。その英訳は「Flower Garden（お花畑）」。白い皿を何枚も積み上げて氷河に見立て、一枚だけ割れた皿を横に置きペンギンやアザラシを載せた題（タイトル）は「環境破壊は食器ング」。その英訳は「Antarctic-Dish（南極の皿）」。野菜の上に笊（ざる）を被せた模型は「見ざる、聞かざる、水切りざる」で、英訳は「Kitchen Zoo（キッチン動物園）」。小型の鉛筆削りをトイレに見立て、小さな人間がそのドアを叩いている模型は、「身を削るような思いでトイレが空くのを待っている」。そして英訳は「I can't hold it!!（もう待てないよ!!）」。

　読めばわかる通り、日本語の題はダジャレです。小さな空間に細かい作業を施し世界観を見せるのは、確かに日本の箱庭文化です。趣味人がさまざまな見立て文化を見せた――それで？　日本はこの展示で世界に何を訴え、人類の未来のためにどんな技術を売り込もうとしているのか、私にはわかりませんでした。まさかまだ展示はあるだろうという期待を裏切って、最後の部屋には関西万博の宣伝だけがありました。戦後の七十年間世界に技術を輸出してきた経済大国第三位の日本が、何億円もの税金を使い、才能や知恵を集大成して、ダジャレ満載の見立て文化を世界の舞台に展示したと思うと脱力しました。

## 万博市民

この夢のような万博はもうすぐ終わってしまいます。危険な感染症が開催期間中ずっと世界中に蔓延しながらも、ついには二四一〇万人の観客を集めたのには驚きました。なにしろ中国からの観光客はゼロで、日本や韓国からもほぼいないのに、ミラノ万博の入場者を抜いているのです。危機をチャンスに変えるのが得意なドバイには本当に感服しました。

万博会場を歩きながら、この不思議な高揚感の源は何だろうと私はずっと考えていました。なぜこんなにウキウキして誰もが同じように心から楽しそうにしているのだろう。砂漠の真ん中に現れた桃源郷（ユートピア）に幻惑されているのか、期限があって消えいくものに対する執着なのか。さまざまな民族や年齢や家族構成の人を間近に観察しながら、その答えを見つけたいと私は思いました。

経済活動をキーワードに世界中から人が集まるドバイは、人種のルツボです。老若男女、民族、宗教、出自、経歴もいろいろで誰もが働くために来ています。二百ヶ国もの多様な国籍や民族は、職場や学校で交流しているように見えながら、実はモザイクのように社会に存在しています。欧米人は欧米人、中東人は中東人、南アジアは南アジア、北アフリカは北アフリカの生活習慣（ライフスタイル）のまま。それは世界のどの大都市でも多かれ少なかれ同じでしょう。しかし、あの四三八ヘクタールの万博会場にあっては、中にいる全員が「万博市民」とでも形容できるように、違いが目立ちませんでした。大きな理由は、会場内ではみなが同じ条件で同じ喜びを享受できる環境だったからです。

例えば、入場条件（入場券を買いPCR検査陰性を出す）を満たせば、中でいちいちお金はかからず貧富の差が目立ちません。普段はハイヒールにブランドもののバッグを抱えるアラブ女性が、万博では運動靴にリュックを背負っています。気楽で動きやすい恰好に、サングラス、帽子、マスクをしているから美醜も目立ちません。入館するには誰もが同じように並び、アテンダントの指示に従って進まなければなりません。土産物屋やレストランは高価で思わぬ出費となりますが、買わなくたっていい。一人五千円の食事を摂る人もいれば、芝生で弁当を開ける人もいます。昼間の熱射は誰にでも降り注ぎ、喉を乾かします。会場の至る所に飲み水の蛇口や自動販売機があり、そこまで歩けない人、列から出られない人には、ボランティアが無料の水を配ってくれます。順を守って入館すれば、世界で最も注目されている事象や技術を、その国の専門家から最上のサービスで受けることができるのです。「誰もが平等で、同じ楽しみを、自分の望む形で享受できる場所」なんて、世界に実際にあるのでしょうか。そんなものは存在しない、夢物語だ、桃源郷だと誰もが諦めていることを、ある程度まで具現した場所——それが万博だったのではないでしょうか。

## 幸福の在り方

すれ違う人々の中に、それぞれの幸福の在り方を私は垣間見ました。南洋諸島の夫婦が風船のように大きな身体を揺すらせ道幅を占拠しながら手をつないで歩いていたり、奇抜な服に簾のような編み髪を揺すってリズミカルに歩くアフリカ女性がいたり、車椅子のお婆さんを中心に輪になって歩くインドの大家族がいたり、館（パビリオン）に行かないままカフェに座り続ける西欧女性がいたり、西アジアの女工たちが集団でかしましく歩いていたり、老夫婦が電動イスを動かしながらゆっくりと見物していたり、誰もが自分なりの幸福を万博の中に見つけている様子がわかります。

どの人も自国のパビリオンを一目見ようと探します。裕福な人も、出稼ぎに来て苦しい生活をしている人も、移民や亡命で国を捨てた人たちも、誰にも咎められずに自分の故郷を探し、故郷がいま最も大事にしているものを見ることができます。誰の心にも愛国心があり、祖国との繋がりは切れないのだと、日本館をぜひ見たいと思う自分の気持ちを確かめながら思いました。

幸福の形は一つではないことがよくわかります。そしてドバイ万博は、万人が万人の幸福を見つけられる場所を提供していたのでした。

万博が魅せたものは、世界の若者たちが描く未来像でもありました。何千人もいるスタッフやボランティアの多くが二十〜三十代で、六ヶ月間の住居も食事も、制服・靴・カバンも支給されていました。[9] 彼らは開幕前から長期間の訓練（トレーニング）を受け、接客術、身だしなみ、コロナ対策、話していいこといけないことを厳しく学びました。実際、私がスタッフに給与や雇用形態を訊いても、一切の情報は漏らさず、オフィスで訊いて下さいと言うだけでした。[10] バスやバギーの運転手、駐車場の案内人や掃除夫たちでさえ、支給されたジャケットを着て、統一した商売道具（トランシーバーや掃除用具）を持ち、労働者街で見るような汚い姿の人はいませんでした。そうなると万博内では（経済格差を元にした）横柄な口を利く人はおらず、与えられたサービスに対し多くが丁寧な感謝の言葉を返していきました。

スタッフとは別に、会場にはたくさんのＵＡＥ人ボランティアもいました。数年前から娘や息子たちには、万博ボランティア募集のメールがたくさん届きました。我が家の子どもたちは参加できませんでしたが、多くの友人たちが参加しました。彼らは全くの無給で、遠方の人だけは宿泊所をあてがわれますが、近場に住む人には交通費さえ出ず、この奉仕のために職場や学校を休むことも許されませんでした。そのため有給休暇を使いきったという人もいました。中東アフリカ世界で初めて開催されたドバイ万博が、ＵＡＥの若者にとってそれほど誇り高い仕事だったのです。拝金主義に流れつつある社会で、愛国心をこのように表現してくれる若者が大勢いたのは嬉しいことでした。

## 寿（ことほ）がれる

そのせいか、神様の意図を感じるような事もさまざまありました。一つは、世界的に冬が長く、例年なら四〇度にもなる気温が、三月末まで昼間でも歩けるほど低かったことです。これればかりはいくら人工降雨（クラウドシーディング）をしても不可能でした。二つめは、昨年後半からコロナが収束に向かい、感染者が増えても重症患者は増えなかったことです。これも予測不可能であり、ＵＡＥのシミュレーションが一歩先を行っていた証拠です。三つめは、一年延期したせいで多くの事が可能になったことです。

例えば、暗中模索だった前年に比べてコロナ対策の国家方針が決まり、世界に先駆けてワクチン普及・検査徹底へと国民の意識が変わったこと。同胞であるカタールと国交を回復し（二〇二一年一月）、敵陣営だったシリア大統領と和解（二〇二二年三月）したこと。彼らは万博に気持ちよく出展し、最後には国家元首までやってきました。これはお金や石油があるからといって簡単に出来ることではありません。時間が必要でした。

そして設備やインフラが間に合ったこと。万博会場は完ぺきに用意され、そこへ通じるメトロもハイウェイもバス路線も何もかもが素晴らしい出来栄えでした。つまり世界がウィルスで沈滞している間にも、ドバイ経済（土木・インフラ・建築業界）は万全に機能し続けていたのです。私たち一般庶民が厳しい行動統制下にいて、何の確かな情報も得られなかった間に、こんなに活発な経済活動があったのかと唖然とするばかりです。

そうしたことが腹立たしい要因とならず、誇りとする要因になったのは、ひとえに万博の成功と、万博が万人にもたらした至福感と、裏にあったドバイの緻密な計画だったかと思うと、「あっぱれ」としか言いようがありません。本当にドバイはよくやったと思います。不満を訴え、批判し、疑うことも出来る。しかし至福を与えられた人間がやるべきは、相手を褒め称えることではないでしょうか。

まずはあっぱれ。シェイク・ムハンマドの治世にいたことに感謝しかありません。そして、私たちの万博は夢のように終わってしまいました。

（二〇二二年三月）

註

1．新型コロナウィルスが進化した株の一つ。
2．アブダビ国境の検問所が撤廃され、隣国との国境も開いた。それを機に各国の首脳や王族が続々とやってきた。
3．サウジはパビリオン賞を取った。
4．世界一大きな鏡とギネス認証を受けた。
5．二〇二一年末に国交復活。
6．大統領はノーベル平和賞を受賞した。
7．日本は展示賞をとった。
8．絵文字や記号と同じ姿を、人間が動いて数秒間ごとに真似る芸。
9．コロナ禍で失職した大勢の人たちが、万博に職を得た。国外退去させられずに済み、英語やアラビア語教育、案内訓練などを無償で受け、万博期間後まで職を探す機会を与えられた。
10．給与額や条件を教えると欧米の人権団体がすぐに騒ぎ出すから。

# 世界の捉え方

## コロナ封じ込み

今年、私はたくさんの世界を捉える新しい視点に恵まれました。

最初に挙げるのが、今年の三月末に終わったドバイ万国博覧会です。ドバイという新興国で六ヶ月間も繰り広げられた世界中の展示をくまなく見て、それぞれの国や地域で世界を捉える視点がどれほど違うかが身に染みました。二番目が、九月に訪れたアフリカ西南部のタンザニアで体験したさまざまな出来事です。これから伸びようと勢いづく国で、若者たちに触れ、国を背負う意気込みと苦難を垣間見ました。三番目がカタールで終わったばかりのサッカーW杯です。欧米世界が問題視する点と、現地で実際に起こっている問題は、視点によってまるで違って見えます。すでに既得

鷹が羽根を広げたり休めたりする姿を模したUAE館。

権益を得ている国の攻防と、新興国が表舞台に出ていく苦悩や困難を肌で感じました。

まずはコロナを封じ込めたＵＡＥの変化についてです。二〇二〇年初頭に始まったコロナ感染対策は、すさまじい力を持って国家総動員で始まりました。トップダウンで指示がくる都市封鎖、夜間外出禁止、強制的なＰＣＲ検査とワクチン接種、州境いの検問所など、国籍年齢職業に関わらず、全住民に有無を言わさず、恐ろしいほどのスピードと厳罰をもって対策が執られていきました。街中に検査所やワクチン会場が立ち並び、巨大な投資をつぎ込んでワクチン製造所も造られました。

と思っていたら、万博が始まる直前にいきなり通学・通勤が復活し、特別な理由以外にリモート制はなくなりました。[1] 案の定、万博期間の前半は爆発的に感染が広がって、多数のパビリオンで閉鎖が相次ぎましたが、政策に後戻りはありませんでした。二月には戸外でのマスク着用義務がなくなり、アブダビ首長国への検問所は撤廃され、近隣諸国からも大勢の客が（そして国家元首たちもこぞって）万博にやってきました。六ヶ月間の総入場者数は、五年前のミラノ博を抜いて二四一〇万人にも上りました。

万博が終わると、段階的にワクチン会場やＰＣＲ検査所が撤去されていきました。コロナ急患用に指定されていた病院も、平常業務に戻りました。感染者数や死亡者数の発表はなくなり、それまで労働者に無償で配られていた食事も廃止になりました。[2] その後アブダビ首長国だけは公共の場に入るときはＰＣＲ検査陰性証明を必要としていましたが、それも十一月に撤廃されました。今はどこでも行動制限はなく、ワクチン接種は三回以上推奨されることもなく、街は以前と同じに戻っています。W杯のためにドバイに設置したファンシティ（巨大なスクリーンが三六〇度めぐらされた観戦エリア）は六千人まで収容可能で、毎日二〇〇便もカタールへ観光客をピストン輸送していました。

こうしてみると、国家としてコロナを封じ込めるのに約二年。人口一千万人のUAEで、本日の新たな感染者数は五四人。死亡者数は今年二月末からほぼゼロで、累計は二三〇〇名ほど。人口十二倍の日本で、本日の新たな感染者は十三万六千人、死亡者数二六四名、累計死亡者数は五万人以上となっています。その実、コロナ対策を完全に撤廃したのは両国ともこの十一月だったのでした。

## 不平等と人権無視の噴出

ドバイ万博では、東西どちらの陣営にも属さない小国で開催された意義と、各国がどのような展示をし、今後の世界にどんな影響を与えるのかを、私は観察していました。

参加国のパビリオンの大きさは、当然、その国力を表しています。独立した敷地に、著名な建築家による意匠を凝らしたパビリオンを創れば、大きな資金が必要です。独自のパビリオンを建てた国は、参加国一九二のうち六五ヶ国ありました。その中には、国力は小さくても潤沢な資金を持つ国もあったし（ブルネイ、モナコ、ルクセンブルグなど）、資金は少なくてもUAEとの関係で大きな展示を誇った国もあったし（フィリピン、パレスチナ、パキスタン、イラクなど）、現在の国力にそぐわないと感じられる国（ベネズエラ、レバノン、ポルトガルなど）もありました。

その他の国は、建物を他国と分け合って展示していました。主にアフリカ諸国や南洋諸島で、聞いたことのない国やわずかな人口の国もありました。私にとって何より印象深かったのは、こうした国は単に貧しい政情不安定な後進国ではなく、かつては王国を擁したり豊かな暮らしを誇り、人類の歴史に確かに軌跡を残してきた国であることでした。また、ＬＧＢＴＱなどのマイノリティが社会的権利を求めて声を挙げ始めるのに並行して、旧支配国に痛めつけられてきた国々が、万国博覧会という世界の舞台でその史実を明言し始めたことでした。

例えばジャマイカ。今年の春、エリザベス女王戴冠七十周年で英国のウイリアム王子（現皇太子）夫妻が訪問した際に、往年の奴隷制度に対する大規模な抗議で迎えられたのは記憶に新しい。「人類の歴史で最も醜悪で残虐な行為だった奴隷制について謝罪し、七兆ポンド（一兆一千億円）の賠償金を払え」と要求されています。そのジャマイカ館の展示は、半分は音楽とレゲエ、スポーツに特化したもので、明るいテンポの音楽が流れ、珈琲の香り漂う楽しい空間でした。しかし残り半分は、奴隷制度の廃止と独立を勝ち取る経緯が大きく描かれていました。壁にボブ・マーレイと同じほど大きく描かれた女性は、「奴隷の乳母 Nanny of the Maroons」と呼ばれるジャマイカ独立運動の闘士でした。Maroon とは黒人奴隷の総称です。「出身地ガーナ、一六八六年シトラス市生まれ、一七三三年死亡。蜂起奴隷のリーダー。鋭い眼光と、英国軍を逆なでする高い軍事能力とゲリラ戦で有名だった。十二年間も闘ったそ

独立運動の英雄、女性闘士のポスター（ジャマイカ館）

の功績は、詩と音楽になり語り継がれている」とありました。

隣の壁にはジャマイカ独立の歴史的な出来事が説明されていました。一四九四年のコロンブス上陸から、強制労働と疫病によってわずか一世紀で十万人の先住民族が絶滅したこと。その労働力を補うために、一五一七年からアフリカ奴隷を連れてきたこと。ヨーロッパ人は暗黒大陸として恐れていたアフリカに侵入した後、武器を持って大掛かりな人間狩りを始め、無辜の黒人を鎖でつないで船底に押し込め、遠方に連れて行き、使い捨て労働力として酷使しました。一八三八年に奴隷制が完全になくなるまでの三世紀間、何万人もの人間が尊厳も権利も自由も奪われていたのです。

バハマ館では、ナッソー港で海綿産業にかり出された黒人奴隷たちの絵画を入り口に掲げていました。

同じくカリブ諸島にあるバルバドスは、二〇二一年十一月に英君主制を廃止し、共和制に移行したばかりです。展示は天井につくほど大きなリハーナ（世界的人気歌手）の壁画があり、歌が大音響で流れて、カリブの陽気さが満ち溢れていました。入り口に貼られたポスターは、島民であろう中背の浅黒い男性が、まるで似合わぬ英国海軍の赤い制服を着て、胸に勲章をつけ大本営の前で立っています。「バルバドスは歴史上、カリブ諸島をまとめる英国領駐屯地となっていた。小高い丘に防衛本部があり、周辺の島から敵発見の合図が送られれば、瞬時でわかるシステムになっていた」とあります。はて、敵とは誰だったのか。島民だったのか、海賊だったのか。わかるのは英国側の敵だったことです。正面のガラス盤には、一六五二年に英国政府と結んだ、自治を認めるオイステイン協定が展示されていました。これは米国がイギリスから独立する際（一七七六年）に独立宣言の草稿になったと、誇らしげな説明がありました(3)。

## アフリカの誇り（プライド）

アフリカ連邦館の床には、アフリカ独立の父と呼ばれるクワメ・エンクルマ（ガーナ初代大統領）の言葉が、ライトで照らされていました。

「我々は真の独立を勝ち得るために、結束しなければならない」

展示の半分は、アフリカ諸国の独立戦争を戦った闘士や国父たちが、大きく写真入りで紹介されていました。白黒写真に見る彼らは精悍で明晰そうである以上に、寛容で忍耐強く慈悲深い顔をしていました。スーダン、モーリタニア、ウガンダ、カメルーン、ギニア、ガーナ、トーゴ、ソマリア、チャド……この中に、日本の一般市民で名前や功績を言える人がどのくらいいるのか、私は考えなければなりませんでした。

文明発祥の地域は、歴史的遺産を大きく展示していました。イラクは紀元前十八世紀のバビロニア文明の遺跡。シリアは紀元前一四〇〇

1960年代、独立のため闘ったアフリカの闘士たち。（アフリカ連邦館）

「2063年までに自分たちの望むアフリカを実現」と掲げるアフリカ連邦館。時間軸が壮大である。

年に書かれたウガリット文字の石碑。パキスタンはインダス文明の船上遊牧民の船（紀元前二五〇〇年）。クウェートはイカロス法典（紀元前二世紀頃）。アルメニアは首都エレバンの建設記録の石板（紀元前七八二年）。チュニジアはカルタゴの遺品（紀元前九～紀元前二世紀頃）。

しかし驚くのはまだ早い。アフリカ諸国の展示はもっと奥が深いものでした。シエラレオネは一万七千年前の土偶。モロッコは三一万年前の骸骨。タンザニアはオルドゥバイ渓谷で発見された二〇〇万年前の人骨。エチオピアは三二〇万年前の（欧米でルーシーと呼ばれる）人骨。チャドは六〇〇万年前の骸骨。ニジェールに至っては十一億年前のワニのようなサルコスクス恐竜の顎でした。こうなるとエジプト文明やインダス文明なんか、お子様ランチのように見えてくるから不思議です。

中東アフリカ地域だけではありません。中米のベネズエラ館は、三百年間のスペイン統治に抵抗した民族独立闘争に、壁一面を使っていました。独立を勝ち取る（一八二四年）までの最後の二十五年間で、人口の三分の一、約三十万人を失ったそうです。独立の父シモン・ボリバルは、ベネズエラ、コロンビア、パナマ、エクアドル、

オルドゥバイ遺跡で見つかった2百万年前の人骨。（タンザニア館）

1万7千年前の土偶。（シエラレオネ館）

インダス文明の船上遊牧民が居住した船。（パキスタン館）

ペルー、ボリビアと広大な土地をスペイン人から奪還しました。

ニカラグア館は「米国海兵隊(ヤンキー)をゲリラ戦で追い出した」と、サンディーノ将軍のポスターを大きく飾っていました。真の独立を目指して詩で抵抗したルベン・ダリオ、独立後の子女教育に人生を捧げたフォンセカ教育大臣のポスターも並んでいました。

十六世紀から世界を侵食した西欧の植民地主義、十九世紀から中南米を痛めつけた米国の経済的支配・弾圧・残虐行為は、あれだけの人権侵害と犯罪行為にもかかわらず、まだ謝罪も賠償もされていません。人類の歴史を最大に汚した奴隷制度についても、数ヶ国からの簡単な遺憾声明しかありません。バビロニア文明のシュメール門はドイツに取られたままだし、エジプトのオリベスクやミイラなど多くの遺跡も、フランスやイギリスの博物館に勝手に収容されたままです。あれほどの大国だったイラクもシリアもチュニジアもリビアも、二十一世紀になって超大国の干渉で何十年分も後退してしまいました。

万国博覧会が常に旧支配国側で開催されるなら、かつての被支配国は、独立運動や抵抗の歴史を展示するチャンスはありません。ドバイはアフリカと地続きでその歴史と雄大さを知っています。また支配されていた側ですから、歴史を歪曲したり展示を忖度する必要もなく、自説を思う存分展示することができました。日本だって国防を首根っこまで握られている米国において、原爆投下や東京大空襲の責任を厳しく問う展示ができるわけはないのです。

## タンザニアの空

私が九月にタンザニアに行ったのは、現地の結婚式に出席するためでした。花婿は日本の国際交流プログラムに参加した青年で、式には大勢の仲間が集まりました。どの青年も弁護士やエンジニア、社会福祉士など立派な職を持ち、将来の夢と希望に溢れていました。同じプログラムの先輩として遠方からはるばるやってきた私たちを、手厚く歓迎してくれました。

タンザニアは広大な国で、多くの国立公園を擁しています。結婚式の後、私たちは四つのサファリを予定していました。最初はキリマンジャロに近いアルーシャ国立公園、二番目はタランギレ国立公園、三番目は三百万年前の火山噴火でできたンゴロンゴロ保全地域、四番目は広大なセレンゲッティ国立公園です。正味五日間のサファリの旅は、しかしハプニング続きでした。

海沿いの町ダールッサラームから飛行機でキリマンジャロ空港へ行くと、友人が予約したはずの運転手はいませんでした。なんと私たちの到着を自宅で待っていたそうで、空港で一時間も待たされました。

アルーシャ国立公園へ行く朝も、七時出発のはずが八時になっても運転手兼ガイドは迎えに来ませんでした。動物が活発に動くのは午前中なので、私たちはやきもきしていました。

タンザニアの結婚式は新郎新婦の後ろに客が列を作って踊る。

とうとう九時前に古びたサファリカーで来たガイドは、
「この仕事の連絡は朝になってから知った。車を見に行ったら故障していて、やっとこれを見つけて乗ってきた」と言いました。

彼がまず私たちを連れて行ったのは銀行でした。国立公園に入るには銀行で入場料を前払いし、パスポートで人物照会・登録をしなければならないそうです。ところが銀行ではインターネットが切れていて、待てど暮らせど繋がらない。サファリ観光はアフリカの国々に莫大な収益をもたらします。タンザニアの観光収入は二六億ドル（二〇一九年）を越え、ＧＤＰ（国民総生産）比の一七・五％を占めています。それなら国も銀行もできるだけ早くネットを繋げるはずだと、焦れながら待っていました。ようやく準備が整い国立公園についたのは、午前十一時頃でした。

若いガイドはよく勉強していて説明も丁寧でした。タンザニアの大学では観光ガイドになるための専科があり、さまざまな動物の生態、地質、環境問題、ＳＤＧｓ（持続可能な開発目標）、加えて他言語、接客業、国立公園の規則などを勉強して、資格を取るのだそうです。これにより密猟者は愕然と減りました。危険と同時に高額を得ていた密猟者は、ガイドへと転身し、国は永続的な収入の道を拓き、動物環境も保護されることになりました。ガイドブックによると、平均的なガイドの日当は二〇ドルとありました。タンザニア人の平均月収は約七万一千円。二〇ドルは現在二千六百円だとして、二十五日間働いたら六万五千円です。ガイドをしなければ無収入なら、どんな困難があろうと仕事を断らず、臨機応変で我慢強いのもわかります。それだけでなく、剛腕でしたたかだと二日目のガイドに会って思いました。

## 必要なのは胆力

二番目の目的地、タランギレ国立公園はアルーシャの町から約二百キロです。前の晩遅くに予約を入れたガイドは、ちゃんと時間通りに来たものの、銀行で手続きし、食料を買い込み、貸しテント屋に寄ったので、随分と時間を費やしました。

国立公園へ延びる主要道路はアスファルトで快適なのに、時速六〇キロくらいで走り続けます。もう少し早く走れないかと訊くと、

「ちょっとでも早く走る車を見つけると、警察は因縁をつけてすぐ止めるんだ。違反を取られたら牢屋に六ヶ月、罰金は千ドルもする。そうしたら俺の人生はお終いだ。罰金を払うのに二年はかかる。あんたもサファリに行けなくなるぜ」と脅します。舗装道路といっても片道一車線で幅は狭く、外側は深い溝なので、追い越しは対向車線に出るしかありません。ガイドがしゃべりながら中央分離線を越えるたびに、私は緊張でヒヤヒヤしました。

無事サファリも終わりホテルに着くと、他の仲間と合流した私たちに、ガイドはあと二つの国立公園へ行く三日分の料金五人分を、ぜんぶ前金で払えと言い出しました。公園内に入ったら、町で銀行に寄るみたいに簡単に予約や登録はできない、ホテルも行ってみたら満員では済まされない。先に全部予約して入園するしか道はないのだと主張します。ンゴロンゴロの入園料は一人七一米ド

ル、クレーターに下りる車両は一台につき二九五ドル。セレンゲッティの入園料は一人八三ドル。帰り道のンゴロンゴロの通行料金は一人七一ドル。ホテルは一人一泊一三〇ドル（夕食、朝食、昼弁当付き）。公園内に宿泊する宿泊税五九ドル。手数料はそれぞれに二〇ドル。サファリカーの使用代は一日二〇〇ドル。合計すれば、弁護士の卵だというタンザニア人から聞いた金額より、はるかに高いものでした。弁護士はコロナ後に課されたさまざまな税や値上げや新しい通行料などをろくに調べもせずに私たちに伝えたのです。おかげで持ち金では全然足りず、真夜中に見知らぬ町の銀行の薄暗いATMまで行って、大金を下ろさなければなりませんでした。治安のよくない外国の、本当に現金が出てくるかも怪しいATMから、見知らぬ他人と一緒に大金を下ろすなんて、どんな危険に巻き込まれるかわかりません。そんな羽目にならぬように万全の準備を整えていたつもりが、思うようにはいきませんでした。

その晩はガイドの料金説明から始まって、膨大な値段の辻褄が合うかを調べ、車に乗ってATMに行き、ホテルに戻って五人分の前金をガイドに払い終えるのに、真夜中までかかりました。しかし客相手に一歩も引かず、理不尽にも聞こえる料金を繰り返し説明し、夜と昼ではドル換金レートが違うからその差額も払えと主張するガイドに、私はある種の尊敬を抱きました。ガイドは私たちと別れた後も、翌朝までに五人分の入園手続きとホテル予約を済ませなければなりません。朝七時から接客した疲れにも負けず、早く帰りたい焦燥でキレたりもせず、したたかで豪胆、そして必死でした。ガイドの仕事は気力体力に加え、どんなことをしてでも顧客をつかむ胆力なのだと感じました。

## 動物王国

翌日公園に入って、ガイドの説明は正しかったと私は知ることになります。公園内は銀行どころか建物もトイレもない、全くの自然王国でした。クレーターへ続く道の左右は三メートルの高さまで植物が生い茂り、霧が深く視界は遮られていました。窓を閉め切っていてもタイヤで舞い上がる土埃にまみれ、喉は乾き、凸凹(でこぼこ)道の強い衝撃で、私たちはただ車にしがみついているだけでした。内苑と外苑の高度差は急峻で六百メートルもあり、動物はクレーター内部から出ないまま、そこで生態系が完結しているのだそうです。

国立公園の規則は非常に厳しく、園内では動物がすべての権利を持っています。決められた場所以外での運転、飲食、排泄、宿泊は禁止。ゴミも含め客が園内に持ち込んだものはすべて持ち帰ります。餌付け、ペット持ち込み、卵・草木に至るまで生物の持ち運びは禁止。大きな音を出すこと、ドローン飛行、喫煙、焚火、動物に近づくこと、捕食されている動物を救うことも禁止です。やむなく動物を轢いてしまった場合には、高額の賠償金と投獄が待っています。運転時間は朝六時から午後六時まで。クレーター内は時速二五キロ、それ以外の道は五〇キロ以上を超せば罰金の対象となります。ホテル以外に地元民やガイド、バックパッカー用の安いキャンプ場もありますが、まさしく動物王国の真ん中で赤土の上に簡易テントを張り、寝袋で寝るものでした。

サファリは高額とは知っていたものの、毎年新しく導入される手数料や税金を見たら、その跳ね上がり様には驚きました。政府が観光産業から搾り取っているのはあきらかです。しかし、それでいいと私は思いました。どの車を見ても、観光客は高齢の白人ばかりです。コロナ前までは中国人がたくさんいたそうですが、いまはアジア系・インド系は見あたりません。アフリカは、何世紀も搾取し続けた側から好きなだけ踏んだくればいいのです。若かろうと貧乏であろうと、過去に搾取した人種であろうとなかろうと、もはや関係ない。この広大なアフリカの自然を保全するために、この地に住む人々を密猟者にさせないために、客はうんと支払うべきだと感じました。来ないという選択肢も十分にあるのだから。

## 搾取の構造

思い出せば、今年五月に米国で出会ったトーゴの青年は、驚くべき話をしてくれました。トーゴをはじめフランスの旧植民地であったアフリカの国々は、二十一世紀の現在になっても、毎年国家予算の半分を（名目はどうあれ）フランスに支払わねばならないのだそうです。それも国家予算を自国で決める権利はなく、フランスが決める予算額の半分を払い続けなければなりません。支払いを渋れば裏からさまざまな政治介入が始まり、不正選挙だの大統領放逐だの軍事クーデターだのとあらゆる内紛の種が撒かれて、国が不安定化していきます。その話を聞いた時は「まさか、冗談でしょ」と思いました。

しかし現実には、第一次大戦で敗戦したドイツの旧アフリカ植民地は、英国とフランスに割譲され、六〇年代に独立するまで十八ヶ国以上がフランスの植民地でした。トーゴ同様、その多くが今でも国家予算の半額をフランスに吸い上げられています。これではアフリカの国々が貧困から抜け出すのは容易ではありません。働けど働けど、半分は旧宗主国の人間のために稼いでいるわけです。トーゴ青年はそのフランスの奨学金で米国に留学していました。国でたった一人に与えられた奨学金の喜びを感じるどころか、「あれだけ搾取するなら当然だろ」と表現していました。

先日、夫が商工会議所の仕事でカメルーンに行った時も、経団連から同じ話を聞いたそうです。初代カメルーン大統領は、独立以来一九八〇年代まで国のインフラ整備に全力を注ぎました。しかし権力が集中すると、あっけなくフランス勢力に追放され死刑を宣告されてしまいました。それから四十年経ち旧ハイウェイは再建の必要に迫られながらも、フランスは融資せず、フランスと統治を分割した英国も動きません。二十一世紀になって中国が融資を申し出たら、英国は既得権益（英国と結ばれた国家間の契約違反となる）を主張して反対しました。結局、いつまでも再建されず、物流は動かず、国の発展は阻まれています。そのため中東産油国に別の方法で融資を持ち掛けてきたのでした。

既得権益は紛れもない二十一世紀の奴隷制、国家搾取の現実です。紀元前二五〇〇年以前から記録がある奴隷貿易は、決して過去の問題ではなく、現代でも名を変え様相を変えて脈々と世界中で続いています。

私たちはその後、インド洋に浮かぶザンジバール島に行き、有名な「奴隷の家」を見学しました。ザンジバール島は西アフリカの奴隷貿易の拠点で、インド・アラブ方面へ出荷された場所でした。良心の呵責からか、庭にはオランダの私人が建てた等身大の銅像があり、奴隷が首と足首を鎖に繋がれて引かれていく様子が再現されていました。しかしそれを大抑に語りたがるのは、実は外国人だけのようでした。ザンジバール島の人々は売られた側、あるいは売った側の子孫であり、その黒歴史を強調したくはないのでしょう。

現在のザンジバールには強い自治政府があり、明るい太陽、白い砂浜、イルカや熱帯魚、太鼓を叩いて陽気に歌うガイドたちがいます。キリマンジャロ珈琲はアロマをたっぷり含み、私たちを和ませてくれます。マサイ族は携帯電話を器用に使いこなしながらも、部族（コミュニティ）を離れたがらず、自らの意思で遥かな大地に家畜を追い続けています。目は未来に向いている——というのが、私がタンザニアの若者に感じた印象でした。

## カタールの功績

私の兄は小さい頃からサッカーが大好きで、還暦を迎える今も少年の心のままサッカーを愛しています。サッカーＷ杯（ワールドカップ）カタール大会のために会社を休んではるばるドバイまでやってきました。

このＷ杯は初めて中東地域で開催された記念すべき大会です。カタールはＵＡＥが独立建国する際、一緒に連邦に入ろうと誘われたくらいの首長国ですから、規模は小さく、歴史や民族や生活習慣を同じくしています。最終的にカタールは独立を選び、一九七一年十二月十八日に独立宣言しました。W杯の決勝日は、ちょうどその五十一回目の記念日でもありました。

十二年前その開催権を勝ち取った時から、カタールは欧米諸国の批判の対象となってきました。夏は五〇度にもなる気温、スタジアムなどの環境不備、「あんな小国でできるわけがない」、「そもそもスタジアムがない」、「冬は他のトーナメントが詰まっていて、選手への肉体的負担が多すぎる」、「何万席にも空調をつけたら環境への負荷大」と批判が殺到しました。中東の気候は何も今に始まったことではありません。世界的なスポーツ大会が必ず真夏に開催されると決まっているなら、気候の厳しい国では未来永劫開催できません。オリンピックが米国の巨大スポンサーの要求に従い、必ず真夏に開催されるなら、[4]国際サッカー連盟（ＦＩＦＡ）の大スポンサーである中東諸国の要求で、W杯が十一月に開催されるのに何の問題があるのでしょうか。冬に開催すること、夜時間に試合すること、全席に空調をつけることなどで、カタールはさまざまな課題を解決してきました。

サッカーＷ杯カタール大会会場で

## 異質なものへの不満

すると次は国是に文句をつけ始めました。西側メディアの主要な批判は三点で、一つはW杯の建設現場で働く外国人労働者が酷使され多くの死者が出たと疑われていること。二つはＬＧＢＴＱ（ゲイなど性的交錯者）の権利容認が国是として禁止されていること、三つは巨大会場の空調で大量の化石燃料が使われ、温暖化対策に逆行していることです。

そのうち最も批判されているのが、十二年間で六五〇〇人（英国ガーディアン紙の主張）、あるいは一万五千人（国際人権団体ＨＲＷの主張）が労災死したという数値です。注意すべきは、この数値は、カタールで働く自国民がいる各国大使館が発表した十二年間の総死亡数を、ヨーロッパの独立機関が集計した数であることです。これに対しカタールは、

「それらの死者が全員、Ｗ杯関連プロジェクトで働いていたわけではない。そういった総数は誤解を招く。二〇一四年から二〇二〇年にＷ杯スタジアムの建設現場で死亡したのは三七人で、業務関連で亡くなったのは三人に過ぎない」と主張しています。その後、ＦＩＦＡの要請を受けて再度精査し、大会運営責任者アルタワディ事務局長は、

「Ｗ杯関連のプロジェクトで死亡したとも考えられる移民労働者は四百人前後。未だ精査中」と改めています。十二年間で四百人なら一年間三四人ほどです。

一方、日本の厚生労働省がまとめた、二〇二一年の一年間の労災死亡数（日本）は七七八人（コロナ病死を除く）です。この数値の中には就労時間外の死亡、通勤途中の事故は含まれず、労働者死傷病報告に基づいて作成された数値である、と注意書きがあります。なぜ独立した法治国家カタールの労働省が、法律に基づいて作成した報告を採用せず、各大使館が報告した死亡総数を採用するの

か、私にはわかりません。最初に非難を始めたのは英国、米国、次いでドイツ、フランス、オランダと、中東諸国に十九世紀から既得権益を主張する国のオンパレードです。何百年間も奴隷制を国是としてきた欧米の、「どの口が言う」と中東アフリカ人は感じています。

## カタールの労働問題

次に給与の問題。建設労働者の手取り月給が、試合のチケット一枚さえ買えない金額であると、先進国のニュースは鬼の首を取ったように書き立てています。それは、自国の労働事情が他国にも当然当てはまると考える傲慢と、中東の労働市場を知らない不勉強から来ています。

建設労働者のような労働市場の下部にいる人たちは、自力で海外に仕事を見つける才覚はなく、ほぼ国際的な職業紹介所(エージェント)に頼って中東市場にやってきます。私の夫は建設会社を経営しているので、かなり正確に把握しているのですが、エージェントは雇用主に二年間の就労契約で一人につき「紹介料」一万八千ディラハム(約七〇万円)を請求します。これは西アジア(インド・バングラデシュ、パキスタン)出身者の値段で、アフリカ出身者は少し低く、一万ディラハム(三八万円)くらいです。ただの紹介料ですから一度きりの支払いですが、雇用主は加えて二年間の給与・住居費・労働保険料を払い、契約終了後はさらに二ヶ月分のボーナス(年に一ヶ月の休暇が約束されているから)と帰国飛行機代を労働者に払います。紹介料を二十四ヶ月間で割ると月に約三万円、加えて、労働者の平均月収六万円を足すと、雇用主はだいたい一人につき手取り十万円の月給を払っている計算になります。

前述したように、大学卒のタンザニア人ガイドの平均月収は約七万円。彼らはそこから生活に必要な費用をすべて出しています。UAEやカタールにいる（無学あるいは最低学歴程度の）労働者は、住居や光熱費などすべてを支給され、コロナ禍の二年間は三度の飯も供給されていました。

紹介料をよく知らない先進国の人間は、労働者の懐に入らない、雇用側に必然的にかかる費用だと捉えるかもしれません。しかし実際は、労働者たちは契約が決まって国を出てくるときに、その紹介料の中から多額の「準備金＝お小遣い」をもらいます。その金で今までの借金を返したり、残してくる家族の生活費に当てるのです(5)。そのシステムは労働社会の下部にいる者すべてに共通しています。私は家のメイドを雇うとき、紹介料として一万七千ディラハム（六六万円）を払いましたが、そのうちの二五万円くらいは渡航前のメイドに小遣いとして渡されるのを知っています。借金にまみれて働きにも出られない人々は、後進国にはたくさんいるからです。欧米人のように自分の言語を使って仕事を自由に探せる人種とは、労働事情はまったく違うのです。

## 文化帝国主義

国是として公共の場での飲酒が禁じられていることや、LTGBQ（性的少数者）の権利が容認されていないことは、果たしてサッカーの技を競うW杯が、そうした少数派の権利を擁護するべき場であるかが焦点です。オリンピックやアジア・スポーツ大会では、選手は（飲酒を含む）ドーピング検査と共に、必ず性別検査を受けるというのに、なぜW杯では大きな問題になるのでしょうか。お酒を飲める場所もきちんと指定されているし、観客なら性的少数者であることを問わないと公表されているのに、サッカーに関係なく、自分の価値観の押し付け、他国の在り方を批判しているとしか思えません。

イスラームでは男女の役割をはっきりと分けています。UAEの結婚契約書でも、妻の役目、夫の役目と明確に記載され、同性カップルが結婚契約を結べる内容にはなっていません。性別をしっかりと把握し、それぞれが役割と責任を担う教育を受けます。しかしそれはカタールのせいでしょうか。それともイスラームのせいでしょうか。その国の国民がいいと認めている国家の在り方を捨てさせ、国際社会の一員になるには欧米の価値観を順守しろと押し付ける権利はありません。価値観の押し付けは、実は文化社会的な帝国主義と変わらないのです。欧米の価値観が絶対に正しいという前提があり、その基準に満たない国を断罪、排除、強制変換する姿勢を変えていかなければ、二十一世紀の世界ではいずれ通用しなくなるでしょう。

そう感じたのは、W杯の開会式に揃った、なかなか興味深い国家元首たちの姿を見てからです。開催国カタールのタミーム首長はもとより、日本訪問を突如キャンセルして直行したサウジ皇太子、ドバイ首長、オマーン元首、モロッコ国王、エジプトのシシ大統領、ヨルダン国王、パレスチナのアッバース議長、クウェート元首、アルジェリア大統領、セネガル大統領、ルワンダ大統領、そしてトルコのエルドアン大統領、国連のグテレス代表。これだけの元首がカタールの成功を祝して集まりました。

つい二年前までカタールと国交断絶していたサウジ、UAE、エジプト、バーレーン。一方でカタールに食料を支給し続けたトルコ。今でも仲が良いとは言えない勢力が敢えて集まったのは、地域周辺国家で協調していく方が利する時代になったと感じているからです。サウジ皇太子は産油国として個別に日本と交渉するより、天然資源を持つ仲間同士で結束した方が、世界に発信力があると認識したわけです。開会式では断交以来初めてトルコ大統領とエジプト大統領が挨拶を交わし、そこに断交の先導者だったサウジ皇太子も加わりました。紛糾するさまざまな国家間の仲介を務めてきたカタールの、忍耐と成果が実った大会となりました。

日本はそこから未来を学ばなければなりません。米国側にも中国側にもつかず、ロシア側にもウクライナ側にもつかず、非同盟諸国として動き始めた中東・アフリカ・アジア世界は、いずれひとつの大きな声を持つことでしょう。旧支配国側が自分たちの価値観を押し付け、搾取し、同調させるだけの対象ではもはやないのです。

## SDGsの矛盾

三点目の大量の化石燃料が使われる批判は、冬になりエネルギーがさらに必要となった欧州で、もう高まることはありません。困窮したドイツは、口を覆い無言の抗議をした選手たちの写真をおろして、カタールに天然ガスを乞い、十一月末に十五年間分の利権契約を獲得したばかりです。二

○二六年から年間二百万トン（二一年のドイツのガス消費量の約三%相当）の液化天然ガスを供給する合意が結ばれました。批判の最中に交わした契約だったから、当然カタールは高額を提示してうんと儲けましたが、ドイツよりも損をしたのは日本です。欧米からの同調圧力で、温室効果ガス排出の削減を迫られ、カタール天然ガスの利権契約を延長しませんでした。結局はカタールを怒らせ、欧州に裏をかかれたのでした。

国際サッカー連盟のジャンニ・インファンティーノ会長（スイス出身）は、西側諸国の批判に対して、このように反論しています。

「私はカタールに対するこうした批判が、なかなか理解できずにいる。この欧州の一方的な道徳教育は、ただの偽善に過ぎない。二〇一六年以降のカタールの進歩をなぜ誰も認めようとしないのか」

「我々欧州人は道徳について説教をする前に、世界中で三千年間やってきたことに対し、今後三千年間、謝罪し続けるべきだ。もし欧州が本当に移民労働者たちの運命を案じているのなら、カタールのように合法的なルートを作り、多くの労働者が欧州に来て働くことができるようにすればいい。彼らに未来と希望を与えるために。我々はこれらの人を助け、教育を受ける機会や、より良い未来と希望を与えるために、投資しなくてはならない」

「私たち全員が、自分自身を教育する必要がある。そして改革や変化には時間がかかる」

「カタールは（W杯の）準備ができている。私がカタールを擁護する必要はない。彼らは自分たちを擁護できるのだ。カタールは進歩したし、他の多くのことも変わったと感じている。きっと史上最高のワールドカップになるだろう」

## 夢を叶える

私の兄は大変気のいい人で、地域にある少年サッカークラブのコーチを、四十年間無償で続けています。昨夏コロナに罹患し生死をさまよったあと、自分への最高の贅沢として、W杯日本戦を観戦するためドバイに来ました。我が息子たちと片道十時間以上も運転して、都合四回もカタールへ行った根性は、まったく見上げたものでした。おかげでUAE滞在時間の半分が車で移動中となりました。

長年の夢であったW杯を現地で応援する喜びや興奮を、兄は素直にこう表現していました。

「酒が販売されない試合だから、酔っ払いがいなくて安全だった。こういう試合は子どもだって楽しめる」

「空調が効いて足元がうすら寒いくらいだった。お客さんのためにすごい設備を造ったもんだ」

「全試合を同じ町で開催しているから、ハシゴできて超ラッキーだ。他の大会じゃあり得ない」

「国境から開催地へバスで二時間も無賃（フリー）で運んでくれるなんて、おまけに地下鉄もバスも全部無料なんて有難い」

「W杯が終わったら、あんなデカいスタジアムをどうするのかって言うけど、自分の金で建てたんだし誰が文句を言う筋合いでもないだろ」

「人口の半数くらいの観客が世界中から来たんだろう。カタールはよく頑張ったなー」

三一兆円かけて最新のテクノロジーを集め、十二年間かけて準備したワールドカップを、観客としてあれだけ楽しませてもらって、欧米諸国はなぜ素直に称賛できないのか不可解です。「ヨーロッパが野蛮な文明として見下すアラブが、ヨーロッパが世界に誇る最も人気の高いサッカークラブのオーナーになることへの屈辱感と、価値観として相容れないイスラーム教に強い警戒感や嫌悪感が根底にある」（安部雅延：国際ジャーナリスト）というのが、最も簡潔な説明かもしれません。

カタールは世界的な祭典を立派に開催しました。国際社会に中東の存在やイスラームを大きく刻んでくれました。欧米の望むようなやり方でなく、カタールが望んだ形で。中東で行われた意義はまさしく、こうしたさまざまな批判や討論や是非を、全世界の人間に提示したことではないかと私は思います。政治・思想・歴史・貴賤に関係なく、全世界の人間が等しく順守すべきルールを持つスポーツ大会だからこそ、可能だったのです。


二〇二二年は私に世界を捉える新しい視点を多方面から与えてくれました。行かなければわからないこと、この目で見なければ知り得ないこと、不可解な出来事をあえて探らなければ理由が出てこないことは、世界に本当にさまざまあります。苦しかったコロナ時代はその意味で、私をもうひと回り思慮深い人間にしてくれたのでした。

（二〇二二年十二月）

註

1．万博に世界中から客を集めるため、厳しい入国規制や水際対策を撤廃した。
2．労働者が移動して感染を広げないために、外出禁止中は一日三食の弁当を配っていた。
3．支配国側に協力した土地は、他より早く有利に独立を認められる。
4．一九六四年の東京オリンピックは十月に開催された。かつては開催国の自然環境に沿う選択決定が可能だった。
5．エージェントに登録するときは、労働者自身も手数料を払う。

# エピローグ

新型コロナウィルスが世界を一変させた三年間（二〇二〇年～二〇二二年）は、少しずつ過去の記憶に埋もれ始めています。人々は街に出ていき、在宅勤務（リモートワーク）用のコンピュータは隅に追いやられ、マスクにはうっすらと埃が被り始めました。コロナ対策を世界に先駆けて撤廃したＵＡＥでは、ＰＣＲ検査所やワクチン接種所のテントが解体され、病院や結婚式場は元通りになり、アブダビ国境に置かれていた巨大な検問所の残骸が、ハイウェイ横の砂地に捨て置かれています。街には新型ウィルス関連の規制がひとつもなくなって、カフェやレストランは客席を隔てる板もなく、イベントやコンサートなどは人数制限もありません。外観上も行動上も街はすっかり元通りになりました。

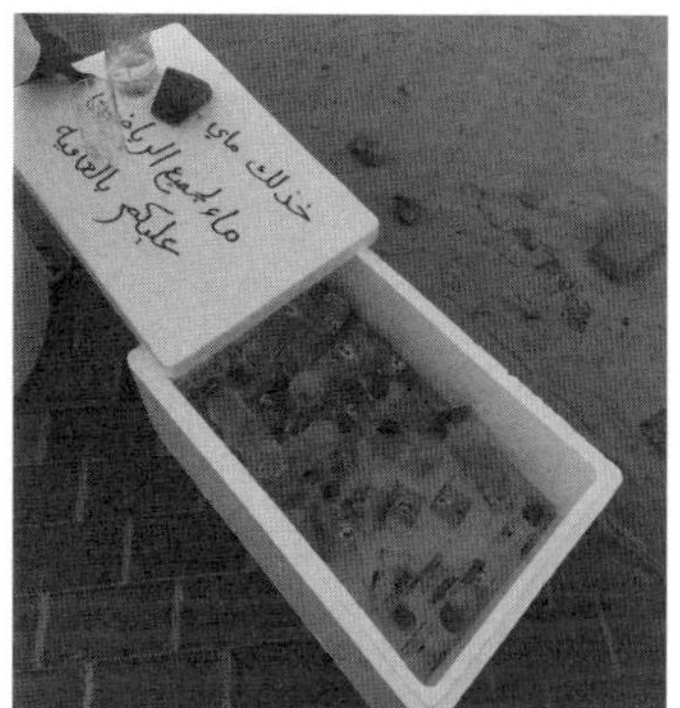
アスレチック公園に篤志家が毎日置いていく水。どうぞご自由にと書いてある。

一般家庭が、外を歩く者へ飲み水を提供するタンク。後ろに「神の御心のまま」と書いてある。

先日、コロナ時代について友人と話していたら、子どもたちのリモート授業の話になりました。

「体育の授業では、先生が体操する姿を真似て、子どもたちも体操をするの。それを親が撮影して同時進行で先生に送るんだけど、ビデオに映る部屋の一画を片付けるのが大変だった」とか、「○×くん、質問に答えてください、と先生が自分の息子の名前を呼ぶので、机に突っ伏して寝ている息子を急いで起こして、答えをメモ書きにして渡し、息子に読ませたのよ。私が息子の代わりに中学の授業を受けてるんだから、ホントに馬鹿馬鹿しかった」とか、

「リモート授業って結局子ども一人じゃできない。親がセットしてあげて、撮影してあげて、時間やアクセスを管理してあげて。うちは小学生が二人もいるから別々の部屋に座らせ、自分が行ったり来たりして本当に大変だった」と思い出話で盛り上がりました。

最後に私たちの共通した感想は、

「ついこないだのことなのに、もうはっきりと思い出せない。あまりに急に起こって、あまりに大変で、現実とかけ離れていたから。夢の中の出来事だったみたい」

しかし当然のことですが、本当に夢だったわけではありません。この三年間の出来事は、人の心にも社会生活にも深い傷を残しました。誰もが大きな力によって強制的に他者との関係をざっくり切られ、長い巣籠り生活を余儀なくされ、未来への不安に苛まれました。三年経ってウィルスの感染力が弱まったから「はいどうぞ」と外に出されても、簡単には元の生活に戻ることはできません。陽を浴びて外を歩くことが苦痛になっていたり、町行く人々のスピードが異常に早く感じられ自分

の歩みに自信が持てなくなったり、自分だけが目的地を持っていないのだと感じたり、道の途中まで行けても疲れて先に進めなかったり。コロナ以前には当たり前だった生活の、その「当たり前」を思い出せず、自信を失ったままの人が大勢います。

外見上は以前と変わりなく見えていても、多くの人が力を失っています。新しいことを再びゼロから始める活力や、ギリギリ繋げていたことをもう一度同じレベルに戻す胆力を見つけられないかもしれない。そのまま惰性で続ける気持ちはあったのに、手続きがコンピュータ上に移行したり違う管轄になったら、新しいやり方を学ぶ気力が見出せないかもしれない。あの人は甘い、手ぬるい、回復が遅い、スピードが遅いと厳しい評価をせずに、内部にしこった疲れを想像してあげた方がいい。人に感染し体内に巣食う病原体とは、そういう相手なのだと思います。

自粛期間中に自分にとって大切な人、大切な事を見つけられた人は幸運です。家族や友人や小さな出会い、偶然の出来事に温かい思いを抱けた人は運がいい。あるいは、九死に一生を得て、自分が長いことやってみたかった趣味や夢を知り、始められた人は幸せです。けれども、その機を逸してしまった人や、あまりの深いショックに思考を停止・放棄してしまった人は、その「当たり前」を取り戻すのに大変な苦労をしています。私たちが援け合わなければいけないのは今であり、遠い先のことではないのだと感じます。

『アラブからこんにちは』を上梓してから十年が経ちました。このたった十年の間にも、アラブ世界にはさまざまな苦難がありました。チュニジア青年の自殺（二〇一〇年末）が発端となった抗議運動は、周辺諸国に飛び火して、チュニジア、アルジェリア、エジプト、リビア、イエメンの長期政権を短期間で崩壊させました（二〇一一年〜二〇一三年）。シリアの長期政権にも不満だった米国の干渉で、シリアには内戦がおこり、二〇二二年にアサッド大統領が再び湾岸諸国の会合に招かれ始めるまで、十年以上も不安定な状態は続きました。サダム・フセインという良くも悪しくも大きな柱を失い、以後安定政権が築かれないイラクでは、シリアと共にテロ組織に数多くの拠点を許し、一般市民の生活が脅かされています。イエメン内戦は、本著のエッセイにも出てくるようにＵＡＥとカタールに兵役制度をもたらしました。その後イエメンでは世界最悪の人道危機と言われる飢餓と貧困が続いています。二〇一五年前後にはこうした国々、貧困に苦しむアフリカなどからヨーロッパへの難民が急増し、欧州自身の政治を揺るがすことになりました。アラブ世界の一部はこうした動乱で三十年以上も後退し、文明発祥の地であった国々は、いまや世界最貧国に名を連ねる不名誉を得ています。

そこに襲ってきた新型コロナウィルスは、しかし大きな目で俯瞰すると、どちらかといえば中東の動乱を落ち着かせる材料になっているようです。この期間、国内の感染対策に忙しかった超大国は他国への内政干渉にまで手が回らず、中東の多くの国や勢力が自分たちの望むやり方で関係を修復し始めました、自国から出られなくなった軍人たちは不用意に振り上げた矛を収め、最近の気候変動によっておこる災害は、各国政府を国内のインフラ整備や住民の生活向上に注視させています。

これもムスリムの信ずる「神の意図」として、いずれは未来が証明してくれることでしょう。

『アラブからこんにちは』から十年経ったUAEの現在(いま)を紹介しよう、とお誘い下さった国書刊行会の佐藤今朝夫社長には、いつもながら大変感謝申し上げます。長期療養を終えて早く復帰なさることを願ってやみません。帰国するたび日本のさまざまな現状を伝えてくださる編集担当の中川原徹氏、編集協力の萩尾行孝氏にも深く御礼を申し上げます。

新型ウィルス対処に全身を傾けながら、ときに意気消沈し、ときに塞ぎ込みがちだった私を、変わらぬ愛情で支え続けてくれた夫ユーセフ、新しい家族をつくり私たち夫婦に大きな喜びを与えてくれた子どもや孫たち、勤め始めておもしろい話をたくさん聞かせてくれる息子や娘、自粛期間にもよく安否を尋ねてくれた優しい生徒たちに、愛情と感謝を込めて、この本を捧げたいと思います。

ハムダなおこ

二〇二三年八月

**著者紹介**

ハムダなおこ

日本UAE 文化センター代表、エッセイスト。

1989年早稲田大学文学部文芸科卒。

1990年、UAE 男性と国際結婚し、UAE に移住。3男2女をもうける。

2005〜09年、アラブ・イスラームの生活について勉強会を主宰。

その後、日本人に向けて講演、エッセイなどでUAE 社会を紹介し続ける。

2008年、日本UAE 文化センターを創設。日本文化をUAE 地域社会に、UAE 文化を日本社会に伝える活動を続けている。

著書 『アラブからこんにちは』(国書刊行会、2013年)、『アラブからのメッセージ』(潮出版社、2015年)、『ようこそアラブへ』(国書刊行会、2016年)、『アラブに自殺、イジメ、老後不安はない——ムスリムにならう幸福の見つけ方』(国書刊行会、2021年) など。

翻訳書 『シャヒード、100の命』(インパクト出版会、2003年)

2012年、第8回「文芸思潮」エッセイ賞受賞
2015年、第3回「潮」アジア・太平洋ノンフィクション賞受賞

アラブからこんにちは2——異国(いこく)に幸福(こうふく)を探(さが)す

2023年10月25日　初版第1刷発行

著　者　ハムダなおこ
発行者　佐藤今朝夫
発行所　株式会社 国書刊行会
〒174-0056 東京都板橋区志村1-13-15
TEL 03 (5970) 7421　FAX 03 (5970) 7427
https://www.kokusho.co.jp

装　幀　真志田桐子
印　刷　創栄図書印刷株式会社
製　本　株式会社村上製本所

JASRAC出　2306598-301


ISBN 978-4-336-07556-7